平和主義と改憲論議

澤野義一 著
Sawano Yoshikazu

法律文化社

はしがき

本書は、一九九六年頃から実質上二〇〇六年までの約一一年間にわたって、筆者が執筆してきた論文（論文だけでなく小論説も含む）のうち、改憲（憲法改正）論に関する論文と、改憲論の中心にある平和主義に関する論文を、『平和主義と改憲論議』というタイトルで、一冊の本に収めて公刊するものである。戦後憲法施行六〇年の節目に当たる本年が、改憲論議がこれまで以上に進行することになるかもしれないことも、本書刊行の動機になっている。

さて、本書を鳥瞰していただければ、この約一一年間に論議された平和・安全保障の問題と、改憲をめぐる問題の全容がほぼ概観できるものと思われる。この時期は、日本においては密接にかかわる平和・安全保障と改憲の問題が、それ以前の時期にはみられなかったような内容にまで踏み込んで活発に論議された点で、戦後憲法政治史において特筆されることになろう。

とりわけ一九九七年という年は、第一に、日米安保（条約）の地球規模への拡大適用の方針に沿って、自衛隊の任務を専守防衛から海外派兵にシフトさせるなど、戦後政府の安全保障政策を質的に転換させる端緒となった新ガイドライン（日米防衛協力の指針）が策定されたという点で、第二に、国会の憲法調査会の活動を通じて今日の改憲論議を活性化させる端緒となった憲法調査会設置推進議員連盟（憲法議連）が結成された点で、注目されるべきである。

新ガイドライン策定後は、それを具体化する周辺事態法（一九九九年）、テロ対策特別措置法（二〇〇一年）、イラク復興支援特別措置法（二〇〇三年）といった自衛隊の海外派兵法が次々と制定されることになる。そして、二〇〇六年一二月には、防衛庁を防衛省に格上げする防衛省設置法（防衛庁長が防衛大臣になり、防衛に関する法律や予算を直接提案できる）とともに、自衛隊の海外派兵をも本来任務とする自衛隊法改正（雑則から第三条に規定）が行われる事態にまで至った。今後は、国際緊急援助活動、国連ＰＫＯ活動、周辺事態法に基づく後方支援活動、テロ対策特措法、イラク支援特措法に基づく活動などが自衛隊の本来任務になる。

新ガイドラインは、海外派兵法の制定だけでなく、有事法制の制定を促す端緒にもなっている。新ガイドライン策定を背景に、周辺有事と国内有事への対処は、もともと包括的な危機管理法として制定することが検討されていたのである。実際には、有事法制は周辺事態法制定の後に、二〇〇一年に起きたアメリカの同時多発テロ事件や日本領海での不審船事件などを契機に、アメリカからの強い要請もあり（二〇〇〇年一〇月のアーミテージ報告）、議論のすえ、二〇〇三年から二〇〇四年にかけて制定されることになる。

このような防衛・安全保障政策を正当化し、さらに推し進めるためには、自衛隊を正規の自衛軍とし、さらに海外派兵を可能にすること、また集団的自衛権を行使できるようにすることが、政府・与党にとってはどうしても必要になってきたのである。それは、日本の支配層の要求でもあるが、同時にアメリカ政府の要求でもある。憲法九条を中心とした改憲論が求められる背景である。

他方、憲法議連の結成後、国会で憲法調査会が実際に活動を開始するのは二〇〇〇年一月からであるが、その約五年間（二〇〇五年四月まで）の活動は、審議のレベルはともかくとしても、上記の自衛隊海外派兵や有事法制論議の影響を受けながら、改憲論議も活性化させることになった。その間には、メディアでもしばしば取り上げられ、改憲が当然というような風潮ができあがった。財界からも改憲案が出された。憲法学者や国際法学者あるいは政治学者などの中からも、一定の改憲を容認したり、何らかの自衛力を容認する、いわゆる「護憲的改憲論」が目立つようになった。

このような中で、小泉首相をいただく自民党は、二〇〇四年の参議院選挙あたりから、憲法改正草案の作成を本格的に検討し始め、二〇〇五年一一月に新憲法草案を正式に決定した。そして、小泉内閣を継承する安倍首相は、二〇〇六年九月末に発足した内閣の下での三カ月たらずの臨時国会において、小泉内閣からの重大継続審議法案のうち、教育基本法改正案（与党の強行採決）と防衛省設置法案（与党と民主党の賛成）を一二月一五日に参議院で成立させ、戦後平和憲法と教育基本法体制からの脱却を掲げる政策の第一弾を実行した。

防衛省設置法についてはすでに言及したが、日本国憲法と一体となって個人の尊厳および学校・教育の自主性と平和主義を重視する教育基本法は、日本国憲法との原理的な関連性が切断され、「公共の精神」や「我が国と郷土を愛する」こと（愛国心）を重視する保守主義・国家主義的なものに変質させられた。「平和を希求する人間の育成」の観点が軽視され、非戦平和主義を後退させている。また、義務教育期間の廃止等の新自由主義的競争主義教育を導入する一方で、教育振興基本計画の策定などを通じて行政が教育内容にまで介入できるようになった。準憲法的法律とされている教育基本法の基本的理念が否定されたといえる。今後は、改正された教育基本法に基づいて、教育関連法令の改正（学習指導要領の改訂、教員評価制度の導入など）が行われることになる。

以上のような立法改正による実質的な改憲を明文上でも正当化する改憲について、安倍首相は任期中に行うこと、本年七月の参院選で争点にすることを表明している。また、自民党の幹部からは、憲法改正国民投票法案については、同じく本年五月三日の憲法記念日までに必ず成立させるとの意見も述べられている。憲法改正国民投票法案の内容については、与党と民主党との対立点が修正・調整によりほとんどなくなってきている現状もあるようである

（投票年齢、公務員・教員の地位利用禁止、議員比率で委員が配分される憲法改正広報協議会の設置、改憲案も審議できる憲法審査会の設置、公布三年後の法律施行など）が、そもそも、このような法律をいま性急に制定する必要があるのか疑問である。

ところで、現在、改憲動向に対して批判的な、さまざまな運動がみられる。筆者もそのような運動にかかわってきているが、本書は、そのような中で、平和問題と改憲問題について憲法論の観点から考え、執筆してきた論文から構成されている。

本書において、改憲論の動向や日米安保の強化・自衛隊の海外派兵の動向を客観的に把握し批判的に検討している部分（第一部や第三部）は、他の研究者も行っているので、この部分は必ずしも特色あるものとはいえない。しかし、本書にいささか特色があるとすれば、平和主義や憲法に対するさまざまな「護憲的改憲論」や、護憲的平和論の自衛権論などを批判的に検討していること（第二部）、また、平和主義に関しては、単なる批判論にとどまることなく、憲法九条に基づく平和創造を考えるための平和政策の提言を行っていることであろう（第四部）。とりわけ、平和政策の提言で論じている「非武装永世中立」論と「無防備地域宣言」論は、護憲的平和論者からは、必ずしも受容されているものではないし、無関心ですらあるテーマである。単に憲法九条擁護を掲げるだけでは、実質的改憲も明文改憲も止めることができなくなってきている現実を前に、あえて、このような提言をする次第である。

なお、本書の各章のタイトルと、その元になっている論文（複数の論文が元になっているものもある）およびその収録された書籍ないし雑誌を以下に掲載しておく。収録にさいしては、いくつかの論文については、執筆以降の状況変化を踏まえて大幅な加筆等を行っている。ただし、執筆時の議論状況を知っておくことも必要なテーマの論文については、その文章と参照文献は基本的には加筆せず、当時のままに掲載している点は留意されたい（とくに第一章、第二章補論など）。

【初出論文等一覧】

はしがき（書き下ろし）
第一章　日本国憲法の特質と改憲論（同タイトル論文、大阪経済法科大学『法学研究所紀要』三一号、二〇〇〇年）
第二章　国会の憲法調査会の改憲論議（「国会の憲法調査会の総括」澤野義一ほか編『総批判改憲論』法律文化社、二〇〇五年。その他、「憲法情勢を概観する」『科学的社会主義』二〇〇五年七月号）
［補論］衆議院憲法調査会「中間報告書」の検討（「国会の憲法調査会の改憲論議の現況――衆議院憲法調査会「中間報告書」の検討」『龍谷法学』三五巻四号、二〇〇三年）
第三章　自民党の改憲論と新憲法草案の特色および問題点（同タイトル論文、大阪経済法科大学『法学研究所紀要』三九号、二〇〇六年。その他、「憲法改正国民投票法」澤野義一ほか編『総批判改憲論』法律文化社、二〇〇五年、「憲法情勢を概観する」『科学的社会主義』二〇〇六年八月号）
第四章　日本国憲法の平和主義――解釈論と安保政策の概況（「平和主義論の50年」樋口陽一ほか編『憲法理論の50年』日本評論社、一九九六年、「戦争放棄・戦力不保持・平和的生存権」「日米安保条約・自衛隊・有事法制」山内敏弘編『新現代憲法入門』法律文化社、二〇〇四年）
第五章　平和主義をめぐる「改憲」と「護憲」の論理（同タイトル論文、憲法理論研究会編『立憲主義とデモクラシー』敬文堂、二〇〇一年）

第六章　国際協調主義と改憲論（「改憲論における国際協調主義――軍事的国際協調主義論の検討」全国憲法研究会編『憲法改正』法律時報増刊、日本評論社、二〇〇五年）

第七章　自衛権および最小限防御力容認論の批判的検討（「平和憲法をめぐる理論状況――自衛権および最小限防御力容認論の批判的検討」『唯物論と現代』三四号、二〇〇四年）

第八章　日米安保のグローバル化と自衛隊の海外派兵法（「日米新ガイドライン関連法案の憲法問題」大阪経済法科大学『法学論集』四一号、一九九八年、「新ガイドラインと日米帝国主義同盟」『科学的社会主義』一九九九年二月号、「テロ対策法の違憲性と集団的自衛権をめざす改憲論」『科学的社会主義』二〇〇二年一月号、「有事法制・国民保護法制とイラク支援特別措置法の検討」大阪経済法科大学『法学研究所紀要』三七号、二〇〇四年）

第九章　ＰＫＯ協力法とその変質的運用（「ＰＫＯ法改定とＰＫＯ協力の問題点」山内敏弘編『有事法制を検証する』法律文化社、二〇〇二年）

第一〇章　有事法制化の動向と憲法問題（「有事法制化の動向と平和憲法の現代的活用の視点」大阪経済法科大学『法学研究所紀要』三〇号、二〇〇〇年、「有事法制と憲法」『部落問題研究』一六四輯、二〇〇三年）

第一一章　日本国憲法と国家緊急権および緊急事態法制（「平和憲法と危機管理――国家緊急権容認論の批判」上田勝美編『平和憲法と新安保体制』法律文化社、一九九八年）

第一二章　非戦・非武装平和憲法に基づく平和政策――非武装永世中立と無防備地域宣言をめざして（「コスタリカの非武装永世中立と日本の無防備地域宣言運動」『法と民主主義』三九四号、二〇〇四年）

第一三章　永世中立国の今日的状況と非武装永世中立の課題――日米安保体制の代替的平和保障（同タイトル論文、大阪経済法科大学『法学研究所紀要』四〇号、二〇〇七年。その他、「永世中立による平和政策と安全保障

――有事法制にも関連して」全国憲法研究会編『憲法と有事法制』法律時報増刊、二〇〇二年）

第一四章　自治体の平和行政と無防備地域宣言――地域からの平和創造（「条例による無防備地域宣言について――ジュネーブ条約追加議定書の批准と自治体からの平和創造の課題」元山健・澤野義一・村下博編『平和・生命・宗教と立憲主義』晃洋書房、二〇〇五年。その他、「自治体による『協力』」山内敏弘編『日米新ガイドラインと周辺事態法』法律文化社、一九九九年）

最後に、法律文化社編集部の小西英央さんには、本書の出版にあたり、いろいろとアドバイスをいただいたことに心から感謝を申し上げる次第である。

なお、本書の出版は、大阪経済法科大学の法学会からの出版助成金による刊行であることを付記しておく。

二〇〇七年一月

澤野義一

目次

第三部　日米安保の強化と自衛隊海外派兵法および有事法制

第四部　非戦・非武装平和憲法と平和創造

第一部　改憲論議の動向

第一章　日本国憲法の特質と改憲論

一　改憲論に対する立脚点と課題

一九九九年の一四五通常国会において、国会法の改定（七月）により、衆参両議院に憲法調査会が設置されることになった。憲法調査会という憲法問題を論議する重大な機関が、多数を占める改憲派議員の政治的思惑から、審議の目的や内容をあいまいにして強引に設置されたこと、選挙で公約していないのに設置されたことなど、調査会設置の目的や手続きに関しては憲法的な疑義が残されている(1)。

それはともかく、憲法調査会の第一回会合は二〇〇〇年一月二〇日から始まり、内容的な審議は第二回会合から行われている。憲法調査会は特定の改憲案の提出権をもたず、五年をめどに日本国憲法を「広範かつ総合的に調査」するために設置されたはずにもかかわらず、国会法の趣旨や申し合わせを無視するような調査会の運営方針が、改憲派の議員から述べられている。例えば、「二年程度で調査を終わり」、「三年で改憲案をまとめ五年目に新憲法制定を」といった発言である。各政党の調査会に臨むスタンスもはっきりしている。「改憲」論に立つ自民・自由・保守党は、「押し付け憲法」などをとくに問題としたいために、憲法制定過程の検証を重視している。「論憲」

論に立つ民主・公明党は、平和主義・国民主権・基本的人権の三原則を尊重するが、「改憲」ではなく、「護憲」でもなく、憲法を大いに議論すべきだという（ただし民主党の鳩山代表などは後述の「憲法議連」に名を連ねており、憲法九条の「改憲」論者）。「護憲」論に立つ社民・共産党は、日本国憲法の世界的先駆性を明らかにすべきだとして、「改憲」や「論憲」論に反対している。

憲法調査会設置の推進力になったのは、日本国憲法施行五〇周年を迎えた一九九七年五月に結成された憲法調査会設置推進議員連盟（「憲法議連」）である。その背景には、小選挙区制を基本にした選挙が実施され、従来なら容易には成立しえなかった周辺事態法や国旗・国歌法などの違憲の悪法が制定されるくらいに改憲派議員が増大したことのほかに、従来の護憲派の中から、「護憲的」な「改憲」を容認する「護憲的改憲」論（上記の「論憲」論とも重なる）の登場が改憲論議を助長したことなどの要因があったと考えられる（後述本章第三節）。憲法議連設立の表面上の立脚点は「論憲」ないし「護憲的改憲」論であり、憲法の見直し（改憲）理由も一見新鮮な印象を与える。冷戦構造の崩壊にともなう国際関係の変化、地球環境問題の深刻化、価値観の多様化、地方分権と共生社会の必要性などが、現行憲法との乖離現象を生じさせているのだという。この点だけをみると、これまでの保守的な改憲論の実態は分からない。しかし、改憲派の憲法調査会における主張や誌上における改憲案・改憲論議などを具体的にみるならば、従来の改憲論と基本的には変わらないといえよう（後述本章第四節）。

従来の改憲論の見解や論点は、かつての内閣憲法調査会（一九五六年〜六四年、その経緯は後述本章第三節を参照）の審議においてほぼ提示されている。また、当時から、日本国憲法が世界の趨勢からみて（特に憲法九条と国連の関係で）、「時代遅れの古い憲法」だという見解も述べられている（一九六一年一〇月内閣憲法調査会第六一回総会）。憲法は五〇年もたてば古くなり、改正すべきだという主張を近年しばしば聞くが、この類の文句は、実は、少なくとも憲法制定一五年後の一九六〇年くらいに主張されていた点に留意すべきであろう。要するに、日本国憲法が「時代遅れの古い憲法」であるという文句は、「押し付け憲法」論とともに、改憲論の常套手段といってもよい。

もっとも、「押し付け憲法」や「現行憲法無効」論は、憲法学界では（占領下の憲法制定に関するハーグ条約の解釈、憲法の改正手続き論などに関して）ほとんど支持されていないが、国会の憲法調査会においても、改憲論からも必ずしも支持されているわけではない。とくに、若い世代の改憲論者は、憲法制定過程よりも、これからの「改憲」に関心を示しているのが新しい傾向である（衆議院第四回憲法調査会の村田晃嗣参考人意見）。

ところで、日本国憲法が本当に「時代遅れの古い憲法」であるのか。これは、日本国憲法の価値・特質をどのように認識し、評価するかにかかわる。憲法と現実の乖離が生じているとしたなら（とくに憲法九条）、その原因はどこにあったのかも明らかにしなければならない。歴代政権担当者が、憲法の理念を現実生活に定着させないで、すなわち違憲の政治（解釈や悪法制定による実質改憲）を行い、立憲民主主義を形骸化させてきた責任を一切問わないで、違憲の政治を正当化するための「改憲」を唱えていることこそ問題である。憲法は、確かに「不磨の大典」でなく、改正のありうることを想定している。しかし、憲法の「改正」と「改悪」は峻別すべきである。憲法が想定する改正は、憲法の普遍的原理や先進性を生かし、かつ発展させる「改正」であり（この点では改正は無限界）、それに逆行する「改悪」的憲法の変更は認められない（この点では改正に限界がある[2]）。

戦後の改憲論の経緯と現在の政治的な状況を考慮するならば、個人や団体が思い思いの理想的な改憲案を競って提示しあうような改憲論議は控えるべきである。いまは「改憲」ではなく、憲法の理念を政治や生活に定着させることを課題とすべきであろう。この課題を追求するには、まず、日本国憲法の特質について再認識しておく必要がある。そのことは、改憲論の本質を明らかにすることにもなるはずである。

二　日本国憲法の特質

1　日本国憲法の世界的先進性(3)

日本国憲法は、第二次世界大戦直後、近代憲法としては後進的であった明治憲法を否定して制定（改正）されたため（一九四六年）、近代憲法および現代憲法の理念に沿った規定を同時にもつことになった。すなわち、人権については、不可侵の権利と位置づけたうえで、精神的、財産的、身体的自由といった近代憲法で登場した自由権を徹底する規定と、社会的弱者や労働者の権利（社会保障、教育、雇用の権利）を保障する現代憲法的な社会権規定を定めた。男女間の平等規定も現代憲法的規定である。また、日本国憲法における、国民（ナシオン＝「国民」に対するプープル＝「人民」）主権を原理にした議会制民主主義・議院内閣制、独立した司法権・違憲審査制、地方自治の保障なども現代憲法に共通のものである。社会権の導入にともなって、明治憲法には規定されていなかった教育と勤労の義務が規定されたのも、現代憲法の一般的性格といえる。

国連憲章（一九四五年）の理念に沿って紛争の武力的解決および侵略戦争を禁止し、国際協調をうたう平和主義も、現代憲法の一般的性格といえるが、この平和主義は自衛や制裁という正義の武力行使を容認するものである。しかし、日本国憲法は、そのような平和主義をさらに徹底して、一切の戦争を放棄している。憲法前文の平和的生存権と九条の非戦・非武装規定が国際社会からも注目されていることにうかがわれるように（アメリカの憲法九条の会、オランダ・ハーグの一九九九年世界市民平和会議の宣言など）(4)、当該規定は、日本国憲法の先進的な特殊性を示すものである。そして、日本国憲法は非戦・非武装を原理とするがゆえに、国家緊急（非常事態）権や良心的兵役拒否の規定さえもたないのである。また、いわゆる環境権規定はないが、非戦平和憲法こそ、世界の環境保護に最も貢献できる条項になりうる。近年の改憲論は環境権規定を明記すべきだと主張するが、憲法九条を改正して戦争ができるようになれば、環境権の実効性確保も疑わしいものになる点に留意すべきであろう。

その他、世界的にみて、日本国憲法の先進的な規定としては次のものがある。①外国憲法の多くは政治と宗教の一定の関係を容認しているが（相対分離主義）、日本国憲法には、明治憲法下の国家神道の反省から生まれた厳格な政教分離規定がある（二〇、八九条）。②憲法的権利は、現在及び将来の国民のために、国民の不断の努力によって保持すべきだとする日本国憲法の抵抗権の（根拠）規定（九七条など）は、「抵抗」の文言が使用されていないにしても、外国憲法にはほとんどみられないほど積極的なものであること、また国家緊急権を認めずに徹底した非軍事的平和主義を採用していることから抵抗権行使の要件が広範囲に保障されることなど注目できる。[5]③ドイツ憲法などは自由民主主義の防衛（左右の全体主義を排除する「闘う民主主義」）のために、思想・表現の自由や政党を規制できる条項をもっているが、日本国憲法は当該規定をもたず、人権保障にとって「開かれた民主的憲法」（許容範囲の広い憲法）構造になっている。④外国憲法に比べ日本国憲法では、刑事手続きに関する人身の自由が比較的詳しく規定されているだけでなく（三一～四〇条）、アメリカ憲法に比べても、盗聴法などは許容しえない厳格な規定となっている。[6]⑤日本国憲法は、文化的な最低限度の生活保障に関する事項を権利（生存権）として規定している（二五条）。この点は、生存権保障が権利でなく国家政策（プログラムないし「社会国家」原理）として規定されているようなドイツなどの外国憲法よりも本来は優れている。なお、アメリカ憲法は約二〇〇年前の憲法を基本にしており、社会権や社会国家原理などは規定していない。⑥イタリア憲法などに比べると、日本国憲法は簡潔な規定であるが、労働者の団体行動権（争議権）を団結権などとセットで規定（二八条）している。[7]⑦家庭生活の保護規定（二四条）

は、戦前の家父長的天皇制家族国家を否定し男女同権と自由権的な位置づけがなされている。それのみならず、世界的傾向である社会権の側面をも有すると考えられる。この規定は、当時の憲法としては先進的であり、同規定の原案を書いたベアテ・シロタ女史の功績が大きい(8)。

以上のことは、日本国憲法が、人権思想の面では社会民主主義（福祉国家）的自由主義（精神的自由権および社会権の優越的保障と、経済的自由権に対する公共性による規制）、平和思想の面では非武装平和主義の特質をもっていると評しうる。このことは、憲法の価値として、非軍事的な平和的生存権保障と憲法二五条などの生存権的・社会権的人権保障とが一体のものであることを意味する。この点は、非武装平和主義と社会民主主義的自由主義が依然として結合されていない欧米の憲法（観）よりも先進的であるといえる。それはともかくとしても、日本国憲法のこのような特質を再認識する意義は、今日の改憲論が、新自由主義と新保守主義の立場から、社会民主主義的自由主義と非武装平和主義を否定しようとしているからである。

その他、統治機構面では、国会を国権の最高機関として位置づけている日本国憲法のような規定（四一条）は、外国憲法ではあまりみられず、注目されてよい(9)。同規定が理念どおりに運用されるならば、権力（行政）統制における議会優位主義の民主政治が行われるはずである。この点を再確認する意義は、改憲論においては、議会の役割を低め、内閣や行政権の役割を強化する見解が出されているからである。外国憲法ではみられない最高裁裁判官の国民審査も、主権者国民の司法参加を保障するものとして注目されるが、改憲論においては廃止論が出されている（改憲論の概況と問題点は、本章第四節参照）。

2　日本国憲法の世界的先進性の背景

以上のような日本国憲法の先進的規定が生まれたのは、日本国憲法が、明治憲法下で存在した絶対主義的天皇・家父長的家族・神社神道（国家神道）の祖先教的イデオロギー装置と国家・社会の暴力組織である軍隊との一体性を同時に解体し、行政権力の独走を議会優位の下で抑制しようとしたことに起因している。それが結果的に、世界の近代国家（憲法）や多くの現代国家（憲法）がもっている思想的・制度的限界を越える要因となったといえる。

日本国憲法の由来自体はマッカーサー憲法草案が基になっているが、憲法の内容は、戦前日本の民主的憲法思想が敗戦を通じて再生したと考えることもできる（植木枝盛の憲法草案と日本国憲法は類似している部分がある）。[10] ＧＨＱ民政局が憲法研究会（植木枝盛などの自由民権思想の研究者であり、社会主義者でもあった鈴木安蔵などがメンバー）の憲法草案を参考にしたこと、マッカーサー草案担当者が進歩的思想をもつ改革派（ニュー・ディール派リベラル＝アメリカ的社会民主主義）であり、それが憲法改正議会で社会党議員の憲法（政策）論と共鳴する部分があった。憲法二五条の生存権規定などは社会党議員の提案で導入されたものである。憲法制定直後も、民主化政策（社会民主主義的自由主義政策）が、片山・社会党内閣で実施されたのも、同様の背景があった。[11]

これに対して、冷戦が明確になった段階で制定された西ドイツ基本法（一九四九年）の場合は、経済的自由主義を重視する政策をとったため、反ニュー・ディール的な保守的自由主義（新自由主義）の性格をもつことになった。それが「闘う民主主義」の性格をもち、社会権規定の少ない憲法となった背景である。当該基本法制定前のドイツの州憲法は、むしろ社会民主主義的性格の強い憲法であった。[12]

非武装平和主義は、戦争非合法化の国際社会の流れ（とくにニュー・ディール派には徹底した非武装平和論もみられた）、核戦争時代における戦争の無意味さについてのマッカーサーと幣原首相の共通認識、連合国の日本非武装化計画などが重なり合って生まれたものである。マッカーサー・ノートが示される以前にも、日本人の中からも非武装平和論が唱えられていた状況なども軽視されてはならない[13]。

3　日本国憲法の歴史的制約への対処方法

上述した日本国憲法の先進的規定は、改憲論者がいう「改正」ではなく、その具体化がはかられなければならないが、次のような規定などは、将来的には改正もありえよう。例えば、①象徴天皇制のような後進的特殊性を示す規定は、君主制から共和制へという歴史の発展法則からすれば、将来的には改憲して廃止されることになろう。②また、国レベルの直接民主主義の規定が少ないこと（スイス憲法などに比べ）、③被疑者の国選弁護人依頼権が規定されていないこと、④死刑禁止が明記されていないこと、その他、憲法条文の字句が適切でない個所など、日本国憲法の歴史的制約もある。しかし、現時点では、①については、国民主権原理に反するような象徴天皇の運用を許さない観点で対処していくことが課題となる。②については、憲法に反しない形での法律による直接民主主義制度の導入も考えられる。③については、国際人権規約の精神に従い、司法や法律により被疑者の権利を認めていくことができよう。④については、死刑執行が憲法上の絶対的な要請ではないことや、今後の死刑廃止条約の締結などを考慮して、死刑執行を法律で停止ないし禁止する措置をとることができる。

知る権利や環境権などの「新しい人権」規定が日本国憲法にない点は、日本国憲法の規定の歴史的制約を示すものといえないことはない。しかし、憲法の評価や是非を、憲法規定だけで判断するのは適切ではない。憲法学者などの支配的な解釈論の営為なども考慮されなければならない。上記の人権は、解釈論的には、表現の自由や幸福追求権などの憲法規定を根拠に確立している以上、法律などで、より具体化をはかることが求められている。アメリカ憲法が「新しい人権」規定をもっていないからといって、憲法が時代遅れとされているわけではないし、当該人権が否定されているわけでもない（法律や判例などを通じて人権の具体化がはかられている）。「この憲法に一定の権利を列挙したことをもって、人民の保有する他の諸権利を否定または軽視したものと解釈してはならない」という、二〇〇年ほど前に制定されたアメリカ憲法修正九条（一七九一年確定）の趣旨は、日本国憲法においても参考になるし、妥当するものである。

三　改憲論の経緯

これまでの改憲（明文改憲）論においては、憲法九条の改正（改悪）が中心的課題とされ、それとの関連で、公共の福祉による人権制限の強調や天皇・行政権力の権限強化などを内容とする、危機管理のための改憲も同時に提案されてきた。憲法九条を中心に、憲法の解釈や運用による実質改憲は絶えずなされてきたが、明文改憲論は、自衛力や日米安保の強化、あるいは海外派兵などの要求が特に高まった時期に提案されてきたといえる。それは以下で概観するように、五期に区分できる。ここでは、第四期までの改憲論を概観する。[14] 現在の第五期改憲論は次節で扱うが、内容的には、第四期の改憲論の延長線上にあるといってよい。

1　第一期～第三期（一九五〇年代中期～一九八〇年代前期）の改憲論

第一期は、一九五〇年代半ばである。一九五〇年頃からのアメリカの対日政策の転換（日米安保体制路線）を背景に、日本の再軍備が解釈・運用により最初に確立（保安隊、自衛隊は戦力に至らざる自衛力として正当化）した一九五四年、復活した保守勢力である自由党・憲法調査会の改憲案などが発表された。しかし、それは軍隊の保持だけでなく、天皇元首化、道徳的家族制度、公共の福祉による人権制限などを内容とする明治憲法的・復古的色彩があったため、五五年二月の総選挙では、自由党と民主党を合わせても、改憲に必要な三分の二の議席を獲得できなかった。そこで両党は、同年一一月に保守合同して自民党となり、五六年には改憲を実現するために、鳩山内閣をして憲法調査会法案と単純小選挙区制法案とを国会に提出させた。

第二期は、憲法調査会法により憲法調査会が内閣に設置された一九五六年（社会党が不参加のまま五七年から活動）から、調査会の最終報告書が提出される六四年までである。小選挙区制法案は護憲勢力の反対で廃案になったため、明文改憲は困難になった。そこで、自民党は、明文改憲は内閣憲法調査会の長期間の検討に待つことにして、現実的には、自衛隊の拡張を解釈改憲によって行う手法をとることになる。憲法調査会では、改憲の結論が予定されていた。しかし、六〇年頃からの高度成長、市民的意識の定着なども反映して、調査会には、復古的な明文改憲論よりも、現行憲法の天皇象徴規定や九条のままで、すなわち解釈・運用で柔軟に対応できるという有力説も出てきた。したがって、内容は不統一の状態だから、報告書は国会と内閣に提出されただけで終わった。当時の佐藤内閣としても、解釈改憲で対応していけるということで、緊急に明文改憲を必要としなくなり、明文改憲論は下火になった。その背景には、反安保闘争の影響もあるが、六〇年頃から、憲法調査会に対決するための護憲派の憲法研究会や会議などが相次いで結成されたことも軽視できない。そして、六〇年代後半から七〇年代前半は、公害反対運動、市民運動、革新自治体の登場、自民党の低迷などで、改憲論は表面化しなくなった。

第三期は、一九八〇年代前半である。八〇年六月の衆参同時選挙で自民党が圧勝したことで、保守派の改憲論が活発化する。鈴木首相は、内閣としての明文改憲論には消極的な態度をとったが、奥野法相は同年八月頃から、憲法の解釈運用では限界があるとして、国民による憲法の自主的制定（九条改正など）を期待する発言を行った。この時期に改憲論が高揚したのは、八〇年代の日米安保構想への対応が迫られていたからである。安保条約の枠組みを逸脱して、日本有事から極東有事へ共同行動要件を拡大した七八年の「日米防衛協力の指針」以降、太平洋合同軍事演習が展開され、八一年の鈴木・レーガン会談では中東の石油確保やシーレーン防衛が約束されるなど、集団的自衛権体制の指向が本格化してきた。これは、集団的自衛権の行使は憲法上認められないという従来の政府見解との矛盾を露呈させることになったのである。さらに、七九年のソ連のアフガン侵攻などに始まる国際的緊張（新冷戦）下で、イラン・イラク戦争中の在留邦人救出や国連の平和維持活動（ＰＫＯ）に自衛隊を派遣できるかどうかの国会討論もなされるようになっていた（八〇年一〇月）。当時、この問題については、武力行使を目的としない自衛隊の派遣ならば合憲だという政府見解が示されたが、積極的に自衛隊を派遣しようという動きは、九〇年までは表面化しなかった。それはともかく、この時期の改憲論の高揚には、従来になく、自衛隊の海外派兵の要請が強くなってきた背景があったといえる。

第三期の改憲策動の特色としては、保守・右派勢力が大衆運動という新手法を採用したことである。それは、地方議会での改憲要請決議や、「文化人」を組織動員した改憲キャンペーンを利用するものであった。また、国防と保守的な教育・文化政策が一体のものとして推進され、「日本を守る国民会議」（八一年結成）を中心として、自衛隊法改正、教育基本法改正、靖国神社公式参拝実現、スパイ防止法制定などが運動目標とされた。改憲案としては、八一年に竹花光範（憲法学者）による「憲法改正草案試案」、八二年に自民党憲法調査会の憲法改正・中間報告、八三年に自主憲法期成議員同盟の憲法改正草案が出された。しかし、八〇年代半ばの中曽根政権下では、以上のような改憲論は反動的な様相が明白であったこと、自民党憲法調査会の中間報告は九条改正必要論と不必要論を併記しており内部統一がまだないことなどから、それほど広がらなかった。そこでとられた政策は、行政改革と国際（貢献）国家化による実質改憲路線、すなわち戦後政治（二節で述べた日本国憲法の特質）の総決算路線である。なお、改憲論の基本は反動的だとしても、この時期の竹花の改憲論[15]には、九〇年代改憲論で顕著になる、知る権利や環境権などの「新しい人権」を明記するための改憲の提案もすでになされている。

八〇年代の改憲論や自民党政治の動向に対し、野党は的確に対抗できたかといえば、そうではない。むしろ、自民反主流派との保革連合を意識して、公明党は自衛隊・安保を合憲とする解釈改憲論に踏み出し、社会党も、八〇年一月の連合政権についての「社公合意」以降、自衛隊・安保の事実的容認論に踏み出した。これにより、白社公民協調の政界再編ならびに労働界の再編論の底流が、そして九〇年代の「護憲的」改憲論の底流もできあがったといえる。八〇年頃、護憲派の憲法学者の中からも、国際情勢の変化を考慮して自衛力を認めるように従来の自説・解釈を変更する「憲法変遷論」（八〇年の橋本公亘説）や、社会党の石橋委員長が八三年末から主張した自衛隊「違憲合法論」（八二年の小林直樹説に依拠）といった一種の解釈改憲論が出たが、これらの説に対しては、憲法学界では多くの批判論が出た[16]。

2　第四期（一九九〇年代前期）の改憲論

一九九〇年代当初は、湾岸戦争後の自衛隊海外派遣による国際貢献を正当化するために設置された自民党・小沢調査会提言（九二年二月）の大胆な解釈改憲論の是非が関心をよんでいた（小沢は後に明文改憲も主張する）し、労働界（九二年五月頃の連合、自治労など）では、自衛隊・安保の存在を認め、その憲法（違憲か合憲かの）論議を棚上げする方針もみられた。このような動向は、「憲法見直し」論もタブー視する必要はないという雰囲気を醸成することになった。一九九二年末から九三年にかけての第四期の改憲論の登場である。

この改憲論議が急浮上する直接の契機となったのは、読売新聞社の「憲法問題調査会」第一次提言（九二年一月から会合をもち同年一二月九日に提言）が出された直後、これに示唆されたと考えられるが、細川・日本新党が発表した九二年一二月一六日の「政策大綱」と「政策要綱」における改憲論の提唱である。それによると、冷戦後の新世界秩序形成に参画するにあたり、憲法の基本原則をよりよく発揮できるよう憲法改正に取り組み、新しい国家理念を樹立する。その改憲論は戦前回帰的な従来の改憲論とは全く異なるという。改正点は、国連平和維持活動参加の明文化、内閣の強化、国民投票事項の拡大などである。憲法問題検討のため、国会に憲法問題調査会を設置し、超党派で取り組むことも提案された。

日本新党とともに、改革派集団といわれる平成維新の会・大前研一は、自衛のための軍隊の保持、シビリアン・コントロールを明記する改憲論を提起した（「プレジデント」九二年一一月号）。その後、自民党のみならず野党議員などの改憲発言が、堰を切ったかのように、相次いでなされる。

自民党関係では、九二年一二月二五日、三塚政調会長が、中長期的に憲法問題を検討する与野党協議機関を国会に設置すること、自衛隊のPKO参加が憲法の禁ずる武力行使に当たらないことを九条に明記すること、重要政策に関する国民投票制を導入することなどを提案した。九三年に入ると、梶山幹事長は、一月六日、憲法は不磨の大典というが、国連憲章との整合性のこともあり、五〇年に一度は見直すべきだと発言した。中曽根は、一月一〇日、政府が憲法問題審議機関を設置すべきで、憲法の再検討が政界再編にも不可欠と発言した。羽田（羽田派代表）は、一月一二日、憲法解釈を広げるだけでは問題で、憲法をタブー視してはならないと発言した。自民党役員会は、一月一三日、憲法問題に関する与野党協議機関の設置を提案した。

石原慎太郎は、以前から小沢調査会の解釈改憲論を批判し、明文改憲を提起していたが、九三年には、変貌している内外の現状に照らし、解釈論で間に合わせることや憲法の改正などではなく、全く新しい憲法制定を提案した。自衛隊の海外派兵、公共の利益のための私権の制限、プライバシー権、知る権利、亡命権、在日外国人の権利義務、私学助成などの明文化である（「文芸春秋」九三年二月号）。

政府関係では、渡辺外相は、九三年一月二日、自衛隊が国際貢献できるよう解釈を変えるべきで、憲法が障害になるなら改正すべきだと発言した。これに対し、河野官房長官は、一月一一日、宮沢首相が九条改正を考えていないこと、必要があれば自民党憲法調査会で検討すべきだと発言した。しかし、このような閣僚間の見解の食い違いがみられる中で、一月二九日、内閣としては憲法改正を日程に乗せないことを確認した。また同日、自民党としては、与野党の憲法協議機関の設置論は取り下げた。当面は、同党の憲法調査会で憲法論議を進め、六月までの国会開催中に中間報告で論点整理し、本格的な答申は二、三年かけて行う方針を決めた。

他方、野党・労働界関係では、まず、大内民社党委員長は、九二年一二月二八日、国際貢献に自衛隊をどう使うかなどで混乱の原因が憲法にあれば、誰が読んでもわかるようにすべきだと発言した。そして、九三年一月二〇日、同党は「民社党と語る会」（関嘉彦会長）の提言を受け、憲法問題特別委員会の設置を決定した。しかし、自民党がいう与野党協議機関の設置については将来の課題だとして消極的立場をとった。

山花社会党委員長は、九三年一月四日、委員長立候補公約で、「護憲」を発展させる「創憲」論を提唱した。具体的には、新しい時代状況における、在日外国人の人権、環境権、国民投票制などへの対応である。非同盟・中立・非武装については、冷戦後では積極的意義は薄れたとし、日米安保は継承する。自衛隊については、合憲・違憲の二元論的教義論争はやめ、自衛隊の存在を認めたうえで「安全保障基本法」を制定して、矛盾した現実を変えていくという内容である。これは、自衛隊「違憲合法論」の具体化であり、解釈改憲論の容認でもある。山岸連合会長は、九三年一月九日、近い将来憲法を見直すことを考えてもいい。自衛隊の憲法論議の棚上げは困ると発言した。

市川公明党委員長は、九三年一月一四日、憲法は不磨の大典ではなく、憲法の三原則を擁護しつつ発展させる。九条もタブー視せず、現代に合うよう、国民投票制の導入、環境権の明記、地方分権の拡大などを議論すべきと発言した。しかし、九条論の実態は、自衛隊合憲論にたった「安全保障基本法」制定である（九二年一一月の公明党全国大会方針）。シリウス・社民連代表の江田五月は、九二年三月頃から、憲法改正の必要はないが、すでに認められている自衛隊や自衛権を準憲法的に位置づける「安全保障基本法」（その他、環境、情報などの基本法）をつくり、憲法を豊かにしていくことを提案していた。

以上の第四期の改憲論を概観すると、従来の改憲論と護憲論の間には、内容的にほとんど相違がなくなっており、しかもその多くが「護憲的改憲」論を自称している点が特徴である。かつては、「改憲」論と「護憲」論は明らかに対立していたはずであった。しかし、「護憲」の精神に立脚し、現状に合うように憲法内容を発展させるのが「改憲」ないし「創憲」だという。明文改憲論と解釈改憲（憲法変遷）論も方法の相違にすぎず、実態は同じで、自衛隊・安保・PKOは程度の差はあれ容認されている。これらの改憲論の内容と方向性は、上述の読売「憲法問題調査会」提言にほぼ集約されている点に留意すべきである。そこでは、当面は自衛権、自衛隊・安保、国連の平和活動参加を認め、解釈の混乱を正す「安全保障基本法」を制定し、将来的には、それを憲法九条二項の改正で裏づける、というものである(17)。

従来の改憲論は、保守・右派勢力とその大衆運動で展開されたが、冷戦後の「新世界秩序」下での改憲論は、マスコミ、与野党、労働界、財界などが一体となり、あるいは影響を及ぼしあいながら展開された（その母体は「民間政治臨調」）。それは、経済大国日本の国際政治的地位を高め、政権交代があったとしても、外交・防衛や国際貢献で大差のない与野党の共通基盤をつくることが意図されていたのである。

四　改憲論の現状と問題点

現在の改憲論は、第五期に位置づけられ、一九九〇年代後半から始まる。それは、一九九七年五月の憲法議連の設置を契機とする（本章第一節参照）が、第四期の改憲論で提案されたいくつかの審議方法のうち、国会の憲法調査会方式がとられて活動してきている。そこで主張されている改憲論の内容は、第四期にみられたものであるが、憲法調査会とは別に、さまざまな誌上などでも、論者の層を広めて、より活発に展開されている。その論拠の一つとして、日本国憲法には何ら世界的先進性はない、むしろ古いタイプの憲法だから改正すべきだという主張がなされている。これは今日の改憲論の一つの有力な傾向である。以下では、その内容の一端を、現在の改憲論の代表的なイデオローグである憲法学者の西修の見解を素材として検討したうえで[18]、次に、今日における改憲論（改憲案）の概括的内容を検討する。

1　日本国憲法を古いとみる改憲論の傾向と問題点

西修は、上記のような改憲論を、次の四つの理由をあげて正当化している[19]。①世界の憲法は頻繁に改正されており、日本国憲法制定以降も、世界の一六三の憲法（一七八の成典憲法のうち）が改正され、日本国憲法は一五番目に古い。②平和主義イコール非武装と考えている国は皆無だが、一二四カ国の憲法が何らかの平和主義条項をもっており、外国軍隊非設置や核兵器廃絶規定をもつフィリピン憲法などは日本国憲法よりも徹底した平和主義である。したがって、日本国憲法は世界で唯一の平和主義憲法ではない。③日本国憲法は基本的人権を完備していない。例えば、国際人権規約にあるような家庭の保護、子どもの権利などの規定、一九七〇年代以降の世界の憲法に規定されるようになった環境権、プライバシー権、知る権利などの「新しい人権」規定がない。④日本国憲法には、国民の「総意」、国会の「国権の最高機関」「唯一の立法機関」といった誤解を招きやすい表現が存在し、全体的に非常に整った憲法とはいえない。

この説明は、比較憲法論的手法に基づく実証主義的考察の形式をとっているため説得力があるようにみえるが、形式主義的考察（悪しき実証主義の見本）であり、憲法の実質的評価の観点からは疑問がある。しかし、別の見方をすれば、一定の価値観（実質的評価）を前提に考察されているともいえる。憲法を評価するさいには、憲法規定の形式的有無だけでなく、憲法の民主的な運用実態、一つの憲法（秩序）の全体構造とその中での各規定の位置づけ、憲法のどのような原理を重視するかといった観点も重要である。この観点から、上記の改憲論の正当化理由の問題点を以下に指摘しておこう。

まず、①と③に関して、憲法改正の頻度が少ない憲法や、新しい人権規定をもたない憲法が古いという主張は、適切であろうか。イギリスは非成典憲法であるがデモクラシーの国であり、とくに人権保障で劣っているわけではない（憲法典制定運動もあるが）。実質的な憲法が生活に慣習的に定着している。アメリカ憲法は人権規定が少ないうえ（基本的には二〇〇年前のまま）、新しい人権規定もない（現代憲法に固有の社会権規定もない）が、判例や法律で新しい人権の保障がなされている。日本国憲法も、環境権などの新しい人権規定はないが、この憲法から新しい人権保障がなされないわけではないし、憲法学界（場合により判例）では新しい人権保障も可能とされている。したがって、西修が指摘する上述の①と③の改憲理由は、必ずしも正当とはいえない。また、改正された外国憲法のすべてが好ましい内容といえるのかも検討されなければならない（例えば、かつてのドイツ憲法における再軍備や緊急権容認の改正）。

次に、②の平和主義に関して、西修は、日本国憲法の平和主義を世界の憲法と同様、自衛権のための軍事力をもつことができるという前提（学界では少数説）で考えているので、フィリピン憲法などを日本国憲法以上に評価する。しかし、非武装平和主義として日本国憲法を解釈する多数説によれば、日本国憲法にはフィリピン憲法の規定する外国軍隊非設置や核兵器廃絶の意味が当然含まれていることになる。ちなみに、フィリピン憲法は自衛戦争を容認し、大統領・軍隊の非常事態権も規定しており、日本国憲法に比べ平和主義が徹底していない。非武装平和主義であるか否かは、人権保障や統治機構のあり方（憲法の全体構造）にも大きな相違を与える点で重要な論点なのである。この点では、日本国憲法は世界的先進性を示しているといえるが、西修の改憲論は、日本の先進的な平和憲法を、世界の普通の国の平和憲法に後退させることを意図しており問題がある。

さらに、西修が指摘する④について、確かに日本国憲法が整った憲法といえるかの問題があるにしても、例えば国会を「国権の最高機関」とする憲法の文言には、それ相当の法的意味があり、それを誤解を招きやすいといった認識をしていることこそ問題といえる（本章第二節参照）。それは、国会の地位を低める意図で主張されているのである。したがって、④の改憲理由も必ずしも正当とはいえない。

西修の見解は、明治憲法への復古的改憲論や、アメリカによる押し付け憲法（手続き無効）を唱える民族主義的改憲論に与せず、日本国憲法の基本原理を順守したうえで、世界の憲法トレンド（動向）と、日本の独自性を斟酌する「複眼的改憲論」を主張する点では、ソフトで実証主義的な改憲論のようにみえる。それゆえに、「護憲的改憲」論や「論憲」論、あるいは今日の国民的常識ともマッチしやすい印象を与える。しかし、西修の改憲論は読売新聞社の改憲論に大きな影響を及ぼしている。また、現行憲法無効論を依然主張し、新しい権利論を主張すると同時に、国民の義務規定が少ないから義務規定の導入を強調する小沢一郎などの改憲論とも多くの共通点をもっている。これらの改憲論はいずれにしても、非武装平和憲法の改悪の点では一致しているし、伝統的な改憲論の基本的諸要素（軍事的国家や統治権の強化、公共の福祉による人権制限強化論など）を維持している。要するに、日本国憲法の世界的先進性（本章第二節参照）を否定することが意図されているのである。

2　改憲論（改憲案）の概況と問題点

改憲派によって将来的に憲法改正がなされるとしたら、どのような改憲案が提示されることになるかは、もちろん明らかではない。国会の憲法調査会も、特定の改憲案を提示する権限をもっていない。しかし、改憲派による、ある程度まとまった種々の改憲論ないし改憲案が提示されてきている。ここでは、紙数の関係で、それらの概況について特徴的事項と若干の問題点のみを指摘する[20]（繁雑さを避けるため、改憲案の提案者名の明記は一部割愛する[21]）。

(a)憲法前文については、現行憲法を簡略化し、日本的（民族）文化と伝統を尊重することを明記する見解が多い。これは、天皇強化論、政教分離の緩和論、普遍的人権の制限論に関連するものであろう。これを「共生の思想」とか「アジア的人権論」で正当化する新手の改憲論も唱えられている（西案）が、その理論的な検討が必要である。

(b)象徴天皇については、新保守主義の傾向にある今日[22]、明治憲法的天皇制への復帰論（小森案など）はあまりみられなくなったが、天皇を日本の元首や代表とする見解が依然として多い。そのうえで、天皇を憲法擁護義務者から除くとか、緊急権発令を天皇の国事行為に含めるといった見解も出されている。国旗・国歌を憲法に明記する案もみられる。新しい傾向としては、女性天皇容認論や、天皇制廃止（ただし現状では天皇制維持）論も若干みられる（小林案）。

(c)憲法九条については、自衛戦力（国軍）の保持、ならびに集団的自衛権の行使や海外派兵ができることを明記する見解が多い。その関連で、国家緊急権や徴兵の義務（ただし良心的兵役拒否を容認）を明記する案、憲法前文の平和的生存権規定を削除する案なども出されている。

(d)自由権については、公共の福祉による制限を強調する傾向がみられる。その具体例としては、国民による人権の保持・獲得義務を定めた（抵抗権の根拠）規定を削除する案、奴隷的拘束を禁ずる規定を削除する案、言論出版の自由と集会結社の自由を分離し、後者には検閲禁止規定が適用されないようにする案、政党を憲法に位置づける案などである。後の二案は、政党規制につながる恐れがある。憲法二〇条に関して、信教の自由を保障するための政教分離原則を明確にすると称して、アメリカの判例でとられている目的・効果論を明記する見解（小林案）もあるが、これは日本国憲法の厳格分離規定の緩和になり疑問である。

なお、公共の福祉による人権制限を正当化する論拠として、従来の改憲論では「福祉国家」論が唱えられていたが、それは社会権を積極的に実現する概念として使用されたわけでないので、当時そのイデオロギー性は護憲論や国家独占資本主義論などから批判された。しかし、近年の新自由主義ないし新保守主義時代の改憲論では、「福祉国家」論は建前としても使用されなくなっている。その代替案としては、保守的「共生」論などが出てきている。このような状況に対抗して、護憲派の中からは、遅ればせながら、「福祉国家」を肯定的なものとして実質化する傾向（「新福祉国家論」）が出されてきている。(23)

(e)社会権については、現行憲法規定をもっと具体化（例えば障害者の権利保障の明記）すべきだとする案（竹花、小林案）もあるが、他方で、例えば、勤労の権利規定を削除し（西部案）、生存権規定は憲法前文へ移す（小沢案）など、社会権を軽視する案もみられる。後者は、上述した新自由主義ないし新保守主義を直截に反映した改憲論といえる。

(f)新しい人権については、環境権、知る権利、外国人の人権などを明記すべきだという改憲論が多い。しかし、新しい人権の実質化に関して、解釈論的にも立法論的にも積極的であったのは護憲論者であって、改憲論者ではなかったこと、現在においても、環境基本法、情報公開法、入管法などの民主的な改正や運用について改憲論者が積極的とは思われないこと、公共の福祉による人権制限強化論などを考慮すると、新しい人権が規定されたとしても、改憲論者が憲法を解釈・運用する限り、現行憲法二五条の生存権規定についての対応と同様、実効性の乏しいプログラム規定として位置づけられる恐れがある。

(g)国の統治制度については、危機管理と迅速な国家意思決定を可能にするために、内閣・首相の行政権を強化し、国会の地位や国民主権（国民の政治参加権）を軽視する改憲論が多い。それは、次のようなものである。

①国会については、唯一の立法機関性と最高機関性の規定を削除する見解（読売案）、国会の構成については、参議院を廃止した一院制とする見解（国民会議、西案）もあるが、参議院を維持した場合には、条約などの先議権や憲法裁判所長官の指名権を付与するとか（読売案）、選挙によらないで任命される議員からなる貴族院型の参議院構想（小沢案）などが提案されている。

②内閣については、衆議院解散権や法案提出権を明記して首相の権限を強化する案（読売案）、非常事態権を付与して内閣権限を強化する案（小沢、国民会議、西部案）、首相公選論（中曽根、「論憲」論の鳩山由紀夫案）などが提案さ

れている。もっとも、中央省庁改革法ですでに内閣の権限が強化されているし、地方分権一括法により、地方行政への大臣の関与権が強化されている点に留意すべきである（後述(h)参照）。

③司法については、憲法裁判所設置を唱える改憲論が多い（読売、小沢、西案）。現行憲法九条の下で、裁判所は自衛隊問題などに関して、政府の立場を考慮して憲法判断を回避してきたが（統治行為論）、自衛戦力を合憲とする改憲と同時に憲法裁判所が導入されれば、それは、自衛隊合憲判決を迅速に出すことが可能になることを意味する。なお、改憲論は憲法裁判所の設置が憲法改正をしなければできないという通説に依拠しているが、憲法裁判所の設置は現行憲法上は立法政策の問題で、改憲論の根拠とはならないという批判もありうる。また、今回の憲法裁判所論が、行政改革の一環としての司法制度改革論の流れの中で出てきているので、人権保障の機能をもつのか疑問である。最高裁裁判官の国民審査については廃止論がある（読売、西部案）が、主権者の司法参加権を奪うことになり賛成できない。

④財政については、改憲論は、現行憲法八九条では私学助成は違憲だから、私学助成をできるように現行憲法八九条を全面削除するとか、「公の支配」を削除するといった見解など（読売、西、西部案）を出している。しかし、現行憲法の下で、憲法二六条と八九条に基づく私学助成合憲論が定着している。したがって、当該改憲論は、改憲のための口実論にすぎないし、靖国神社国営化正当化論にもなりうる。その他、内閣に非常事の緊急財政権を付与する見解があるが（国民会議、西部案）、立憲主義と平和主義の形骸化になる恐れがある。

(h)地方自治については、改憲論の中には、本質規定をわかりやすく表現すべきだとして、地方自治体の「自立と自己責任」や国と地方の「協力」を強調したりする改正案（読売案）がある。しかし、これは行政改革の一環としての地方分権を前提にしており、すでに制定された地方分権一括法や改正地方自治法のもつ二面的性格、すなわち生活保障行政などは地方に押し付け、防衛行政などを国の統制の下におくことを正当化するものである。[24] その他、吏員の直接選挙規定（憲法九三条）を削除し、住民投票の対象を国政的テーマに限定する見解（西案）などもあるが、これらはいずれも、住民主権を軽視するもので疑問である。

(i)憲法改正については、改憲論は、現行の改正手続きよりも簡単にしようとしている。例えば、改正発議を、各議院の総議員の三分の二以上の賛成から、各議院の出席議員の過半数の賛成に変更する見解（読売案）、国会の発議権を内閣の発議権に変更する見解（西部案）などがあるが、憲法の規範的価値や議会の地位を低める点で賛成できない。

(j)憲法の尊重擁護義務については、現行憲法九九条では国民が明記されていないので、国民を明記すべきだという改憲論が多い。その中には、国民だけを明記し、天皇や公務員などを明記しない見解（読売案）、当該規定を全面削除する見解（西部案）などがあるが、それは権力の正当性原理としての国民主権の意義を軽視することになり、疑問である。

五　おわりに

現行憲法を形骸化させてきた政治勢力が圧倒的な多数派を形成して、その形骸化の実態（解釈改憲や違憲的立法の制定と運用など）に合うように改憲論を主張している限り、護憲論がこの改憲論と表面的なレベルで改憲論議をすることは、政治戦術的に問題であるだけでなく、改憲論のこれまでの政治的姿勢や責任を不問に付すことになる。将来的には現行憲法の歴史的な制約個所を改正することもありえようが、いま重要なことは、日本国憲法の基本原理ないし先進性（社会民主主義的自由主義、非武装平和主義、国民主権に基づく議会制民主主義）を立法、政治・行政、司法を通じて、日常生活に定着させる努力と啓蒙活動である。

憲法改正問題は、憲法のあらゆる条文について技術的に考えることでは、決してない。本命は、憲法第九条を改めて自衛隊に大手をふって歩かせたいというところにあることと、そのついでに基本的人権に制限をつけようというところにある…。調査会あたりの御歴歴のいうところをみると、枝葉末節ともみえるところをこう改めろ、ああ改めろという議論をしている。もし国民が部分的なことを考えるとすれば、あるいは字句をもっとこうしたらいいだろうとか、このところはもうすこしはっきりしろとか、もっと完全にしろとか、いくらでも議論はでてくるかもしれない。そうした恰も改憲を前提とした議論に魂を奪われているうちに、改憲論がいつの間にやらムードになってしまうとしたら、これはおそろしいことだと思う。(25)

右に引用した見解は、内閣憲法調査会の改憲論議が問題となっていた最中の一九六四年に、護憲派の野村平爾教授が述べたものであるが、現在においても、依然として有益な警告といえよう。

（1）村田尚紀「憲法調査会の法的問題」『法律時報』二〇〇〇年五月号一五頁以下。なお、元山健「憲法議連の登場と憲法改正手続の法理」憲法研究所・上田勝美編『平和憲法と新安保体制』（法律文化社、一九九八年）一七八頁以下も参照。憲法調査会の全体的な問題については、「特集・憲法調査会／憲法論議の行方」前掲『法律時報』、吉田善明「憲法調査会の設置」『ジュリスト』二〇〇〇年五月一・一五日合併号など参照。

（2）田畑忍『憲法と抵抗権』（三和書房、一九六七年）二〇五―二〇六頁。憲法の「改正」と「改悪」を峻別し、歴史の発展法則に即した改正無限界論を唱える田畑忍や上田勝美などの所説について、田畑忍編『憲法の改正と法律の改正』（評論社、一九七二年）参照。

（3）この個所は、澤野義一「日本国憲法の世界的先進性」『科学的社会主義』二〇〇〇年五月号一〇―一一頁をベースにしている。なお、影山日出弥・大須賀明『日本の憲法問題』（労働経済社、一九六七年）七六頁以下も参照。

（4）アメリカの憲法九条の会は、憲法九条を世界の憲法に広める活動をしている（チャールズ・オーバビー、国広正雄訳『地球憲法第九条』講談社、一九九七年参照)。ハーグ市民平和会議は、「公正な世界秩序のための一〇の基本原則」の第一項目として、「各国議会は、日本国憲法第九条にならい、政府が戦争をすることを禁止する決議を採択すべきである」と宣言している(大久保賢一「非軍事平和主義を国際規範に」『法律時報』一九九九年八月号三五頁以下など参照)。

(5) ダグラス・ラミス、加地永都子ほか訳『ラジカルな日本国憲法』(晶文社、一九八七年)一九頁以下、田畑忍・前掲書(注2)九—一四頁参照。

(6) 川崎英明「盗聴法と令状主義」『法律時報』一九九九年一一月号三六頁以下参照。

(7) 片岡曻『新版労働法(1)』(有斐閣、一九八九年)八七—八八頁参照。

(8) 辻村みよ子『女性と人権』(日本評論社、一九九七年)二一〇頁以下参照。

(9) 田畑忍編『議会制民主主義の研究』(法律文化社、一九七八年)の第一部参照。

(10) 最近の文献として、田中彰『小国主義』(岩波書店、一九九九年)一六一頁以下参照。

(11) 高橋彦博『日本国憲法体制の形成』(青木書店、一九九七年)一四七頁以下参照。

(12) 大嶽秀夫『二つの戦後・ドイツと日本』(日本放送出版協会、一九九二年)五七頁以下参照。

(13) 深瀬忠一『戦争放棄と平和的生存権』(岩波書店、一九八七年)一三二頁など参照。

(14) 改憲論議の歴史や概況については、多数の文献があるが、渡辺治『日本国憲法「改正」史』(日本評論社、一九八七年)、渡辺治・三輪隆・和田進・浦田一郎『「憲法改正」批判』(労働旬報社、一九九四年)、隅野隆徳『日本国憲法50年と改憲動向』(学習の友社、一九九七年)など参照。

(15) 竹花光範『現代の憲法問題と改憲論』(成文堂、一九八六年)一〇七、二四一頁など。

(16) 澤野義一「平和主義論の50年」樋口陽一・森英樹・高見勝利・辻村みよ子編『憲法理論の50年』(日本評論社、一九九六年)六二一—六三三頁参照。

(17) 澤野義一『非武装中立と平和保障』(青木書店、一九九七年)一四一—一六八頁参照。

(18) 澤野義一・前掲論文(注3)八—一〇頁。

(19) 西修『日本国憲法を考える』(文芸春秋、一九九九年)一一頁以下。

(20) 山内敏弘「護憲論の先進性と改憲論の時代逆行性」『軍縮問題資料』一九九九年一二月号一〇頁以下、木下智史「憲法調査会における議論のあり方」前掲『法律時報』(注1)三七頁以下など参照。

(21) ここで参照している改憲案は次のものである。西修・前掲書(注19)、西部邁『私の憲法論』(徳間書店、一九九一年)、小林節『憲法守って国滅ぶ』(KKベストセラーズ、一九九二年)、読売新聞社の改憲案(『憲法・21世紀に向けて』[読売新聞社、一九九四年」、二〇〇〇年五月三日付読売新聞・第二次案)、小森義峯『憲法改正への王道』(ヒューマン・ドキュメント社、一九八八年)、自主憲法期成議員同盟・自主憲法制定国民会議編『日本国憲法改正草案』(現代書林、一九九三年)、小沢一郎「日本国憲法改正試案」『文芸春秋』一九九九年九月特別号、鳩山由紀夫「自衛隊を軍隊と認めよ」『文芸春秋』一九九九年一〇月号、日本を守る国民会議「新憲法の大綱」、平野貞夫・橘高剛『日本人と憲法と自由党』(プレジデント社、二〇〇〇年)、木村睦男、愛知和男などの改憲案については、「日本国憲法のすべて」『This is 読売』一九九七年五月臨時増刊号四三六頁以下など。

(22) 澤野義一「現代君主制に関する国家形態論の検討」長谷川正安・丹羽徹編『自由・平等・民主主義と憲法学』(大阪経済法科大学出版部、一九九八年)三一七頁以下参照。

(23) 清野幾久子「『福祉国家』論と生存権」杉原泰雄・清水睦編『憲法の歴史と比較』(日本評論社、一九九八年)二三八頁以下、渡辺治・後藤道夫編『講座・現代日本一―四巻』(大月書店、一九九六―一九九七年)参照。

(24) 自治体問題研究所編集部編『Q&A分権一括法と地方自治の課題』(自治体研究社、一九九九年)一四頁以下、澤野義一「有事法制化の動向と平和憲法の現代的活用の視点」大阪経済法科大学『法学研究所紀要』三〇号(二〇〇〇年)五一―五三頁参照。

(25) 鈴木安蔵『憲法の理論』(勁草書房、一九六五年)二四三―二四四頁から引用。

第二章　国会の憲法調査会の改憲論議

一　憲法調査会の設立経緯と運営

1　憲法調査会設立の経緯と背景

国会（衆参両議院）の憲法調査会は、五年をめどに日本国憲法を「広範かつ総合的に調査」することを目的に（特定の改憲案を提出する権限を与えられていない）、一九九九年七月国会法改定により設置され、二〇〇〇年一月二〇日から活動を開始した。この調査会は、冷戦後の一九九〇年代改憲論の特色である「護憲的」改憲論のムードに乗じて、改憲派議員（「論憲」派の一部も含む）からなる「憲法調査委員会設置推進議員連盟」（憲法議連）の提案（九七年五月）をきっかけに設置されたものである。憲法議連は、国際関係の変化、環境問題の深刻化、価値観の多様化、地方分権、共生の観点からみて、日本国憲法は時代遅れになっており、二一世紀に向けて見直すべきであるという名目で設立された。

なお、「護憲的」改憲論とは、憲法の精神にしたがって、現状に合うように憲法を変えるべきであるという見解をさすが、当時、湾岸戦争を契機とした国際貢献論議を背景に、自衛隊・日米安保の存在を認め、その憲法（違憲か合憲かの）論議を棚上げすべきだという議論、あるいは、新しい人権規定や国民投票制度などを導入するためには「憲法見直し」論もタブー視する必要はないといった議論がなされていた。この議論は従来の改憲派だけでなく、護憲派の一部や労働界、マスコミなどからも広く受け入れられ、それによって、従来の改憲論と護憲論の間にみられたような明確な対立はうすれ、改憲論議が加速することになった。(1)

2　憲法調査会の審議経過

衆議院憲法調査会は、当初は「日本国憲法の制定経緯」「二一世紀の日本のあるべき姿」をテーマに審議し、二〇〇二年二月からは、「基本的人権」「政治の基本機構のあり方」「国際社会における日本のあり方」「地方自治」の四つの小委員会を設け、それぞれ月一回の割合で審議した。そして、同年一一月三日には、審議がまだ十分行われていないにもかかわらず、中山太郎会長の強引なイニシアチブのもとに「中間報告書」を公表した。それは、改憲論に有利な意見が調査会で多く出されている印象を世論に与えるとともに、改憲論議のスピードアップを意図したものであった。護憲政党は、憲法の理念が現実政治の中で生かされているのかどうかの調査が行われていないとか、「中間報告書」が発言者の意図を正確に集約していないといった理由で、報告書の公表に反対した。(2)

二〇〇三年度以降は、「統治機構のあり方」「最高法規としての憲法のあり方」「基本的人権の保障」「安全保障及び国際協力等」に関する四つの調査小委員会に改組し、審議回数も増やし、従来よりは個別テーマに即して審議してきたが、調査会は参考人の意見を聞いて、あとは委員の個人ないし政党の意見を主張しあうだけである。これは調査会の当初からの状態であり、異なる意見を尊重し認識を深めあう場ではないから、参加者だけでなく国民や識者からみても、得るものはあまりなかったといえよう。

なお、憲法調査会を構成する委員（衆院五〇、参院四五人の議員）が政党の議席に応じて配分され、当初は「改憲」（自民・自由・保守党）、「論憲」（憲法を論議することをとりあえず重視するという立場、公明・民主党）、「護憲」（社民・共産党）の三つの立場から議論されたが、その後、「論憲」論は徐々に「改憲」論にシフトし、政党のスタンスは「改憲」論と「護憲」論に二極分解した。「論憲」論の民主党は、憲法九条改正も視野に入れた「創憲」論に、公明党は新しい人権など（九条も対象となる場合もありうる）を明記する「加憲」論に軸足を移した。

参議院憲法調査会は、当初は「文明論・歴史論を含めた日本国憲法」、二〇〇一年三月からは「国民主権と国の機構」、二〇〇二年四月からは「基本的人権」、二〇〇三年五月からは「平和主義と安全保障」をテーマに審議した。二〇〇四年二月には「二院制と参議院のあり方に関する小委員会」が設置され、審議された。

いずれの調査会も、審議回数を形式的にこなしたといえるが（参議院調査会は若干少ない）、委員の欠席が目立つ、審議中の出入りが頻繁である、私語が多いといった指摘がなされている。参考人の選定についても疑問がないわけではない。立場は異なってもテーマにふさわしい参考人が招致されたのかどうかといった点についても、疑問があったように思われる(3)。

衆議院調査会の公聴会は地方と中央を含め一一回開かれてきたが、地方公聴会の一般応募者は、二〇〇二年六月の札幌の六二人をピークに、同年一二月福岡の五三人、二〇〇三年五月金沢の五二人、同年六月高松の四一人、二〇〇四年三月広島の四五人、同年五月東京の一七人、と減少している。二〇〇四年一一月の三回の中央公聴会の一般応募者も三〇人で、調査会の憲法論議への世論の関心は冷めているとの指摘もなされた。ただし、そのような状況の中にあっても、公聴会の応募者は護憲派が多く、護憲派の憲法擁護への熱意が窺われた(4)。

二　憲法調査会の社会的影響

1　メディアの状況

メディアでは、読売新聞社[5]が国会の憲法調査会とともに、改憲論議を先導しようとしてきた。一九九〇年代後半以降の改憲論議については、各新聞社の世論調査では、憲法九条の改正以外であれば、一般的には憲法改正に賛成する意見が過半数を超える状況になっていた。しかし、改憲論の内実が徐々に分かるようになったことに起因してか、改憲論への国民の支持率が過半数を割り込んできているという世論調査も出ている。例えば、二〇〇〇年四月で六一％の改憲支持率は、二〇〇一年四月で五八％、二〇〇四年四月で五五％、同年九月で四九％と減少しているという調査である[6]。これは、上述した憲法調査会への世論の関心の低下と符合する現象とみることもできよう。

2　財界の状況

財界では、経済同友会は、国会の憲法調査会が設置されたことをうけて、二〇〇一年四月に「憲法問題調査会」を設置して、改憲論議を推進してきた。そして、二〇〇三年四月には「憲法問題調査委員会意見書」をまとめている。そこで述べられている憲法改正の目的は、冷戦後のグローバリゼーションのもとで、「自立した個人を主体とする社会秩序の確立」と「自らの国益と価値を守る自立した日本」を目指すことだとされている。そこには、社会的弱者を保護する福祉国家を批判する新自由主義的な「小さな政府」ないし自己責任論と、日本の海外資本や権益を守ることのできる軍事的に強い（海外派兵）国家論、そしてそのような国家を日本的な文化や愛国心で正当化する保守主義のイデオロギーが表明されているといえよう。

日本経団連は、二〇〇四年七月一五日、憲法改正や安全保障などを討議する「国の基本問題検討委員会」の初会合を開催し、同年七月二二～二三日のフォーラムにおいて、当該テーマをめぐって論議を行っている。そこで、奥田会長は、「東アジア経済圏の確立にさいし日本がリーダーシップをとるには軍事力の充実が必要」、「今後日本の新たな国家像を検討することは経済界にも重要」、「私は改憲論者と考えてもらって結構」などと発言している。(7) そして、二〇〇五年一月に公表した日本経団連の「わが国の基本問題を考える――これからの日本を展望して」という文書の中の第Ⅳ章「憲法について」の項で、自衛隊と海外派兵を容認し、日本の国益と国際平和のために集団的自衛権行使を可能にするために憲法九条二項を改正することと、憲法九六条の憲法改正手続きの要件を緩和することを当面の改憲論の重要課題として位置づけている。

日本商工会議所は、二〇〇五年六月に、期待される憲法改正のポイントを示す「憲法問題に関する懇談会報告書」を公表した。そこでは、①世界に誇れる日本人のアイデンティティーを築き上げること（家族愛、歴史、伝統、文化）を明確にすること、②憲法九条二項を改正して自衛権と戦力保持を明記すること（自衛権は自然権であり、集団的自衛権も当然含まれる）、③三項を追加して自衛隊の海外派遣による国際貢献活動を自衛隊の本来任務とすること、④解釈が不明確になる「公共の福祉」を「公共の利益」という表現に変え、国の安全や公の秩序などの観点から、行き過ぎた個人主義・権利を制限できるようにすること、⑤地方分権の名の下に道州制や市町村合併などを通じ自治体の広域化をはかること、⑥憲法改正手続きを緩和すること（国会の憲法改正発議要件を総議員の三分の二から過半数の賛成に変更）などが提言されている。

財界は、自民党と民主党の二大政党に対し、改憲論の姿勢によって政治献金支援などをちらつかせつつ、改憲論議を促進させる戦略をとっている。財界と保守二大政党がこのような相互依存関係にある以上、憲法九条だけでなく、権利や憲法改正手続きなどに関する財界と改憲政党の改憲論の内容が近似するのは当然のことといえよう(8)。

3　憲法学界などの状況

憲法学界の状況については、一般新聞が、「『自衛隊は違憲』という解釈が支配的だった憲法学の世界も変わった」として、二〇〇四年一月発行の法律雑誌「ジュリスト」(特集号「憲法9条を考える」)を取り上げているように(9)、法律専門誌も、憲法九条を絶対平和主義と解釈しないで、自衛権ないし自衛力、自衛隊派兵による「国際貢献」、日米安保などを容認したり、そのための改憲を正当化する「改憲」論ないし「護憲的改憲」論を肯定する論者を、相当意識して登場させている。安念潤司、長谷部恭男、棟居快行などの憲法学者は、自衛力を容認している。棟居快行の場合は、安保条約の容認のほか、九条の改憲も容認している(10)。

なお、憲法学者だけでなく政治学者にも、同様の傾向がみられる。小林正弥は非戦とその世界化を強調する点で評価できるが、最小限自衛力については容認している。中西寛は、軍事技術の発展の観点から集団的と個別的自衛権が区別しがたいものとなっていること、テロなどの脅威に対しグローバルな安定確保のためにはアメリカ以外の国とも防衛協力が必要なことから、集団的自衛権不行使の問題は見直されるべきだとしている。また、日本の保有する軍事力と憲法の矛盾をすっきりさせるには、憲法九条二項の改正が望ましいと述べている(11)。

国際法学者の浅田正彦は、自衛隊がＰＫＯに参加して外国で武力行使することは憲法九条に反しないと述べている。自衛隊のＰＫＯ参加については、浅田と同様の見解を述べている国際法学者の大沼保昭の場合は、集団的自衛権も個別的自衛権も憲法九条のもとで行使できるとの解釈を示すと同時に、憲法九条の理念を生かしつつ、上記のような自衛隊の活動や自衛権行使を可能にする改憲も積極的にではないが容認する「護憲的改憲論」を主張している[12]。

以上のような憲法や国際法学者の見解と政治学者の見解は、国会の憲法調査会などにおいて展開された現代改憲論議の状況を一定反映したものといえよう。

三　憲法調査会審議経過における主要な憲法論と問題点

憲法調査会審議の中で出されている憲法改正にかかわる論点は、憲法九条に関連する平和主義が最も中心的なテーマとなっているが、それ以外には、憲法制定過程、押し付け憲法、前文、新しい人権、首相公選、憲法裁判所、憲法改正手続き、参議院改革、公共の福祉と人権、権利と義務、家庭生活、天皇制、地方分権などが主要な論点となっている。その特徴点と問題点を以下に簡単に指摘する[13]。

(1)　憲法制定過程と押し付け憲法論　改憲派は当初「押し付け憲法」（現行憲法無効）論を正当化しようとしたが、成功しなかった。改憲派の委員や参考人の中からも、現行憲法を有効とみなしたうえで、将来的な改憲を問題にすべきだという有力な意見が出たからである。そもそも、交戦中の占領地で他国の法律の変更などを強制することは禁止されている（一九〇七年のハーグ陸戦法規）が、日本の場合はポツダム宣言という特別な国際条約を受諾し交戦中ではないから陸戦法規は適用されないので、国際法上、押し付け憲法・無効論は成立しないのである。国内法的にも、戦後の民主的な選挙で選出された議会の審議と憲法改正手続きをへて憲法改正がなされており問題はない。

(2)　憲法前文　前文は外国の押し付け憲法の翻訳であり、日本の歴史・伝統・文化に関する記述がない、国家と国民の責任・役割分担を明確にしていないなどとして、この点を明記すべきだとする改憲が、改憲論だけでなく「護憲的」改憲論からも出されている。しかし、それは天皇の権限や国民の義務を拡大し、他方、国民に対する国家の責任を小さくする国家観、すなわち保守主義と新自由主義の二面性をもった国家観を正当化するもので、問題である。

(3)　象徴天皇制　改憲論の新しい傾向として、天皇制廃止論（少数意見）や女性天皇容認論も出ているが、改憲論の多数は、天皇元首化を指向しつつ、日本の文化と伝統の尊重と関連して、教育基本法の改正、日の丸・君が代への忠誠（愛国心教育）などを提言している。しかし、これは歴史に逆行するもので、疑問である。

(4)　平和主義　憲法九条について、改憲論は同条一項は維持するが、二項の改正（あるいは三項の追加）によって、自衛権ないし自衛戦力（国軍）の保持、ならびに集団的自衛権の行使や海外派兵ができることを明記すべきだとする見解が多い。その関連で、有事に対処できる国家緊急権を明記すべきだとする見解もある。護憲論は、このような明文改憲に反対している点で評価できるが、その論理については二つのタイプがみられる。一つは、九条を完全非武装主義と理解し、非軍事的国際貢献論を主張する立場である。もう一つは、九条がすでに最小限防御力を容認しているから改憲は不要という立場である。この見解は、明文改憲論に反対する保守護憲論者の専守防衛論とも共闘できる点で憲法運動論的意義はあるが、理論・解釈論的には不十分である。

(5)　国民の権利・義務　改憲派の人権論の特色は、権利を強調している現行憲法に、いま以上に国民（個人、家庭、社会）の義務や責任規定を明記したり、公共の福祉による人権制限をはっきりさせることにある。それは、九条改悪論とも関連し、国防や有事のさいの国民の義務（徴兵の義務までは含まないとしても）を正当化するだけでなく、政府がやるべき社会保障実施義務を国民に負わせること、また、環境権などの「新しい人権」を明記したとしても、その意義を相殺することになる。というのは、新しい人権条項は、改憲論者にとっては、プログラム規定ないし抽象的権利であり、政府が具体的に実現する義務を負うものとはされていないし、かつ環境権などの保護義務をはたす主体として、社会の連帯責任が強調されるからである。日本国憲法には「新しい人権」は規定されていないが、実質的には学説や判例で認められてきており、いま改憲して規定しなければならないほどの緊急の課題とはいえない。

(6) 統治機構　国会については、参議院の独自性を出すために、あるいは参議院を廃止し一院制を採用するために改憲を提案する議論もなされているが、当面は、前者については現行憲法の枠内での改善で対処すべきであり、後者については国会の地位低下をもたらす恐れがあり疑問である。内閣との関連では、議院内閣制の機能不全やリーダーシップのない首相選出への対案として、小泉首相の存在にも影響されて、首相権限を強化する首相公選論が当初目立ったが、その後は関心が低下している。現在世界に存在しない首相公選制の導入よりも、議院内閣制を機能させる条件を考えることが先決であろう。裁判所との関連では、憲法問題を独自に審査する憲法裁判所設置を唱える改憲論が近年目立つ。しかし、現在の改憲論の文脈の中で憲法裁判所を導入することは、憲法九条の改悪とセットで考えると、自衛力保持や海外派兵を容易に合憲とすることになる恐れがあり、賛成できない。地方自治については、政府与党が進める地方分権改革を正当化するような規定を憲法に明記するための改憲論議があるが、地方自治の点検や地方自治法の民主的改革が先決である。

(7) 憲法改正手続き　改憲論には、改正発議を各議院の総議員の三分の二の賛成から、過半数の賛成に変更し、現行の改正手続きを簡単にすべきだという主張が多い。憲法全体を改正する前に、改正手続きだけをまず改正すべきだという見解もみられる。しかし、憲法は国の根本法だから、その改正手続きを厳しくしておくことがあってもよい。改正手続きが厳しくても、国民の改憲への要求が本当に大きくなれば改憲の時期がくるのであるから、改正手続きの改正にこだわる議論には賛成できない。

四　国会の憲法調査会「最終報告書」の問題点

国会の憲法調査会は二〇〇〇年一月以降、約五年間の調査活動を終え、最終報告書を二〇〇五年四月中旬（衆議院は一五日、参議院は二〇日）に公表した。憲法調査会は、日本国憲法を「広範かつ総合的に調査」することを目的に設置されたものであり、特定の改憲案を提出したり、一定の改憲方向を示す権限は与えられていない（国会法）。しかし、最終報告書の内容は、憲法の各条文・テーマが現実の政治や社会生活において、どのように生かされているのか、いないのかを調査するものではなく、改憲派にとって重要な改憲論のテーマに沿った委員（政党、議員）の憲法解釈論、あるいは委員間の憲法改正の是非に関する意見を収録したものとなっている。このような調査であれば、五年の年月と相当の費用をかけなくとも、国会図書館の職員に委託調査してもらえば、外国の憲法調査も含め可能であろう。憲法の各条文やテーマに関するさまざまな学説・解釈論などは、憲法の教科書や注釈書、論文などを調べれば、ほぼ出尽くしているし、各政党の改憲論も雑誌などを通じてほぼ公表されている。国会の憲法調査会の論議も、委員や政党の改憲論を主張しあうだけで、論議を深めるという意図が希薄であった。

それにもかかわらず、憲法調査会が設置され、審議が行われたのは、改憲派にとっては、改憲論が国会の多数意見であることを、マスコミや世論にアピールし、改憲論議を活性化させるという政治的効果をねらったものであったと思われる。

結果的にも、最終報告書は、単なる意見や憲法解釈論の収録ではなく、テーマによっては、多数意見（衆議院）とか、五党共通認識あるいは自民・公明・民主党が一致した「すう勢意見」（参議院）と明記することによって、改憲を誘導し、改憲への道筋をつけることになっている。例えば、自衛権と自衛隊について、衆議院調査会では、「何らかの憲法上の措置をとることを否定しない意見が多く述べられた」と記述されている。参議院調査会では、「個別的自衛権を有することを認めることは、共通した認識であった」とか、「自衛のための必要最小限度の組織が必要であることには、おおむね共通の認識があった」と記述されている。この点などは、改憲論者や改憲派のメディアによって、憲法調査会の成果として評価される個所であるが、憲法九条のもとでは自衛権自体が否定されているといった学説もあることは、国民には知らされないという問題がある。

さらに問題なのは、当該報告書において、国会の憲法調査会を憲法改正手続き法の起草ないし審査機関にすることが多数意見（衆議院）あるいは「すう勢意見」（参議院）であったと記述されている点である。しかし、上記のような調査会のこれまでの審議のあり方や報告書の内容は、憲法調査会の設立趣旨に反しており、問題である。護憲派の共産党と社民党が、そのような最終報告書の提出に反対したのは正当といえよう。

なお、国会の憲法調査会の審議テーマには、両論併記あるいは三論併記もあり、すべてが多数意見になっているわけではない。また、国会の憲法調査会の多数意見であっても、自民党の憲法起草委員会の見解とは必ずしも一致していない。例えば憲法裁判所設置については、衆議院では多数意見であるが、自民党の委員会では反対意見が多数となっている。それは、改憲派においても、全体的には改憲論がまだ固まっていないことを意味している。

また、市民のほとんどは、膨大な量の国会の審議録や最終報告書を知りうる状況にはないから、この報告書などが市民に直接的な影響を与えるとか、改憲論を一定の方向に急速に向かわせることにはならないであろう。したがって、改憲推進派からすれば、まだまだ改憲が市民から受け入れられるかは自信があるわけではない。

この点に関しては、最終報告書が提出された後、中山太郎・衆議院憲法調査会長が、ＥＵ（欧州連合）憲法条約案の批准を否決したフランスの国民投票をパリで視察し、有権者に対する対応として次のように述べていることが参考になろう。すなわち、「条約案は四百条を超え、広報内容はあまりにも盛りだくさんになった。肝心の投票はウイ（はい）かノン（いいえ）の二者択一。少し乱暴だった」「日本は国民投票の経験がない。…改正案の内容を解説するなど、余程準備をしないといけない。全面改正など大幅な改正になると、内容について、有権者は十分に理解していないということも想定される。重要な項目は一点か二点に絞る必要があるかもしれない[14]」と。

そのようなこともあり、二〇〇五年四月の国会の憲法調査会終了以降、改憲推進派は改憲内容を早めに国民に明示するために、自民党は同年一一月に「新憲法草案」を、民主党はほぼ同じ時期の一〇月に「憲法提言」を公表した。また、憲法改正国民投票法案を国会の憲法調査特別委員会で強引に審議し、改憲派に有利な法案の成立をはかろうとしている。

（1）　澤野義一「日本国憲法の特質と改憲論」大阪経済法科大学『法学研究所紀要』三一号（二〇〇〇年）六〇頁以下、高田健『改憲・護憲何が問題か』（技術と人間、二〇〇二年）六〇頁以下。渡辺治編著『憲法改正の争点』（旬報社、二〇〇二年）も参照。

（2）　澤野義一「国会の憲法調査会の改憲論議の現況――衆議院憲法調査会の『中間報告書』の検討」『龍谷法学』三五巻四号（二〇〇三年）一四一頁以下参照。この論稿は、本書第二章の補論に収録。

（3）　高田健・前掲書（注1）七五頁以下、同『護憲は改憲に勝つ』（技術と人間、二〇〇四年）一六四頁以下参照。

（4）　「朝日新聞」二〇〇四年一二月九日付。

（5）　読売新聞社の改憲論については、読売新聞社編『憲法・21世紀に向けて』（読売新聞社、一九九四年）、同『憲法改正　読売

試案二〇〇四年』（中央公論新社、二〇〇四年）など参照。
（6）「日本経済新聞」二〇〇四年九月六日付。
（7）「読売新聞」および「朝日新聞」二〇〇四年七月二四日付。
（8）財界の改憲論については、小沢隆一「財界団体の改憲構想」全国憲法研究会編『憲法改正問題』（日本評論社、二〇〇五年）九八頁以下、水島朝穂編著『改憲論を診る』（法律文化社、二〇〇五年）一五一頁以下［愛敬浩二執筆］、渡辺治編『ポリティーク』一一号（旬報社、二〇〇六年）二一九頁以下［久保木匡介執筆］など参照。
（9）「朝日新聞」二〇〇四年二月二二日付。
（10）「特集・憲法9条を考える」『ジュリスト』一二六〇号（二〇〇四年）収録の「座談会・憲法9条の過去・現在・未来」（高橋和之、浅田正彦、安念潤司、五十嵐武士、山内敏弘）の安念潤司の発言、長谷部恭男「平和主義と立憲主義」、棟居快行「9条と安全保障体制」参照。
（11）前掲『ジュリスト』（注10）収録の小林正弥「平和憲法の非戦解釈」、中西寛「憲法9条の政治的軌跡」参照。
（12）前掲『ジュリスト』（注10）収録の浅田正彦の座談会発言、大沼保昭「護憲的改憲論」を参照。
（13）憲法調査会の審議内容については、インターネットでみることができる。調査会の活動を批判的に概括したものとして、水島朝穂編著『改憲論を診る』（前掲注8）九二頁以下［馬奈木厳太郎執筆］、全国憲法研究会編『憲法改正問題』（前掲注8）七六頁以下［塚田哲之、倉持孝司、元山健執筆］参照。
（14）「産経新聞」二〇〇五年五月三一日付。

補論　衆議院憲法調査会「中間報告書」の検討

一　はじめに

衆議院憲法調査会は、二〇〇二年一一月一日、与党（自民、保守、公明）や民主党などの賛成多数により（社民党と共産党は反対）、七〇六頁にわたる「中間報告書」の衆議院議長への提出を決定し、一一月三日に公表した。この補論では、「中間報告書」の公表背景や内容的問題点などの批判的検討を通して、現在の改憲論議、とりわけ国会の憲法調査会における改憲論議の現況を把握しておこうとするものである。

なお、国会（衆参両議院）の憲法調査会は、一九九九年七月国会法改定により設置され、二〇〇〇年一月二〇日から活動を行っている。この調査会は、冷戦後の九〇年代改憲論の特色である「護憲的」改憲論のムードに乗じて、改憲派議員からなる「憲法調査委員会設置推進議員連盟」（憲法議連）の提案（九七年五月）をきっかけに設置されたものである。憲法議連は、冷戦構造の崩壊に伴う国際関係の変化、地球環境問題の深刻化、価値観の多様化、地方分権と共生社会の必要性などが、現行憲法との乖離現象を生じさせているとして、改憲を提案した。もちろん、設置された憲法調査会自体は、五年をめどに日本国憲法を「広範かつ総合的に調査」することを目的に設置されたのであり、特定の改憲案を提出する権限を与えられていない。しかし、憲法調査会を構成する改憲派委員からは、五年以内にでも特定の改憲案を出すべきだという意見も述べられた。

二　「中間報告書」の公表に関する全般的問題点

1　「中間報告書」公表の経緯

衆院憲法調査会では、月二回の割合で、二〇〇〇年六月までは「日本国憲法制定経緯の検証」をテーマに、同年九月から「二一世紀の日本のあるべき姿」をテーマに審議した。二〇〇二年二月からは、「基本的人権」「政治の基本機構のあり方」「国際社会における日本のあり方」「地方自治」の四つの小委員会を設け、それぞれ月一回の割合で審議してきた。そして、二〇〇二年度の後半は憲法調査会の活動予定の五年のうちのほぼ中間地点に当たることから、中山太郎会長らは、衆議院憲法調査会で「中間報告書」を出すことを公言してきた。確かに、衆議院憲法調査会規程（二条）によれば、「中間報告書」を作成し公表することができることになっているが、「最終報告書」と異なり、「中間報告書」は必ずしも公表義務はない。「中間報告書」が、日本国憲法について「広範かつ総合的」な調査を行うという憲法調査会の設置目的に沿わない不十分で、誤解を与えるような内容であれば、それを公表することには問題があると思われる(1)。

社民党は、調査会では、憲法の理念が現実政治の中で生かされているのかどうかの調査が行われていない、重要な取り上げるべき調査活動が行われていない、「中間報告書」が委員や参考人の発言の一部が切り張り的に寄せ集められた編集になっており、発言者の全体的な意図を正確に集約していないといった理由で、「中間報告書」の公表に反対した。

共産党も、社民党と同様の観点から、これまでの調査実態からみて、調査会が「中間報告書」を出せる段階ではないこと、調査会での参考人らの発言の背景が捨象され真意が伝わらないこと、論点整理も調査会の調査実態を公正に反映していないことなどを理由に、「中間報告書」の公表に反対した。調査内容はこれまで公表されている会議録を国民に知らせることで十分だというのが、社民党や共産党の立場である。

2 「中間報告書」の全般的問題点

後で具体的に言及するように、「中間報告書」は、調査会における改憲派委員数の多さや参考人の人選の片寄りを反映して、改憲論と護憲論が両論併記されている項目の場合でも、改憲論に有利な発言が多く引用・掲載されている。改憲論に好都合な発言だけを引用し、両論併記のない項目もある。また、調査会における発言の論点整理や項目設定の仕方においても、改憲論に関心のあるものが目立つ形で取り上げられており、調査会の設置趣旨に沿って、日本国憲法を「広範かつ総合的」に調査したものではない。四つの小委員会に関しては、二〇〇二年二月に始まったばかりであり、審議がまだ不十分であり、中間まとめをするほどの参考人の多様な発言がなされているわけではない。「中間報告書」の全般にわたり、発言の引用も恣意的な感じがするが、それは、発言者の発言を全体の文脈から切り離して、バラバラに引用する方式をとっていることに原因がある。このようなことから、「中間報告書」は記載内容に客観性や公平さを欠いているといわざるをえない。

中山会長は、「中間報告書」の「まえがき」で、例えば、「『二一世紀のあるべき姿』についての骨太な論議、さらには小委員会での専門的かつ効果的な論議においては、日本国憲法をめぐる様々なテーマについて、多様な観点から議論が行われた」と、憲法調査会の審議を我田引水的に評価している。しかし、それは上述のように、実態と異なる。

「中間報告書」のその他の問題点として、地方公聴会（仙台、神戸、名古屋、沖縄、札幌）における意見陳述者の発言が短く要約されているにすぎず、地方公聴会では護憲論の立場からの発言が目立ったことが読者には伝わってこない。また、小委員会における委員長のまとめでは、改憲論に有利な発言がなされていることが窺われる。例えば、「政治の基本機構のあり方に関する調査小委員会」の高市早苗委員長は、明治憲法や天皇制などの関連で、今後、「憲法の背景にある歴史や伝統をも踏まえつつ」議論を深めていくと述べている（六五八頁）。「国際社会における日本のあり方に関する調査小委員会」の中川昭一委員長は、安全保障等に関しては、「多角的観点から、憲法改正をも視野に入れた検討が不可欠であるとする指摘も多く見られた。今後も、これらの指摘を踏まえ」議論を深めていくと述べている（六五九〜六六〇頁）。

3 「中間報告書」公表の意図と評価

「中間報告書」の公表を衆議院憲法調査会が強引に採決した背景には、どのような意図や期待が込められているのだろうか。「中間報告書」の中山会長が書いた「まえがき」では、調査が約二年半経過したから「中間報告書」を提出するという、形式的な理由しか述べられておらず、実質的理由ないし意図は不明である。しかし、中山会長が新聞のインタビューに答えた見解には、彼の本音が現れている。すなわち、「中間報告書」をみれば、「海外調査を通じ、どの国も、国益や国際情勢に応じて憲法改正をしている」ことが認識でき、「各党が（憲法）草案などを出す方向に進むのではないか」と、中山会長が述べているように（「産経新聞」二〇〇二年一一月二日）、「中間報告書」の公表には、各政党や民間団体が改憲案を出す方向に進むことが期待されているのである。

実際、「中間報告書」の公表日の一一月三日に、民間憲法臨調（三浦朱門が代表で坂本多加雄、中西輝政、浅野一郎が部会長）は、憲法九条を改正して軍隊の保持を明記すること、憲法改正の条件を緩和して憲法改正国民投票法を制定すること、憲法前文に日本の歴史と伝統に基づく国家像を明記すること、日本の歴史と伝統を踏まえて国民の権利・義務を見直すこと（宗教的伝統の尊重などを明記）、環境やプライバシーなどの新しい権利や家族尊重規定を新設することなどを求める緊急提言を行い、一一月八日には、報告書として、衆参両院の憲法調査会会長に手交した。(2)

政党に関しては、社民と共産の護憲政党以外の政党、とりわけ自民・自由・保守党は「改憲」論の立場から、すでに改憲草案を検討してきているが、これまで「論憲」を唱えてきた公明党は、二〇〇二年一一月二日の党大会で、九条など憲法の三原則を堅持しながら環境権などの明記を求める「加憲」という形の「改憲」論を提唱するようになった。なお、公明党の場合は九条改正を明言していないが、自衛隊合憲論を前提に「安全保障基本法」を制定する方針をとっている点に留意しておく必要がある。民主党も「論憲」を唱えてきたが、七月の同党の憲法調査会において、憲法九条改正を視野に入れた「創憲」という形の「改憲」論を提唱するようになっている。結局、社民と共産党以外の政党は、大勢として「改憲」論を指向しているのが現状といえよう。(3)

このような政党における改憲論の実情は、国会の憲法調査会の論議にも当然反映している。中山会長が、『中間報告書』における改憲と護憲の両論併記については、それが単なる両論併記という見方でなく、「改憲論と改憲反対論にどのくらいの比重があるかを、よく考えて読んでほしい」と述べているように（前掲「産経新聞」）、「中間報告書」を読めば、改憲論が大勢を占めていることが理解されるものと期待されているのである。

しかし、新聞やそこに登場する識者のコメントは、上述したような、「中間報告書」の記載内容の片寄りや、公表に込められている意図を批判的に分析していないものが散見される。むしろ、「中間報告書」を「論憲」の成果のように評価している点で、読者に誤解を与える恐れがある。例えば、「毎日新聞」（二〇〇二年一一月二日）は、「中間報告書は、特定の視点からの集約を排し、多様な意見をそのまま記載した議事録であり、憲法をめぐる論議が、ますます複雑になっていることを示している」とか、「中間報告書を見ると、改憲・護憲の平行線の議論の向こうに『右と左に分かれて騒いでいるだけでない、いくつかの方向性』も見えてくる」として、自民・民主党に共通する「安全保障基本法」制定の動きを評価し、「改憲＝タカ派」「護憲＝ハト派」という「単純な図式は崩れた」と述べている。

同様に、「読売新聞」（一一月二日）でコメントしている成田憲彦教授（駿河大学）は、「中間報告書」が「多様な論点と主張を網羅し、現在の憲法論議の浩瀚な総覧の趣を呈している。何らかの結論の方向を示すものではないが、幅広く論点を網羅したことに意義を見いだすべきである」とか、「護憲対改憲という硬直した図式を脱して、憲法のあるべき姿が国会の公開の場で広く論議されるようになったことは歓迎されてよい」と述べている。

しかし、このような「中間報告書」の評価は、憲法調査会の審議実態や「中間報告書」の性格を的確に捉えたものとはいえない。それは、憲法調査会に参考人として出席し、意見を陳述した小林武教授（南山大学）の「中間報告書」に対する厳しい批判から窺うことができる。小林教授は、「報告書の内容とその提出手続に異論をもち、また私の発言の扱われ方に強く抗議する」として、次のようなことを述べている。「各発言については、それがなされたテーマ・文脈・やりとりを一切無視して切り取っているから、発言者の真意を正しく伝えるものとはなっていない」「委員の発言は、……持論の披瀝にすぎず、調査会の政党構成を反映して、改憲の論調が主潮流を形作っている。報告書の存在自体を改憲アピールの具とするこうしたやり方は、調査会に本来望まれる報告にふさわしいものとはいかにしても言いがたい」等々である。そして、小林教授の発言の趣旨が歪められていることに対し、「衆議院憲法調査会で再び発言の機会を得て、訂正の要求をしたい」「参考人・意見陳述者の公述全文を付した中間報告書の改訂版を公刊するよう求める」と述べている。(4) これは、至極もっともな感想であろうと思われる。

4　憲法調査会の今後の動向

今後の憲法調査会の運営方針として、中山会長は、「実質審議は一年三カ月くらいしかない」として審議のスピードアップをねらっており（前掲「産経新聞」）、議論の五年目の最終報告では、「両論併記の結論だった一九五七年発足の内閣憲法調査会と同じ切り口はどうかと思う。当時と異なり、諸外国では憲法改正は当たり前。最終報告をまとめる時点で意見が分かれるかもしれないが、その時は多数決で採択せざるを得ないだろう」（二〇〇二年七月二六日「東京新聞」）と述べている（五年目には、国会に特別の憲法委員会の設置なども構想）。しかし、これは、憲法改正論議に一定の方向性を与えることになり、議案提出権が与えられていないはずの憲法調査会設置の趣旨に反するといえよう。このような方向性を推し進めるためには、改憲を指向する大石眞教授（京都大学）が提案するように、「憲法調査会が議案提出権を持つように制度を改めることも一つの選択肢」となるかもしれない（前掲「読売新聞」）。

このような見解は、もともと、衆議院憲法調査会の中で、「論憲は三年にして、四年目には各党が憲法改正の要綱を提出して討論を行い、五年目からは、憲法改正への予備運動を始める」べきだといわれていた発言（二〇〇一年一二月六日の中曽根康弘発言、その他二〇〇〇年二月一七日の野田毅発言など）に沿うものでもあるが、改憲を誘導するこの種の議論には警戒しなければならないであろう。また、「中間報告書」が国会内外における憲法改悪の方向に利用されないように注視していく必要がある。

「中間報告書」が公表されるなど、改憲論議がスピードアップされている背景には、有事法制の成立を急がせる必要性や、日米間の軍事・安保関係（集団的自衛権体制）をより緊密にしなければならないという事情がある。アメリカは、日米新ガイドラインのより一層の具体化をはかるブッシュ政権の安保政策である「アーミテージ報告」（二〇〇〇年一〇月）において、日本に対して、集団的自衛権不行使原則の見直しや有事法制の成立を求めている。さらに、二〇〇一年九月一一日の同時多発テロ事件を契機にテロ対策特別措置法が制定されたが、それでは不十分だという意見も出される中で、有事法制の制定や憲法改正が必要であるという意見が噴出するようになったのである。(5)

例えば、「国際連合と安全保障」をテーマに、二〇〇一年一〇月二五日に開催された衆院憲法調査会において、自民党推薦の森本敏参考人（拓殖大教授）は、「テロに対応する国際貢献を考える時、憲法の範囲内でできる国際貢献は限界に来ている。憲法九条二項を改正して自衛権を明記し、国家の危機管理に対する首相の責任と権限を明確にすべきだ。日米同盟を補完するため、日本は完結性の高い防衛力をもたなければならない」と述べている。また、民主党推薦の大沼保昭参考人（東大教授）は、「集団的自衛権の行使を憲法解釈で認めることはできないわけではないが、国家の基本原理を解釈で切り抜けるのは国民の法に対する信頼を奪う」から、「半世紀前の憲法にとらわれず、現代の理念に合わせ、改正すべきだ」と述べている。そして、改憲論に都合のよい参考人だけの意見を聞いて、この憲法調査会終了後、中山会長が「テロへの対応では憲法に限界があることが分かった」と総括しているのは、全く公正さを欠いているといわざるをえない。

同年一〇月三〇日の「日本経済新聞」社説は、より本格的に「有事法制を含め、包括的な安全保障法制を早急に整備」したり、「集団的自衛権の行使を認めないとする従来の解釈を変更」することを提言している。

いずれの論議も、結局は、憲法九条改正を最大のターゲットにしている点で共通しており、後述するように、

「中間報告書」の中でも、改憲論に結び付ける有事法制必要論が、有事法制消極論よりも圧倒的に多い比率で引用されている。

三　「中間報告書」の論点整理の個別的問題点

以上のことを踏まえ、以下に、「中間報告書」の中核的部分を占める第3編第3章（委員・参考人等の発言に関する論点整理）の第3節「日本国憲法の各条章に関連する主な論議」にみられる特徴的な問題点について検討する。[6] ちなみに、同章第1節は「憲法論議に臨む態度及び調査会の進め方に関する論議」、同第2節は「日本国憲法制定経緯に関する論議」をまとめているが、前者では、上述してきたことから推測されるように、改憲発言が圧倒的に多く引用されている。後者については、日本国憲法を押し付け憲法とか、無効憲法だと主張する発言が、改憲論者が期待したようには多くは出なかった点が注目される。

それはともかく、第3節は、調査会で行われた実際の審議とは異なり、日本国憲法の条章に従って、発言が整理されている。そのこと自体も問題であるが、以下、各項目に沿って疑問点を指摘していくことにする。

(1) 総論的事項　「総論的事項」における「憲法を改正すべきか」の項目では、憲法改正必要論が一二頁にわたって引用されているのに対し、憲法改正不要論はわずか四頁しか引用されていない（一九八〜二一五頁）。そして、憲法改正必要論については、改正の理由や対象・範囲に即して詳しく引用し、整理されているが、改正不要論は発言が羅列的に引用されているにすぎない。改正理由としては、時代の変化に合わせる、日本の文化や伝統を踏まえる、読みやすく理解しやすくする、といった項目が立てられている。改正対象・範囲としては、「全面改正」、「合意を得られた条項」などの項目が立てられている。これでは、改憲論のための論点整理にみえてしまう。なお、憲法改正の内容として、改憲派委員（中曽根康弘など）があげているのは、前文、九条、非常事態規定の導入、私学助成と八九条、環境、憲法改正条項、首相公選の導入、参議院のあり方、憲法裁判所の設置などである。実際、調査会では、このようなテーマがとくに審議されている。護憲派の委員や参考人は、現行憲法が古いのではなく、政府が時代にあった政策を講じてこなかったことが問題で、現状では憲法改正する必要はないという見解を述べているが、私見も、これを妥当と考える。

(2)　憲法前文　憲法前文に関する「前文全般の認識」の項目についても、前文を評価しないという改憲派委員などの発言が多く引用されている。また、そのような発言の方だけが理由ごとにわかりやすく整理・引用されている個所もある（二二一〜二二六頁）。改正理由としては、前文は翻訳調で日本語として不適切、理想的すぎること、日本独自の文化や伝統を明記していないことなどがあげられている。この項目についても、(1)の総論的事項と同様、改憲論に有利な論点整理になっているのではないかという疑問を感ずる。

(3)　天皇制　天皇制に関する「象徴天皇制に対する評価等」の項目については、象徴天皇制の存続を含めた検討を要するといった護憲派委員などの発言に比べ、象徴天皇制に肯定的な改憲派委員などの発言が多く引用されている（二二六〜二二八頁）。また、「天皇の元首性」の項目では、天皇の元首性肯定論やそのための改憲発言が多く引用されているが（二二八〜二二九頁）、積極的な元首否定論は引用されていない。この点では賛否両論併記になっていないないし、象徴天皇制については、日本国憲法の統治制度の運用や人権保障におけるマイナス的機能や実態（国旗国歌の強制と表現の自由の関係など）こそ調査する必要があるのではないかと思われる。

(4)　平和主義　憲法九条にかかわる「安全保障及び国際協力」の項目には、約五〇〇頁にわたる論点整理のうちの一〇〇頁あまりも割り当てているのは、「中間報告書」が憲法九条を最大の論点にしようという意図のあらわれといえる。また、この項目の内容的整理をみると、まず現実的な国際政治における「安全保障」論から始まり（二四九頁～）、次いで九条にかかわる「平和主義」論が出てくるが（二六七頁以下）、これでは、「安全保障」と「平和主義」が別次元の概念のような印象を与える。戦後世界の安全保障を考える出発点は、平和主義とは何か、そして平和主義に基づく安全保障とは何かという順序で論点整理されるべきではなかろうか。

その他の印象的な疑問として、「自衛権」について、改憲論も護憲論も「自衛権」肯定論として整理されていることは誤りではないが、明確な「自衛権」否定的発言は、浦部法穂参考人（神戸大学）の発言以外は引用されていない（二九一～二九二頁）。憲法調査会では、このような発言状況であったかもしれないが、しかし、それは、「自衛権」否定論も有力になっている憲法学界の現状を反映していない。調査会はもっと多様な意見をもつ参考人を招致しないと、国民だけでなく委員にも片寄った認識を与えることになるのではないかと思われる。

なお、国連軍やPKOへの自衛隊参加について、自衛隊の存在自体にかかわる憲法論議を脇において考えれば、憲法上の問題がないという松井芳郎参考人（名古屋大学）の発言（三四〇頁）は、その前提にある「自衛隊の存在は違憲であるが」という前提ないし文脈（三〇九頁）と切り離されて引用されているが、このような引用は誤解を招く恐れがある。

(5)　基本的人権　　人権分野における「人権総論」の項目では、人権観念の本質にかかわって、人権を生来の権利と捉える「自然権思想」を批判する伝統的保守主義者（伊藤哲夫参考人）と新自由主義的保守主義者（阪本昌成参考人）の発言が冒頭から目立つ形で多く引用されているのは（三七九～三八〇頁）、いかにも奇異である。前者は伝統や共同体秩序優位のもとで権利を考える論者、後者は人権を自由権中心に考えて社会権の人権性に懐疑的な論者である。自然権思想批判はもちろん学問的にはありうるが、しかし、公平を期するには、自然権思想に肯定的な参考人を招致して論議すべきではなかろうか。調査会では、自然権論をテーマに議論を闘わせたわけでもないのに、特定の立場の人権論者の発言を冒頭から際立たせるのは、意図的なものを感じる。

このような人権論紹介につづき、「中間報告書」は、「公共の福祉による人権制限」を強調する発言を一頁半にわたり引用するが、それに警戒的な発言は半頁しか引用していない（三八三～三八六頁）。その上で、国民の権利よりも義務を強調する発言、国防の義務や徴兵制、奉仕活動の義務に肯定的な発言を多く引用している。それに批判的な発言はわずかにしか引用されていない（三八六～三九一頁）。また、「人権各論」の「教育を受ける権利」の項目でも、日本的伝統や文化の教育を重視し、教育基本法に批判的な保守主義者（八木秀次参考人など）の発言が多く引用されている（四二三～四二五頁）。しかし、政府による教育権侵害の実態、あるいはそれとは逆に教育権・学習権の獲得をめざす理論や運動の存在などについての調査が、憲法調査会でなされたのかどうかは、「中間報告書」では明らかでない。このような点こそ、調査会は本来調査すべきではなかろうか。

その他、憲法に明文規定のないプライバシーや環境権などの「新しい人権」に関しては、「新しい人権」規定を憲法に明記すべきだという改憲論と、憲法に明記しなくとも権利保障ができるという改憲不要論とが、概論的には対等に両論併記されている（三九九～四〇二頁）。しかし、プライバシー権、知る権利、環境権といった個別に立てた項目では、これらの権利を憲法で明記すべきだという発言ばかりを掲載している（四〇三～四〇七頁）。ともかく、以上の「人権総論」の論点整理は、改憲論を誘導する構成になっており、公平性を欠いているといわざるをえない。

なお、幸福追求権、法の下の平等、精神的自由権、経済的自由権等々の「人権各論」の論点整理については、本来多くの頁がさかれるべきだと思われるが、「中間報告書」に占める割合はきわめて少なく、不十分である（四〇八〜四三六頁）。これは、改憲論にとっては、人権保障の実態についてはあまり関心がないことを示しているといえなくもない。今後、小委員会で検討することになるのかもしれないが、現在のところ、調査会では本格的に審議していないのである。

⑹　政治部門　「政治部門」のうちの「国会と内閣の関係」に関する発言には三〇頁にわたる引用がなされているが（四四一〜四七一頁）、そのうち「首相公選制」の項目に一〇頁も当てられているのは、奇異な印象を受ける（引用自体は両論併記）。国会と内閣に関する多くある論点を調査しないで、とくに「首相公選制」に焦点を当てたのは、当該テーマが改憲論の主要論点の一つとされたことに関連していると思われる。このテーマは、日本では小泉首相の登場に伴って急激に関心をもたれたという背景もあるが、しかし、「首相公選制」がイスラエルで廃止され、政治家や国民の関心も薄れている現状からみると、調査会は当該テーマを何のために議論したのか疑われてもしかたがない。

政党と憲法に関する項目では、政党条項を憲法に明記するのが望ましいとする改憲論だけを取り上げ、批判的発言は取り上げられていないから、ここは賛否両論併記にはなっていない（四六七〜四六八頁）。しかし、このテーマは改憲論にとっては重要なものであるから、それに批判的な護憲論の発言を引用しないのは問題である。というより、調査会で十分審議していないテーマであれば、一方の発言だけを掲載すべきではないと思われる。

裁判所制度に関しては、違憲審査制度の改善策として「憲法裁判所」について賛否両論が取り上げられ、いずれも多くの発言が引用されているので目をひくところである（五〇七頁以下の一六頁ぶんのうち六頁）。しかし、これも改憲論議を引き立たせるためのものといえる。現在のアメリカ的な違憲審査制が日本では機能していないことから、改憲論からも護憲論からも、「憲法裁判所」論に期待する傾向が以前に比べると増えていることは確かであるが、

「憲法裁判所」を導入するために改憲を要しないと解釈する（「憲法裁判所」論と改憲論を結び付けない）、注目できる学説が以前からあることに留意することも大切であろう。とりわけ改憲論者が「憲法裁判所」にこだわるのは、憲法九条改正とセットにすれば、自衛隊の合憲判断を裁判所が積極的に下せるという思惑があるからと考えられる。

財政の項目では、改憲論者が関心をもっている「私学助成」に関する賛否両論が併記されているにすぎず（五二八～五二九頁）、租税法律主義の原理的意義、あるいは予算や財政が憲法の理念に沿って使用されているのかどうかといった実態的調査や論議は知ることができない。これも、憲法調査会が「広範かつ総合的」な調査を行っていない証拠である。

地方自治に関しては、地方自治のあり方をめぐる政策論議、とりわけ地方分権改革、道州制、市町村合併、地方財政などの論議が多くなされているが、それと憲法ないし改憲論との関連性は、「中間報告書」からは必ずしも明確には窺えない。確かに、現行憲法の地方自治条項は簡単な規定であるから、もう少し分かりやすく具体的に規定した方がよいという改憲論は、一般論としては理解できる。しかし、ただそれだけの理由で改憲すべきだということにはならない。戦後地方自治の理念が生かされなかった背景や地方分権改革の実態こそ、憲法調査会でもっと調査・審議することが先決ではないかと思われる。

(7)　憲法改正　憲法改正の項目で最も審議されているのは、憲法改正手続のうちの改正手続要件に関してである。憲法改正発案の要件を「各議院の総議員の三分の二以上の賛成」から「過半数の賛成」に緩和するといった「改正手続の要件緩和」論に肯定的な発言などが三頁にわたり引用されているのに対し、それに反対する慎重発言が一頁くらいしか引用されていない（五九〇～五九四頁）。両論併記といえ、ここにも引用のアンバランスがみられる。憲法改正手続（緩和）論を改憲論の最優先課題にすべきだとする論者もいるくらい、当該テーマは改憲論にとっては関心が強いのであるが、現行憲法の改正手続（硬性憲法）を早急に変更すべき積極的理由はない。また、憲法改正国民投票法が制定されていないことが立法不作為だという改憲論者の発言も散見されるが、立法不作為というためには、単に関連立法がないというだけでなく、それが違憲であるという社会的運動や国会への訴えがこれまでにしばしばあったことが必要である。しかし、改憲不要論を前提に、国民投票法の必要性が一般化してこなかった以上、当該立法不作為論には賛成できない。

(8)　最高法規　この項目には、憲法と条約の関係、憲法尊重擁護義務、抵抗権に関する発言が引用されているが（六〇三〜六〇六頁）、実質二頁たらずで、審議としては全く不十分である。とりわけ「抵抗権」の項は、人権に対する「国民的理解を促すためにも、抵抗権を憲法上に明記することが好ましい」という、改憲論に結び付くようなわずか四行の発言（結城洋一郎陳述人）が引用されているにすぎない。しかし、それと異なる発言が全く引用されていないのは、抵抗権概念に対する誤解を与える。抵抗権をめぐる自覚的な論議が調査会でなされていないにもかかわらず、ただ一人の陳述人発言だけを引用するのは適切ではない。日本国憲法は「抵抗権」という言葉を使用していないが、人権を人類による自由獲得の努力の成果であり、不可侵である（九七条、一一条）とか、国民の不断の努力によって保持すべきである（一二条）と規定している。それは、まさに抵抗権概念の本質を表明したものといえる。むしろ、ドイツ憲法が示しているように、「抵抗権」を憲法に明記することで、抵抗権の本来の意味が弱められる恐れがあることにも留意すべきである。

(9)　有事法制　「その他（緊急事態）」の項目として取り上げられているのは、「緊急事態」すなわち「有事法制」への対応に関する憲法改正や法整備の是非である。当該憲法改正の是非の項では、緊急事態に対応するために憲法改正を要するという約二〇名の発言が二頁にわたり引用されているのに対し、それに反対する二名の発言はわずか六行で引用されているにすぎない（六〇九〜六一一頁）。有事法制の整備等の是非の項（六一二頁以下）の方で引用されている憲法改正不要論は、憲法改正の是非の項では引用されていないのである。これは、有事法制導入論やそのための改憲論を有利にする恣意的な論点整理ではなかろうか。これが、相対立する発言の公平な両論併記といえるものでないのは明らかである。

四　むすびにかえて

以上、衆議院憲法調査会の「中間報告書」の論点整理の項目に沿って、筆者がとくに問題と思った点に限ってではあるが検討してきた。ここでは、「中間報告書」のすべての論点について言及することは到底不可能であるが、これ以上の詳細な検討の必要性もないと思われる。というのは、これまで検討してきたことから明らかなように、「中間報告書」は、憲法調査会の設置趣旨に沿って、日本国憲法を「広範かつ総合的」に調査・審議したものとはいえないし、委員や参考人等の発言も恣意的に論点整理されているなど、客観性や公平さを欠いているからである。「中間報告書」が改憲誘導的な性格を有する政治的文書だとみれば、「中間報告書」を前提に、あるいはそれに依拠して、今後の憲法改正論議を進めることに意義があるとは思われない。むしろ大切なことは、「中間報告書」が国会内外における改憲論の方向に悪用されないように注視していくとともに、違憲の政治・行政・立法による、いわゆる実質的（解釈・運用）改憲の実態を調査し、憲法理念に沿って、違憲の実態をいかにして解消していくかを検討することである。(7) 憲法に従った政治が行われなければならないという「立憲主義」（あるいは立憲平和主義、立憲民主主義）が未定着な日本の現状で、違憲の政治的事実に合うように現行憲法を改正しようとする改憲論には賛成できない。憲法の理念や原理を歴史の発展方向に即して具体化する「憲法改正」と、それに逆行する「憲法改悪」とは峻別されるべきである。(8)

改憲論にとっては、有事法制をもち海外派兵もできる「普通の国」と同様の軍事国家の確立が最大のねらいであるから、憲法改正の中心にあるのは憲法九条である。その関連で、人権分野では「公共の福祉による人権制限」が強調されることになっている。(9)しかし、それだけでは、平和憲法の理念を受け入れてきた日本国民の賛成を得られないから、改憲を誘導する仕掛けとして、外国の憲法を引き合いに出すことによって（海外憲法調査や比較憲法論の手法）、新しい人権規定の新設、政党規定や憲法裁判所の導入、憲法改正手続の緩和などを提案しているのである。外国では憲法が頻繁に改正されているから、日本もそれに見習うべきだという意見もあるが、形式的な改正頻度を尺度にして、改憲を正当化することは学問的には無意味である。それぞれの国の憲法改正の背景や憲法運用の実情を踏まえることなく、憲法条項の有無だけで、各国の立憲主義、民主主義、平和主義の実質を理解することはできないことに留意する必要がある。(10)

憲法調査会の調査・審議はあと二年ほど後の二〇〇五年に終了するが、今後ますます加速するであろう改憲派のさまざまな改憲提案およびそこに意図されている日本的な新保守主義と新自由主義的国家論に対し、憲法学的にも政治的にも批判、検討していくことを怠ってはならないであろう。(11)

（1）　憲法調査会の審議実態や審議事項の全般的問題点について、高田健『改憲・護憲――何が問題か』（技術と人間、二〇〇二年）参照。

（2）　「産経新聞」二〇〇二年一一月四日付。民間憲法臨調の提言要旨については、『月刊大吼』二〇〇三年一・二月号九〇―九一頁参照。

（3）和田進「改憲問題に関する政党・国民の動向」全国憲法研究会編『憲法と有事法制』（日本評論社、二〇〇二年）二三二―二三六頁。

（4）小林武「私は抗議する――参考人からみた中間報告書」『月刊憲法運動』二〇〇二年一二月号二―四頁。

（5）川村俊夫「衆院憲法調査会の危険な曲がり角――『中間報告』のねらいを検証する」『月刊憲法運動』二〇〇二年九月号二頁以下、渡辺治編著『憲法改正の争点』（旬報社、二〇〇二年）一八頁以下、澤野義一『永世中立と非武装平和憲法』（大阪経済法科大学出版部、二〇〇二年）二八七頁以下参照。

（6）類似の試みとして、「特集・衆院憲法調査会『中間報告』総批判」前掲『月刊憲法運動』（注4）八頁以下参照。

（7）山内敏弘「衆議院憲法調査会中間報告書を批判する」『法律時報』二〇〇三年一月号一―四頁、憲法会議編『憲法問題の焦点』（新日本出版社、二〇〇二年）も参照。

（8）田畑忍編『憲法の改正と法律の改正』（評論社、一九七二年）収録の田畑忍、上田勝美論文。その他、「上田勝美先生の憲法学について」上田勝美先生還暦記念論文集『日本社会と憲法の現在』（晃洋書房、一九九五年）二八九―二九〇頁（澤野義一執筆）参照。

（9）澤野義一「平和主義をめぐる『改憲』と『護憲』の論理」憲法理論研究会編『立憲主義とデモクラシー』（敬文堂、二〇〇一年）一二一―一二三頁。

（10）澤野義一「日本国憲法の特質と改憲論」大阪経済法科大学『法学研究所紀要』三一号（二〇〇〇年）七六―七九頁。

（11）澤野義一「現代君主制に関する国家形態論の検討」長谷川正安・丹羽徹編『自由・平等・民主主義と憲法学』（大阪経済法科大学出版部、一九九八年）三一七頁、渡辺治編著・前掲書（注5）四三頁以下参照。

第三章　自民党の改憲論と新憲法草案の特色および問題点

一　はじめに

自民党は、「新憲法草案」を二〇〇五年一〇月二八日に公表し、結党五〇周年の同年一一月二二日の党大会で正式決定した。

それは、日本国憲法の優れた特質、世界的先進性のある条項を根本的に改編するものである。とりわけ、現行憲法の最大の特質である非戦・非武装平和主義を捨て去り、「戦争ができる国」であるための改編を行っている。憲法九条の改正（改悪）に関連した、靖国神社の大臣参拝を正当化するための政教分離主義の緩和、「公共の福祉」に代わる「公益及び公の秩序」の強調、国や社会を守る責務の明記などは、すべて「戦争ができる国」を支える条項として機能することになる。新憲法草案のこれらの側面は、首相の権力強化と合わせてみると、保守主義を前提にした強い有事国家をめざしているといえる。

しかし、そこには、現代のグローバル時代に対応するため、経済的自由競争などを重視する新自由主義の観点も導入されている。例えば、それは、憲法二二条において経済活動を規制するための「公共の福祉」概念が削除されていることに現れている。その他、憲法前文の「自由かつ公正で活力ある社会の発展」を重視する規定、憲法八三条の「財政の健全性」原則、地方自治における「広域地方自治体」論なども、新自由主義を正当化するものである。

ところで、自民党は結党以来、改憲構想を何度か提案してきたが、まとまった条文の草案を公表したのは今回が最初である。その近年の改憲作業の基本となったのは、二〇〇四年の参議院選挙にあたり提案された「論点整理」（同年六月）である。それ以降、二〇〇四年一一月一七日の「憲法改正草案大綱」、二〇〇五年四月四日の新憲法起草小委員会の「憲法改正要綱」、七月七日の新憲法起草委員会の「憲法改正要綱」、八月一日の第一次憲法草案が提案され、一一月二二日に「新憲法草案」が決定された。

条文でまとめられると、憲法の前提にある自民党の国家や憲法観はわかりづらくなるが、その点は、条文化前の「論点整理」や「憲法改正要綱」などをみた方が、本音がわかりやすい。そこで、二〇〇五年四月四日の「憲法改正要綱」を中心的素材として、自民党の国家・憲法観、基本的人権観、統治制度および平和主義の考え方などについてみておくことにする。

なお、「憲法改正要綱」で提案されていた事項が「新憲法草案」では取り入れられていないもの、他方、「憲法改正要綱」では検討課題とされていた事項が「新憲法草案」で具体的に明記されたものなどもある。

二　自民党の改憲論の特色および問題点——「憲法改正要綱」を中心に——

1　国家・憲法観

自民党の改憲論の基本は、憲法九条の改悪を通じて強い国家（軍隊としての自衛隊の存在および国際協力を名目とした海外派兵を容認する軍事・有事国家観）をめざす一方、基本的人権尊重を名目に国民の自立（自己責任）を強調し、国民の権利保護に関しては政府の責任を緩和する小さな政府（新自由主義的国家観）を指向していることにある。新自由主義的国家観は、生存権保障などの福祉国家的任務を国家の法的義務でなく努力目標に切り下げ、社会連帯や共生の名目で共同体や家族（扶養）の責務に転化させるため、共同体や家族を重視する保守主義の国家・家族観とも矛盾なく両立する。家族の責務以外にも、有事国家を正当化するための国防の責務、環境権を追加しつつ国民の環境保護責務などが強調される。また、「公の秩序」や「公共の利益」優先の観点から、とくに精神的自由権に対しては大幅な制限を課そうとしている。

この考え方は、憲法が国家権力の制限規範にとどまるものでなく、「国民の行為規範」であると同時に、「国民の利益ひいては国益を守り、増進させるために公私の役割分担を定め、国家と国民とが協力し合いながら共生社会をつくることを定めたルール」であるとする憲法観に立脚している（二〇〇四年の自民党「論点整理」）。それは「要綱」が、前文において、天皇を中心とした日本の歴史・伝統・文化（和の精神）を重視したり、憲法尊重擁護義務について、公務員だけでなく国民にも義務・責務を課すことにもつながっている。なお、民主党の改憲案（二〇〇四年六月の憲法提言中間報告）にも同様の憲法観がみられるが、「国家と国民の強い規範として、国民一人ひとりがどのような価値を基本にとるべきなのかを示すもの」と表現されている。

しかし、以上のような憲法観は、国家権力の濫用を防止し、国家権力から国民の自由・権利を守るという近代立憲主義、および生存権などを国家に保障させる現代立憲主義の基本理念を否定することになる。

2　国民の基本的人権と義務

以上のような点を、「要綱」の定める国民の基本的人権と義務について立ち入ってみていくと、次のような特色と問題点が指摘できる。

第一に、個人の権利・自由には義務や責任が当然伴うということを明文化して強調しようとしている。しかし、それは自己責任や社会に対する責任を意味し、国家が負うべき責任を免責させることになる。憲法における権利・義務は、民法における権利・義務とは意味が異なることに留意すべきである。民法における義務は私人間のものであるが、憲法における義務は基本的には国家権力との関係を問題にすべきなのである。ところで、「要綱」は、「公共の福祉」を「公益」や「公の秩序」という文言に置き換え、権利を相互に調整するだけでなく、「国家の安全と社会秩序を維持する」概念として使用するとしているが、このような改憲は、人権全体に対する制限規定として機能する恐れがある。「国の安全」などを強調するのは、「国防の責務」や軍隊保持の明記、有事法制における国民の戦争協力義務などとの整合性を考慮したものといえる。

第二に、「新しい権利」として、国民の知る権利、個人情報保護（プライバシー）権、環境権、司法参加権などが保障されるとしているが、第一の問題との関連で、「新しい権利」を国家に対して具体的に保障させることができるのか疑問がある。環境権の問題については上述した通りである。知る権利については、「公益」を理由に防衛機密などの情報公開請求が認められないことになろう。「新しい権利」については、憲法改正するまでもなく、現行憲法の一三条の幸福追求権、二一条の表現の自由、二五条の生存権などを根拠に、学説や下級審判例を通じて実質的に認められてきており、立法による具体的な保護をはかることで対応できるのである。「新しい権利」導入論は、憲法九条を中心とする改憲の誘導手段となっていることに留意すべきである。

第三に、人権のうちの精神的自由権に対し、「公の秩序に照らして」制限する規定が目立つ。例えば、青少年の健全育成を名目にした表現の自由規制、破壊活動などの取締を名目にした結社の自由規制である。後者は、憲法に政党（規制）条項を導入すべきだとの意見と関連しており問題である。その他、社会的儀礼や習俗の範囲内であれば国や自治体の宗教活動への参加を容認するのは、大臣などの靖国参拝などを正当化するものである。これらの事項のうち、青少年の健全育成を名目とした表現の自由規制のような事項を除く他のほとんどの事項は、「新憲法草案」にも条文化されている。

第四に、国民の「新しい責務」のオンパレードが目につく。不断の努力を要請される「国防の責務」以外に、社会保険料などを負担する責務、夫婦の協力・子どもの養育責務などを意味する家庭保護責務を明記しようとしている。自民党の「論点整理」では、現行憲法二四条の婚姻・家族の規定は、「家族や共同体の価値を重視する観点から見直すべきである」と述べられている。「責務」は法的義務ではないとされているが、そうだとしても、道徳的義務を憲法に導入するのは、道徳と法を峻別する近代法・近代立憲主義にそぐわない後進国的立憲主義である（その例として、外見的立憲主義といわれた明治憲法や教育勅語）。もっとも、それは、単なる伝統的な保守主義の観点からでなく、政府がやるべき社会保障を家族間の扶養責務に責任転嫁する新自由主義の観点にも基づいている。家族保護条項は外国憲法でも多くみられるが、それは社会権・生存権的な家族保護を意図しており、改憲論のそれとは必ずしも同じではないことに留意する必要がある。

なお、「新憲法草案」では、その保守主義的本質に対する批判を回避するためか、「国民の責務」をあれこれ具体的には明記していない。

第五に、生存権や教育権、労働基本権などの社会権保障については、「要綱」では、どのように扱うのか明らかにされていないが、第四の論点とも関連して、規制緩和や自己責任を重視する新自由主義的保守主義の観点からすれば、消極的な位置づけになるのではないかと思われる。自民党の「論点整理」では、「社会権規定（現憲法二五条）において、社会連帯、共助の観点から社会保障制度を支える義務・責務のような規定を置くべきである」との提案がなされている。なお、それと類似の考えは、読売新聞社の憲法改正試案（二〇〇四年）では、「国民は、自己の努力と相互の協力により、社会福祉及び社会保障の向上及び増進を図る」と表現されている。

3　平和主義、統治制度、憲法改正手続きなど

まず、平和主義に関しては、自衛のため自衛軍を保持し、国際平和のために自衛軍を海外派兵できるようにしている。武力行使や集団的自衛権行使については明文化を避けているが、「自衛のため」という表現の中には、個別的・集団的自衛権の行使を容認することが前提になっている。また、非常事態権や軍事裁判所などは、別途検討することになっていたが、「新憲法草案」では、非常事態権や軍事裁判所が具体的に導入されている。

このような憲法九条の改正論に呼応して、経済同友会・経団連・商工会議所といった財界も近似した改憲案を提示している点に留意しておく必要がある。それは、軍隊の保持と国際協力のための自衛隊海外派遣を可能にできる九条二項の改正案（経済同友会と経団連は集団的自衛権行使も容認）であるが、「海外派遣恒久法」の制定論、自衛隊の国際協力活動を「付随的任務」から「本来任務」へ格上げするための自衛隊法改正論などを念頭にして提案されている。その点に関連して、経団連の奥田会長が、「東アジア経済圏の確立にさいし日本がリーダーシップをとるには軍事力の充実が必要」、「今後日本の新たな国家像を検討することは経済界にも重要」、「私は改憲論者と考えてもらって結構」などと発言している。財界は、自民党と民主党の二大保守政党に対し、改憲論の姿勢によって政治献

金支援などをちらつかせつつ、改憲論議を促進させる戦略をとっているので、財界と改憲政党の改憲論の内容が近似するのは当然といえよう。

第二に、統治制度については、次のような点が問題になろう。象徴天皇については、天皇を元首として明記することにはなっていないが、国事行為以外の「公的行為」を容認して、天皇の権限を拡大している。国会と内閣のあり方については、基本的には現行憲法を維持する形になっているが、首相にリーダーシップを与え、政策決定をスピーディにできるような改正が提案されている。例えば、衆議院の解散権、自衛隊の指揮権、行政各部の指揮監督権・総合調整権を首相個人の専属権としている。なお、前向きに検討されてきた憲法裁判所の設置は断念されている（衆議院憲法調査会では多数意見、民主党や読売新聞社案も容認）。以上のような点と、直接民主主義的権利である最高裁裁判官の国民審査権だけでなく、地方特別法に対する住民投票権を廃止しようとしていることなどから、全体的に国民主権に対する懐疑論がみられる。

なお、「新憲法草案」では、象徴天皇の「公的行為」容認などは明記されず、第一章では、現行憲法がほぼそのまま維持されている。最高裁裁判官の国民審査制も維持されている。その他の「憲法改正要綱」の提案は、『新憲法草案』に取り入れられている。

第三に、憲法改正については、国会発議は「各議院の総議員の過半数の賛成」、国民投票は「有効投票総数の過半数の賛成」を要件とすることで、現行憲法よりも憲法改正を容易にできるようにしている。国民投票の要件は、現在検討されていて疑問の多い与党の憲法改正国民投票法案と同様のものである。憲法という最高法規についての改正は慎重であるべきだとすれば、投票数は「有権者総数」か「投票総数」とすべきで、投票数の最も少ない「有効投票総数」を要件として明記することは問題である。このような批判を避けるためか、「新憲法草案」では、現行憲法九六条のように、投票数は明記されていない。

なお、憲法改正の国会発議が三分の二以上の賛成があれば、国民投票を要しないとする見解が、自民党の「論点整理」、民主党、読売新聞社などの改憲案にみられる。それは、国民主権に基づく政治的権利の否定になり問題であるが、「新憲法草案」はこのような規定の導入を当面は断念している。しかし、国民投票を不要とする提案は、民主党との改憲のための協議により復活することもありえよう。これは、今後の要注意事項の一つといえよう。

三　自民党の新憲法草案の特色および問題点

以下、自民党新憲法草案の特色および問題点について指摘していくことにする。

1　前文

⑴　保守「革命」憲法　　草案は、前文の冒頭において、「日本国民は、自らの意思と決意に基づき、主権者として、ここに新しい憲法を制定する」と規定している。

まず、この前文から窺われることは、自民党の新憲法が「新憲法制定」として特色づけられていることから、当該憲法は、現行の日本国憲法の「憲法改正」とは考えられていないといってよいであろう。日本国憲法の基本原理を踏まえて内容をより発展させる憲法改正であれば、あえて新憲法の制定とはいわないはずである。新憲法の制定ということは、現行憲法の改正限界を超える改正であることを意識していると思われる。

憲法改正の限界を超える改正は法的にはできないという憲法学の多数説によれば、憲法改正の限界を超える改正が現実に実際に行われてしまえば、それは、いわば政治的な「革命」であり、現行憲法の破棄を意味する。日本国憲法との関連でいえば、平和主義、国民主権、基本的人権の尊重主義といった基本原理（根本的な特質）を保守主義的観点から行おうとしている点で、保守「革命」ということもできる（憲法改正の限界を超える憲法改正の法的無効を訴訟で争うことができるのかどうかについては今後理論的な検討も必要である）。

自民党の草案に即してみると、例えば、平和主義については、日本国憲法の戦争放棄の特質である憲法九条二項の改正（武力不保持や交戦権否認規定の削除）、国民主権については地方特別法に関する住民投票の廃止（九五条）がそうである。基本的人権の尊重については、社会的弱者保護のための権利調整に使用される「公共の福祉」概念に代えて、国家秩序を優先して国民の権利を大幅に制限できるような「公益及び公の秩序」概念（一二条など）が導入されている。また、憲法前文も法的および裁判的規範性があるとの立場からすると、憲法九条とセットになって平和主義の特色を表している前文の平和的生存権などが削除されていることも、憲法改正の限界を超え、法的には許されないといえよう。その他、憲法改正手続きの緩和なども問題であろう。

⑵　憲法原理の相互関連性の不明確性　第一に、草案前文は「国民主権と民主主義、自由主義と基本的人権の尊重及び平和主義と国際協調主義の基本原則は、不変の価値として継承する」と規定している。

ここには、憲法の基本原理として、国民主権、民主主義、自由主義、基本的人権の尊重、平和主義、国際協調主義といった不変的（普遍的）な価値が掲げられているが、それは、憲法や政治の基本用語をレジュメのように羅列したにすぎず、それぞれの相互関連性は読み取れない。自民党などの改憲派は、現行憲法の前文に対して、翻訳調の文章である、欧米の歴史的思想や文書の寄せ集めでオリジナリティーがない、基本的人権に関する記述がない、日本の歴史・伝統・文化に関する記述がない、といった批判を行ってきたが、仮にこのような観点からみても、自民党の草案前文は品格がなく失格であろう。

その点では、「日本国民は、正当に選挙された国会における代表者を通じて行動し、われらとわれらの子孫のために、諸国民との共和による成果と、わが国全土にわたつて自由のもたらす恵沢を確保し、政府の行為によつて再び戦争の惨禍がないやうにすることを決意し、ここに主権が国民に存することを宣言し、この憲法を確定する」と規定している日本国憲法の前文（第一段の前半）は、自民党草案もいう憲法の不変的価値である国民主権、民主主義、自由主義、基本的人権の尊重、平和主義、国際協調主義の相互関係を簡潔に表現しており、優れていると思われる。

(3)　国や社会を守る責務の強調　第三に、草案が「日本国民は、帰属する国や社会を愛情と責任感と気概をもって自ら支え守る責務を共有」するという規定には、日本の国防や権利行使における道義的で保守的な意味合いをもつ「国民の責務」（草案の一二条など）や、近年問題とされる新自由主義的な意味合いの「自己責任」を自覚させようという意図があるのであろう。

後者については後述するが、前者については、もともと「憲法改正要綱」にあった、日本的な歴史・伝統・文化などを重視する表現（中曽根案）はなくなっているが、愛国心や社会共同体秩序（天皇制を含む）を重視する視点はもり込まれていると解される。

なお、「国を守る責務」という表現は、時の国家権力（政府）を守る責務と混同される恐れのある曖昧なものである。そうなると、現実の国家権力である政府を批判し、取り替えることもできるという意味をもつ国民主権の原理を弱めることになる。現行憲法と草案の前文を比較すると、草案は上述したように、民主主義や自由主義の理念表明が希薄であり、国家権力の濫用を抑止する立憲主義の理念も弱いと考えられる。そのぶんは逆に、「国民の責務」を強調する形で、国民の行為規範が重視されているといえよう。

(4)　新自由主義的社会の指向

第四に、草案は「自由かつ公正な活力ある社会の発展と国民福祉の充実を図り、教育の振興と文化の創造及び地方自治の発展を重視する」と規定しているが、その中の「自由かつ公正な活力ある社会の発展」を前提において重視する視点は、上述の社会における国民の自己責任論との関連でいえば、自由な経済活動を重視する新自由主義の表明と解される。この前提のもとにおいては、福祉、教育、地方自治の保障も国民の自己責任となるから、福祉や教育の生存権的人権の保障の権利保障は十分にはなされない恐れがある。なお、「活力ある社会」という表現は、草案二九条第二項において、新しい権利である知的財産権の保障との関連でも使用されている。それは、通常の国民の財産権が「公益及び公の秩序」による規制を受けるのに対し、知的財産権はその規制を必ずしも受けない権利として保護されることを意味すると解される。

(5)　非戦平和主義の否定

第五に、草案では、「正義と秩序を基調とする国際平和」のために協力し、「圧政や人権侵害を根絶させるため、不断の努力を行う」ことが規定されているが、その平和主義や国際協調主義は、非戦平和主義の歴史を踏まえたものとして位置づけられていない。世界の国民の「平和のうちに生存する権利」保障とともに、「政府の行為によつて再び戦争の惨禍が起ることのないやうにすることを決意」することを表明する日本国憲法の文言は削除されているのである。

一見すると、「圧政や人権侵害を根絶させる」努力を行うというのは、国際平和貢献のようにみえるが、後述の憲法九条改悪による国際協調のための海外派兵とあわせて解釈すると、他国への人道的軍事介入を可能にすることも想定され、問題である。

また、草案において、「日本国民は、自然との共生を信条に、自国のみならずかけがえのない地球の環境を守るため、力を尽くす」という規定は、自然環境保護のために日本が国際貢献することだから、評価できるという意見もみられる。確かに、当該表現だけを取り出せば評価できるように思われるが、しかし、戦争が最大の環境破壊だという認識に基づけば、戦争を容認する憲法九条のもとでは、自然環境保護のための努力規定が文字通りに評価することはできない。海外派兵せず、戦争もしない憲法九条を厳守することの方が、自然環境保護に貢献することになると考えられる。

(6)　象徴天皇制の維持　第六に、日本国憲法の前文には天皇に関する規定はないが、草案は、「象徴天皇制は、これを維持する」と簡単に規定する形で、天皇について言及しているのが特色である。これは、自民党のいう、日本の歴史・伝統・文化にかかわるものといえよう。その意味することについては、以下で述べる。

2　天　皇

草案第一章の象徴天皇制は、現行憲法とほぼ同じ形で残されている。ただし、憲法前文において、象徴天皇制の維持が、国民主権原理と並列して明記されたことは、新憲法が制定されて以降は、象徴天皇制に関する憲法改正を法的にはできないようにすることがねらいとも解される。というのは、現行憲法のような第一条だけであれば、象徴天皇制は国民主権原理に依拠するものである以上、多数説によれば、憲法改正により廃止されることもありうるからである。もちろん、現行憲法のもとにおいても、象徴天皇制は憲法の根底にある不文の「国体」であり、国民主権に基づいても廃止できないという保守的な少数説がある。それはともかく、憲法前文に象徴天皇制の維持が明記されたことは、軽視できない論点である。今後、さらに問題とされる必要があろう。

その他、形式的な文言の憲法改正に属するが、天皇の国事行為として、現行憲法七条三号において単に「衆議院を解散すること」と規定されている部分は、草案においては、内閣総理大臣に衆議院の解散を決定できる権限が与えられたこと（憲法五四条）に関連して、「第五十四条第一項の規定による決定に基づいて衆議院を解散すること」と規定されている（六条第二項(三)号）。同じく、天皇の国事行為としての「国会議員の総選挙の施行」の公示という現行憲法の規定（七条四号）は、草案では、「衆議院議員の総選挙及び参議院議員の通常選挙の施行」の公示というように改正されている。

3　憲法九条

(1)　個別的および集団的自衛権行使などの容認

まず、憲法第二章・九条の見出しが「戦争放棄」から「安全保障」に変更されていることに留意する必要がある。それと類似の表現は、自民党の一つの系譜である自由党の憲法改正案（一九五四年の同改正案では「国の安全と防衛」という見出し）や一九九〇年代の読売新聞社の憲法改正案（「安全保障」という見出し）など、保守系の憲法改正案においてすでに提案されていたものであるが、「戦争ができる国」をめざす意思表示である。

その特徴は、現行憲法の九条第一項（平和主義の理念）は残すが、第二項を削除して、自衛軍の保持と可能な軍事活動を明文化していることである。条文に即してみると、自衛軍による「我が国の平和と独立並びに国及び国民の安全を確保するため」の活動（九条の二第一項）には、個別的自衛権を行使する自衛戦争が想定されている。現代国際法では、戦争の観念は否定されているので、法的には自衛戦争でなく、自衛の武力行使というべきであるが、実質的には自衛戦争である。

また、「国際社会の平和と安全を確保するために国際的に協調して行われる活動」には、とくに限定がなされていないので、国連憲章の枠内で可能なあらゆる武力行使ができることが想定されていると解される。したがって、国連憲章五一条に基づく集団的自衛権の行使（軍事同盟）だけでなく、国連の要請（集団的安全保障）に基づく海外派兵もできる。この中には、多国籍軍的なものから、国連軍の活動、あるいは国連平和維持活動（ＰＫＯ）なども含まれるのであろう。いずれにしても、草案は、現行憲法九条に反して実行されている自衛隊の活動（テロ対策特別措置法による自衛隊のインド洋派兵、イラク特別措置法による自衛隊のイラク派兵など）に憲法的正当性を与え、将来において、より積極的に海外派兵ができることをねらっているものと思われる。

⑵　国家緊急権制度の導入　第二に、上記以外の自衛軍のその他の任務として、「緊急事態における公の秩序維持活動」と「国民の生命若しくは自由を守るための活動」をあげているのが問題である。前者の活動では、テロリストなどによる大規模攻撃や自由で民主的な基本秩序に対する差し迫った危機が生ずるような場合（治安緊急事態）が、後者の活動では、大規模な自然災害などにより国民の生命・身体・財産に重大な被害が生ずるような場合（災害緊急事態）が想定されていると解される（自民党の二〇〇四年一一月に作成された「憲法改正草案大綱」参照）。

これらの事態は、戦争・有事・武力攻撃事態に関する「防衛緊急事態」とあわせ、国家緊急事態といわれるが、そのような事態に対処できる国家権限を草案が容認したということは、憲法学でいう「国家緊急権」（非常事態権）を憲法に導入したことを意味する。国家緊急権は国家緊急事態にさいし、その危機に対処するため、政府に権力を集中し、一時的に議会統制権を排除したり、人権を制限・停止する権限のことである。この権限は最終的には軍事力で担保されるため、行政や警察の軍事化も生ずる。その期間は憲法が通常に機能せず、「憲法停止」状態となることもありうる。その最悪の事例がワイマール憲法下のヒトラー政権による国家緊急権の発動による独裁政治である。

一九六〇年代以降の有事立法研究が有事三法や有事関連七法としてほぼ完成し、国民保護法に基づく国民保護計画の作成と、それに基づく住民の避難・救援などの実働訓練が、防災訓練と融合される形で行われつつあるが、それは、非常事態対処への準備過程とみることもできる。また、非常事態に対処するための基本法案は、すでに民主党などで準備されている。同法案の第一条では、「外部からの武力攻撃、テロリストによる大規模な攻撃、大規模な自然災害等により国民の生命、身体、財産に重大な被害が生じるおそれのある事態（以下「緊急事態」という。）における国民の保護その他の緊急事態への対処及び緊急事態の未然の防止に関し基本となる事項を定めることにより、我が国の平和及び安全の確保並びに国民の生命、身体及び財産の保障に資すること」が目的とされている。

なお、現行憲法では非戦・非武装主義と、非軍事による平和的生存権が保障されていることから、国家緊急権は否認されていると解されるが、自民党の草案は国家緊急権を導入したことにより、立憲主義や民主主義をも危機に陥れる可能性を秘めている。また、「公益及び公の秩序」を理由に人権制限ができる規定も、国家緊急権の発動を容易にする機能をはたす恐れがある。

(3)　不明確なシビリアン・コントロール　第三に、内閣総理大臣の自衛軍に対する最高指揮権の発動や、自衛軍の活動などは国会の承認に服するという、いわゆるシビリアン・コントロールが書かれているが、事前統制なのか事後統制なのかといった重大な手続きを憲法に明記せず、法律に一切を委ねているのは問題である。それは、民主的立憲主義を軽視するものである。

(4)　その他関連の関連問題　一つは、新憲法草案には、九条改正以外にも、「戦争ができる国」を支えるための条文改正がなされている点に留意する必要がある。具体的には、後述するが、「公益及び公の秩序」による権利制限規定、大臣の靖国神社参拝を正当化するための政教分離規定の緩和、軍事裁判所の設置などに関する規定が、そうである。

もう一つ指摘しておきたい重大な問題は、九条が改悪されると、次のような事態が生ずることも想定しておく必要がある。例えば、自衛隊違憲裁判はできなくなり、海外派兵違憲訴訟は困難になる。有事法制・国民保護法による自治体・住民に対する戦争協力要請を拒否することも困難になる。戦争に対する批判的言論が「公益及び公の秩序」の名のもとで規制されること、非武装中立政策は憲法の解釈論としては主張できなくなること、などである。

4　国民の権利・義務

(1)「国民の責務」と「公益及び公の秩序」の強調

まず、国民の権利・義務に関する草案の第一の特色は、「公共の福祉」に代えて、「国民の責務」と「公益及び公の秩序」を強調していることである。

現行憲法では、国民には「公共の福祉」のために権利行使する「責任」があることが規定されているが（一二条）、草案では、「自由及び権利には責任及び義務が伴うことを自覚しつつ、常に公益及び公の秩序に反しないように自由を享受し、権利を行使する責務を負う」と規定されている（一二条）。

「国民の責務」の強調には、憲法前文にもあるように、一つには、国を愛すべきだという保守的な意味や、従来の人権・権利重視論への批判的意味が含まれている。この点は、「公益及び公の秩序」の強調とほぼ重なる。もう一つは、政府の助けを借りずに自律的に行動し自己責任をとるべきだという新自由主義的な意味が含まれていると考えられる。前者に関連することであるが、草案が「公共の福祉」に代えて「公益及び公の秩序」による権利制限を財産権に関して規定したのは（二九条第二項）、財産権の福祉国家的規制でなく、国家主義的規制を意図したものと解される。具体的は、有事法制における国民の戦争協力義務の一環として、国民の土地や家屋、その他財産などが強制的に収用されたり、使用が規制されることが想定される。ただし、財産権に関連して、新たに追加された「知的財産権」については、「活力ある社会の実現に留意しなければならない」として、グローバルな新自由主義経済の国家による特別保護を意図している。知的財産権の追求は、利益追求や成果主義との関連が強くなると、学問研究や生命倫理などを歪める恐れもあり、「新しい人権」として、ことさらに評価することは問題である。知的財産基本法などで対処することでもよいであろう。

ところで、個人の生活に自己責任をとるべきだという新自由主義論は、地方自治における住民の負担の公正義務の規定（草案九一条の二第二項）などにも現れている。また、草案の二二条で、職業選択に関してつけられている現行憲法二二条の「公共の福祉に反しない限り」という制約が撤廃されているのも、経済活動を野放しに保障する、新自由主義的政策論の別の形の現れである。

ワイマール憲法以降の現代憲法で「公共の福祉」が規定されたのは、自由放任主義的な資本主義経済活動や私有財産制度に規制を加え（社会主義や社会民主主義の影響を考慮した修正資本主義）、経済活動や財産権行使に制限を加え、国民の生存権や労働者の権利を保障するためであった（福祉国家）が、このような考えは、現代の新自由主義の立場からは障害物になっているのである。

(2)　政教分離原則の緩和　第二の問題は、現行憲法の厳格な政教分離規定を緩和し、国が一定の宗教活動をできるようにしていることである。

現行憲法二〇条は、国が「宗教教育その他いかなる宗教的活動もしてはならない」として、国の宗教活動をほぼ無条件に禁止している。しかし、草案が禁止しているのは、「社会的儀礼又は習俗的行為の範囲を超える宗教教育その他宗教的活動であって、宗教的意義を有し、特定の宗教に対する援助、助長若しくは促進又は圧迫若しくは干渉となるようなもの」である。ということは、社会的儀礼ないし習俗的行為とみなされる場合や、宗教的意義を有せず、特定の宗教に対する援助・促進または圧迫・干渉とならない行為とみなされる場合は、国が行うことが許されることになる。

これは、政教分離に関する最高裁判決の法理（「目的・効果基準」）を導入したものであるが、国家と宗教のかかわりが否定できないこと（国家の一定の宗教活動の容認）を前提としている点で問題がある。その先例となる津市地鎮祭事件最高裁（一九七七年）は、神道式地鎮祭への公金支出が政教分離に違反しないとする前提として、国家と宗教の完全分離は不可能に近く、「国家は実際上宗教とある程度のかかわり合いをもたざるをえない」と述べている。

確かに、目的・効果基準を使っても、裁判官によっては、当該基準を厳格に適用して、国の宗教的活動について違憲判決を下している事例もあるが、目的・効果基準論の導入により、政教分離の厳格な解釈や運用が行われなくなり、大臣などの靖国神社参拝は合憲とされる恐れがある。

(3)　「新しい権利」の導入　第三の問題は、改憲の必要性の論拠とされてきた「新しい人権」規定の導入にかかわる。それに該当するのは、草案では、障害の有無による差別の禁止をはじめ、個人情報保護、国政の説明責務、環境保全責務、犯罪被害者の権利、知的財産権条項などの規定であると思われる。

しかし、それらのすべてが人権条項として規定されているわけではない。国政の説明責務については、「国は、国政上の行為につき国民に説明する責務を負う」（二一条の二）と規定されているだけであり、国民の知る権利が明記されていない。また、環境保全責務については、「国は、国民が良好な環境の恵沢を享受することができるようにその保全に努めなければならない」（二五条の二）と規定されているだけであり、国民の環境権が明記されていない。

このような条項のもとでは、国民の知る権利や環境権が憲法上の観念として容認されたとしても、法的権利性のない（国を法的に義務づけることができない）プログラム的権利としてしか認められないことになろう。というのは、現行憲法二五条において、国が社会保障等の向上に努めなければならないとの規定の前提に、生存権が明記されていても、裁判においては、生存権が依然としてプログラム的権利ないし抽象的権利としてしか認められていないからである。

また、権利規定として導入された条項に関して、障害者の権利を尊重するのであれば（一四・四四条）、自民党は、当該権利を奪う障害者自立支援法などをなぜ制定するのか。あるいは、個人情報保護を尊重するのであれば（一九条の二）、なぜ盗聴法を制定したり、自己情報コントロール権を奪う住基ネットなどを推進するのであろうか。ここにも、「新しい人権」条項は、実効性のないプログラムであり、改憲のために国民世論を引き付けるためのものにすぎないといえる。このような権利は、憲法に規定がなくとも学説や判例で認められてきているものである。むしろ自民党の方が認めることに消極的であったことを想起しておきたい。

5　国会、内閣、司法、財政

国の統治制度については、以下に指摘するような問題がある。

(1)　内閣・首相権限の強化と国会軽視　内閣・首相権限を強化し、国会の審議機能や内閣統制機能を軽視することは、議会制民主主義の軽視を意味するが、それは次のような点に現れている。

第一に、草案が現行憲法の議事開催要件である「三分の一」規定（五六条一項）を削除しているのは、少数の議員だけの集まりでも議事が進行できるから、国会の審議機能を軽視することになる。

第二に、大臣は答弁などのため議院から出席を求められたときは出席しなければならないとしている現行憲法（六三条）に対して、草案が「職務の遂行上やむを得ない事情がある場合」は出席しなくともよいという例外をあえて設けることにより、大臣の国会出席義務を緩やかにしているという問題がある。

第三に、草案において、新年度会計の開始前に当該予算案を国会が議決できなかったときは、国会の議決を経るまでの間、必要な予算支出の権限を内閣に認めたこと（八六条の二）は、財政国会中心主義を軽視するものである。これは、前年度予算が不成立の場合は、国会による事前の議決に基づく暫定予算で対処する現行憲法と財政法の考えを否定するものである。予算が議決できないときは前年度予算を執行できるとしていた明治憲法（七一条）と類似し、問題がある。

第四に、草案が、内閣の権限として、従来の予算（案）だけでなく、「法律案」の作成と国会提出権を加えたのは（七三条五号）、内閣法の規定（五条）を憲法に引き上げたといえるが、それは、国会を重視する観点から内閣法案を違憲と解する見解を完全に封ずるものであり、疑問である。国会が唯一の立法機関であるという現行憲法の原則（四一条）からすれば、議員立法が本筋でなければならないという解釈も一理あるからである。

第五に、草案では、総理大臣の専属権として、自衛隊の最高指揮権（九条）、衆院解散権（六条二項三号、五四条）、行政各部指揮監督・総合調整権（七二条）が規定され、首相の権力強化がなされている。

第六に、草案では、委任立法の規制緩和がなされている（七三条六号）。現行憲法の規定では、政令で委任できるのは罰則だけであるが、草案では、権利制限や義務づけも委任立法として明記されている。確かに、従来の憲法解釈では、権限制限などについての委任立法も間接的には容認していたが、それを明文化したのは、行政権力を強化し、立憲主義を軽視することになる。

第七に、草案が国会の章において、政党を「議会制民主主義に不可欠の存在」として位置づける政党条項を導入し、政党の政治活動の自由が尊重されるとしている（六四条の二）が、「公益及び公の秩序」による権利制限規定とも関連して、予定される政党法によって規制されることにも注意を要する。読売新聞社は、その憲法改正試案（二〇〇四年）で政党条項を規定し（三条）、さらに「政党法案大綱」も提案している。政党の目的や活動、内部組織などが細部にわたりチェックされると、特定政党が排除される恐れもある。旧西ドイツ憲法（二一条）では、ドイツの「自由で民主的な基本秩序」に反する政党（左右の極端な傾向の思想をもつ政党）は違憲とされ、その関連で、特定の思想をもつ人々が公職に就くことが制限されてきた歴史がある。したがって、政党条項の導入が議会制民主主義の進展に直結するとは限らない。包括的な政党条項でなく、必要な個別の法律（政治資金規正法など）で対処することで十分である。政党は、現行憲法においては表現の自由・結社の自由（二一条）で、すでに保障されていると解されているといってよい。

(2)　軍事裁判所の設置　司法においては、草案が下級審として軍事裁判所を設置するとしたこと（七六条）は重大な問題である。

明治憲法下では独自の軍刑法と軍法会議（軍事裁判所）が設けられ、市民も裁かれることがあった。これを念頭におくと、軍事裁判所の設置により裁かれるのは、まずは自衛軍の指揮命令に関する事件である。その中には、有事関連法である「国際人道法の重大な違反行為の処罰に関する法」や「捕虜等の取り扱いに関する法」に抵触する事件が含まれよう。それだけでなく、有事法制・国民保護法に協力しない自治体や市民の行為、防衛機密を漏らした公務員や市民の行為なども裁かれることになろう。さらに、下級審とはいえ軍事裁判所が設置されると、独自の裁判規則がつくられ、上級審においても、軍事機密の取り扱いや公開裁判の原則について制約が伴う恐れがある。

(3) 財政国会中心主義の軽視・新自由主義的財政など

財政に関しては、上述したように、草案が憲法二〇条に関連して、社会的儀礼内などでの宗教活動への公金支出を容認していること（八九条第一項）や、国会の議決がない場合の前年度予算の執行を容認していること（八六条第二項）の問題がある。さらに、財政の基本原則として、「財政の健全性確保は、常に配慮されなければならない」という規定が追加された（八三条第二項）。これは読売新聞社の憲法改正試案を参考にしたものといえるが、それは、急激な財政悪化（長期債務残高やデフレ不況などによる税収の落ち込み）の中で、いかに歳入・歳出の財政均衡を確保するかの課題を、新自由主義的に対処することを意図したものである。すなわち、福祉などへの支出は削減し、国民の自己負担を課すものであるから、応能負担を原則とする福祉国家的財政観を否定することになる。この「財政の健全性」原則は、次に述べる地方自治体の財政にも準用されている（九四条の二第三項）。

6 地方自治

地方自治については、草案は、第一の問題として、地方の自主性（地方分権）や住民の参加を基本としながら（九一条の二第一項）、自治体の自己決定権（住民主権による地方自治の本旨である住民自治と団体自治）を骨抜きにしている部分がある。国と地方が「適切な役割分担を踏まえて、相互に協力しなければならない」という規定（九二条）には、軍事や外交などは国が行い、福祉などは自治体が行うという、政府与党のこれまでの地方分権改革や地方自治法改正の考えが導入されている。そして、有事法制・国民保護法などの国の防衛行政に関連する事項については、自治体や住民は、国に協力することが求められることになる。草案では、一般的・抽象的規定として、住民は「（地方自治体の役務）の負担を公正に分任する義務を負う」ものとされている（九一条の二第二項）。

第二の問題は、この負担の公正な分任義務が、福祉については、自治体の自主財源確保とも結びついている。というのは、草案では、「地方自治体の経費は、その分担する役割及び責任に応じ」、地方税や「当該自治体が自主的に使途を定めることができる財産をもってその財源に充てることを基本とする」と規定されており、かつ、その地方財政の基本は、上述の「財政の健全性」原則に基づくものとされているからである（九四条の二）。

自民党の「憲法改正要綱」案では、国民の社会的費用負担の責務が明記されていたように、草案の部分は、新自由主義な要素、すなわち小さな安上がり政府論が強く現れているといえる。草案の「広域地方自治体」規定（九一条の三）も、この文脈で位置づけることができ、道州制、市町村合併、公務員の削減論などを正当化するものである。

地方自治に関する他の問題点として、草案では地方特別法の住民投票制度（九五条）が廃止されていることである。憲法改正国民投票については、改正の機会を増やすために、改正手続きを緩和しているのに、より身近な住民投票の機会の方を奪ってしまうことは、国民・住民主権の観点からは疑問である。それは、沖縄を念頭に、駐留軍用地の強制使用を容易にする法律を制定ないし改正するような場合に、自治体・住民の意思を無視して行えるようにすることを意図したものである。

7　憲法改正

憲法改正については、草案は、憲法改正の議院の発議と国会の議決という二つの事項を分けて明記しているのが特徴である。すなわち、憲法改正は「衆議院又は参議院の議員の発議に基づき、各議院の総議員の過半数の賛成で国会が議決し」、国民に提案するというものである（九六条第一項）。この点、現行憲法では、簡単に「各議院の総議員の三分の二以上の賛成で、国会が、これを発議し」と規定している。

その第一の問題は、国会が憲法改正を国民に発議する要件を「三分の二」から「過半数」に緩和し、憲法改正をしやすくしていることである。国民が真に憲法改正を望む時期がくれば、改正手続きの硬性さに関係なく、改正ができるのであるから、現行の手続きを政治的意図で改正する必要はない。

第二に、いずれかの議院の議員発議に基づき、国会で議決するという新しい文言についても、なぜ両院議員の発議でないのか、といった疑問がある。この規定も、憲法改正をしやすくするためのものと考えられる。憲法改正については、慎重さが求められるとすれば、両議院は対等な権限があるとみるべきで、法律案等の議決における衆議院の優越の原則などのようなものは妥当しないといえよう。

第三に、憲法改正国民投票の時期については、現行憲法では、憲法改正だけの特別投票以外に、衆議院議員や参議院議員の選挙のさいにも投票が行えることになっているが、草案は、「特別の国民投票」に限定しているのが特徴である（九六条第一項）。

四　おわりに

上記の自民党の新憲法草案は、民主党および公明党との調整の必要性や国民の反応などを窺いながら、今後さらに修正されると思われる【補注1】。しかし、その場合でも、本章で検討してきた自民党の改憲論の本質は変わることはないであろう。

なお、憲法改正国民投票法が現在制定されていないため、自民党・民主党・公明党といった「憲法改正」を進める政党は、憲法改正国民投票法案を国会に提出するための調整を行っている。今のところ、投票方法や投票運動の規制などで重大な問題があるが【補注2】、それに修正を加えて、より公正な法案をつくるのであれば、「憲法改正」に反対する人たちも、「憲法改正」とは区別して、国民投票法案の国会提案と審議に賛成すべきであろうか。このような賛成意見は、平和憲法の改悪をねらいとする「憲法改正」に反対する人たちの中にもみられる（今井一『「憲法九条」国民投票』〔集英社、二〇〇三年〕、同編『対論！　戦争、軍隊、この国の行方』〔青木書店、二〇〇四年〕）。他方、「憲法改正」を唱える人たちは、憲法改正国民投票法が存在しないことを立法不作為として批判している【補注3】。

確かに、これらの意見はもっともらしく思えるが、それは一つの政治的判断であり、別の政治的判断もありうる。憲法改正は、きわめて高度な政治にかかわる問題であるから、それが「正しい」内容のものであっても、運動の力量や政治的情勢をぬきに提案することが適切かどうかを考える必要がある。憲法改正論議が一定の政治的背景のもとに行われているときに、国民の方からの強い要請もない状況で、公平さを要する憲法改正手続きに関する法案論議を同時に行うことは避けた方がよいと思われる。

【補注1】　民主党の改憲論（二〇〇五年一〇月「憲法提言」）について

民主党は、自民党に対抗する憲法草案の作成を公言しているが、保守・右派系、「左派」系、市民派・リベラル派議員をかかえていることから、一つの憲法草案をまとめるのは困難であり、「憲法提言」の提案にとどまっている。もっとも、内容的にみると、日本国憲法の基本理念を踏まえて、「未来志向の新しい憲法を構想する」ことをうたい、「新しい国のかたち」を共有する、「新しい権利」を確立する、「補完性の原理」に基づく分権型国家へと転換する、といった新規のキーワードを使って書かれているので、自民党の改憲案ほど保守主義的な印象を受けない。しかし、子細に検討すると、保守主義的・権力強化的側面は否定できないし、新自由主義が基調になっていると思われる。その意味では、自民党の改憲案と共通する点が多い。

①例えば、憲法観については、権力から自由を確保する以外に、「国民統合の価値を体現するもの」として憲法を位置づける民主党

の観点からは、日本の伝統と文化の尊重、個人・家族・コミュニティ・地方自治体・国家・国際社会の重層的な共同体的価値意識の形成が重視される。この憲法観は、憲法を「国民の行為規範」として位置づける（それは「国民の責務」ないし「自己責任」重視につながる）自民党の憲法観にほぼ対応する。

②人権論については、人間の尊厳や、生命権・犯罪被害者の権利・子どもの権利・プライバシー権・環境権など「新しい権利」を明確にして保障するとしながらも、権利行使にさいしては、国・自治体・企業・中間団体・家族・コミュニティ・国民の「共同責務」も同時に明確にすべきことが強調される。これでは、上述の「国民の行為規範」としての憲法観とも関連しており、人権の権利性（保障）が弱められる恐れがある。

③統治制度については、国民主権の徹底した統治制度の創出をうたいながら、「執政権」を首相に与え、非常事態権を容認して政府権力を強化しているのは、一貫性に欠ける。また、国と地方の役割分担について、政府に外交・安全保障を優先的に配分しているのは、住民主権に基づいた「補完性の原理」論といえるのか疑問である。国民投票制の拡充も提案されているが、誰が提案するのか、法的拘束力のあるものなのかは不明確であり、国民主権の強化になるのか明らかでない。国民・住民統合のための国民投票であれば問題である。

④安全保障については、「制約された自衛権」を容認し、国連集団安保への参加をうたっているが、それは、結局は個別的・集団的自衛権を容認し、海外派兵も排除しないことになろう。

なお、民主党の代表である新自由主義的・保守主義者の小沢一郎の改憲論は、次のような特色をもっている。現行憲法無効論に基づく新憲法制定論。天皇については元首論。安全保障については、九条の小見出しを「自衛権の発動」として自衛戦力を容認し、国連の要請に基づく海外派兵と国連常備軍も容認している。多種の新しい権利を認めるが、公共の福祉や公共の秩序による人権制限も重視する。新自由主義の観点から、憲法二五条（生存権）は抽象的理念として前文におくことを提案している。その他、選挙なしの参議院制度論、緊急事態権容認論、憲法裁判所導入論、憲法改正手続きの緩和論なども提案している。小沢案以外に、民主党内には、核武装も排除しない、最右派の創憲会議の改憲案も提案されている。他方、集団的自衛権容認論に批判的なリベラル派の意見もある。このような状況からすると、民主党の憲法草案の作成は必ずしも容易ではなかろう。しかし、全体としては、民主党が「創憲」の名のもとで改憲を誘導してきている点に注意しておく必要がある。

【補注2】　憲法改正国民投票法案について

憲法改正国民投票法案に関して、国民投票法の対象、改憲発議後の国民投票期日、投票権者の年齢、投票の記載方法、国民投票成立に必要な国民「投票数」の過半数の意味などについて、現在、与党案と民主党案の調整が行われているが、次の点がとくに重大な問題と思われる。

第一に、国民投票運動に関し、メディアが行う国民投票の結果予想や論評を規制し処罰する規定（虚偽報道・不法利用処罰など）は、国民やメディアの思想・表現の自由に対し萎縮効果を与えるとの批判を受け、与党案から削除された点は評価できるが、逆に、放送メディアを使った野放しの国民投票運動が行われる恐れがある。投票期日前の一定期間を除けば、有料のテレビ広告を使った運動などが自由にできるからである。これでは、財界から支援され、お金のある改憲派に有利で、護憲派に不利になる。他方、市民のうちの公務員や教員の国民投票運動は、地位利用とみなされる場合には禁止されているが、国の最高法規にかかわる投票運動について、通常の選挙に関して公職選挙法が公務員に対して課している規制を適用する発想が問題である。

第二に、国会法の改正に関連する事項として、憲法改正手続関連法案および憲法改正案を審査し提案できる常設の「憲法審査会」が設置されることになっているが、国民投票法が公布されてから三年間は、憲法審査会は、憲法改正案の審査と提案はできない。しかし、調査を行うことができる点で、当審査会は改憲を促進する機能をはたす恐れがある。

【補注３】 憲法改正国民投票法不存在に関する立法不作為論について

この主張については、厳密な憲法論からすれば的外れな議論といえる。立法不作為が法的に成立するのは、個人の権利侵害の訴えがあるにもかかわらず、国会が過失によりマイノリティーの人権救済に必要な立法（改正）をしなかったような場合である（在宅障害者の選挙権やハンセン病者の権利侵害など）。それに比べ、憲法改正国民投票法については、マイノリティーの権利ではなく、政治的多数決に関する権利であることと、実際に世論や議員の中から同法に対する制定要求が多数意見となり国会に提出されなかったことから、国会の立法不作為論は成立しないであろう。国民投票法案に賛成する改憲派の憲法学者の中にも、「立法を『なさない』というより、『なす』契機がないままに今日まできてしまった」ということであり、『「立法不作為」ということでは必ずしもない」と述べている論者もいる（竹花満範「憲法改正の発議と国民投票」『駒沢大学法学部研究紀要』六一号［二〇〇三年］一一―三頁）。

なお、一九五二年の第三次選挙制度調査会の答申に基づき、自治庁が翌五三年に作成した「日本国憲法改正国民投票法案」があるが、当時法案作成が改憲の意図があるとみられること、閣内にも反対意見があることなどから、国会提出はもちろん、法案提出の閣議決定にまで至らなかった過去がある（高橋正俊「憲法改正のための国民投票法について」『比較憲法学研究』一三号［二〇〇一年］）。

【参考文献】
澤野義一ほか編『総批判改憲論』法律文化社、二〇〇五年
水島朝穂編『改憲論を診る』法律文化社、二〇〇五年

全国憲法研究会編『憲法改正』（法律時報増刊）日本評論社、二〇〇五年
「特集　自民党『新憲法草案』総力批判」『法と民主主義』二〇〇五年一二月号
読売新聞社編『憲法改正　読売試案二〇〇四年』中央公論新社、二〇〇四年
憲法会議・労働者教育協会編『憲法問題学習資料集　憲法「改正」論議の本質と改憲阻止の展望』学習の友社、二〇〇四年
憲法会議・労働者教育協会編『憲法問題学習資料集　自民党「改憲条文案」で改憲は新しい段階へ』学習の友社、二〇〇五年
渡辺治・澤野義一ほか著『総批判・「新憲法」』コンパス21刊行委員会、二〇〇六年
渡辺治編『ポリティーク』一一号（特集・改憲問題の新局面）旬報社、二〇〇六年
渡辺治編『憲法「改正」の争点』旬報社、二〇〇二年
渡辺久丸『九条「改正」と国民投票』文理閣、二〇〇六年

第二部　平和主義に関する基本問題と改憲論議

第四章　日本国憲法の平和主義
——解釈論と安保政策の概況——

一　憲法九条の法的意義

1　憲法九条の平和主義の歴史性

憲法九条は、戦争違法化の理念を具体化した一九二八年の不戦条約や一九四五年の国連憲章の平和・安全保障観をさらに徹底し、侵略のための戦争・武力行使はもちろん、自衛や国連制裁協力のための武力行使も放棄し、「武力によらない平和」の実現を構想したものである。その理念は、とりわけ憲法九条二項の完全非武装と交戦権否認規定に表現されているといえる。確かに、今日においては、非核の規定（一九八七年フィリピン憲法など）、軍縮の規定（一九九〇年モザンビーク憲法や一九九六年バングラデシュ憲法）、永世中立の規定（一九五五年オーストリア憲法や一九九三年カンボジア憲法）など、好ましい平和主義条項をもつ憲法が登場しているが、依然として、「武力による平和」維持の観念に基づいて軍隊を保有している。コスタリカ憲法（一九四九年）の場合は、常備軍の保有を禁じ、実際にも軍隊をもたず、非武装永世中立政策をとっている点で注目されるが、再軍備や緊急事態に関する規定がある（1）。しかし、日本国憲法においては、上記のような外国憲法や明治憲法と異なり、戦争・軍備・緊急事態などを容認す

る規定が一切ないことからも、憲法九条は非戦・非武装の絶対平和主義に立脚したものといえよう。(2)

2　戦争放棄

戦争放棄に関しては、①上述のような、侵略・制裁・自衛の一切の戦争を放棄していると解する全面放棄説と、②侵略戦争のみは放棄するが、制裁や自衛の戦争は放棄していないと解する限定放棄説がある。限定放棄説は少数説であり、(3)政府でさえ公式には採用していない。多数説である全面放棄説は、九条一項から一切の戦争が放棄されていると解する一項放棄説と、九条一項では制裁や自衛の戦争は放棄していないが、二項で一切の戦力と交戦権が否認されていることから、結果として制裁や自衛の戦争も放棄されていると解する二項放棄説とに分かれている。(4)限定放棄説は、近年のさまざまな自衛隊海外派兵や集団的自衛権を正当化する理論としても使われており、問題がある。なお、政府見解でもある二項放棄説は、二項の戦力概念の恣意的解釈により、実質的には限定放棄説と大差がない。というのは、一項の戦争や武力行使の放棄目的において制裁や自衛を肯定する見解は、戦争と戦力の概念に相当しない程度であれば、制裁や自衛のための武力行使を容認することになるからである（後述）。また、一項とは異なり二項が憲法改正の限界にならないと解する学説と結びつくならば、二項は自衛戦争のための戦力ないし武力をもてるように改正できることになる。(5)このような解釈の余地をなくすためには、厳格な一項全面放棄説が適切といえよう。

3　戦力不保持と自衛権

政府は、近代戦争遂行能力をもつ実力、あるいは自衛のため必要最小限を超える実力を戦力と定義し、戦力に至らない程度の実力（自衛力）を合憲としている。この自衛力は、自衛戦争肯定論からではなく、主権国家に固有の自衛権から根拠づけられている。自衛権については、自衛権の実質的否定説が戦後当初みられたが、一九四九年後半以降、「武力によらない自衛権」概念のもとで警察予備隊や保安隊といった実力が容認され、一九五四年以降は、自衛隊（法）を正当化するため、「武力による自衛権」概念がとられるようになった。この自衛権のもとで認められる必要最小限度の自衛力は、国際情勢や軍事技術の水準等により変わりうるので、政策論として非核三原則を掲げながらも、憲法解釈論としては、必要最小限度の細菌兵器や核兵器の保持も違憲ではないとされている。このような政府見解ほど極端ではないが、自衛権を認める以上、侵略を排除できる真の意味での「最小限の武力」の保持は許容されていると解する学説がある(6)。しかし、それは憲法解釈論的には政府見解と大差がなく、国家自衛権と必要最小限度の防衛力を容認し、そのための「平和保障基本法」制定を唱える安保政策論など(7)を正当化できることにもなろう。

自衛権（個別的自衛権）に関しては、「武力による自衛」が自衛権を意味するものだとすれば、憲法九条が一切の武力の保持を禁じているから、自衛権も放棄されていると解する自衛権否定説が適切といえよう。従来の多数説は、自衛権を放棄できない国家の自然権のように認識したため、「武力によらない自衛権」説をとってきた。しかし、この説の内実は論者によって一定しておらず、実態的には何らかの武力の保持と行使を容認する余地を与えていること、また、日本の軍隊を提供しないが後方支援的な軍事同盟である旧日米安保条約を正当化した「武力によらない集団的自衛権」観念を含意していることなどから、「武力によらない自衛権」説については厳密な検討を要する(8)。

4　交戦権の否認

交戦権については、①戦争に訴える国家の権利であるという説と、②国際法で認められる国家の交戦上の権利（戦時に容認される一定の合法的戦闘行為）であるという説がある。不戦条約以降の現代国際法では戦争は一般的に禁止されているので、憲法九条でも、①の権利は当然に否認されている。戦争・武力行使の全面放棄説によれば、さらに②の権利も否認されるが、戦争・武力行使の限定放棄説によれば、制裁や自衛のための交戦権行使は容認されることになる。[9] ただし、戦争の全面放棄説であっても、最小限の自衛力（防衛力）による自衛権の発動を肯定するならば、交戦状態も想定され、一定の交戦権行使が容認されることになろう。しかし、このような見解は、交戦権の全面否認説に適合する自衛権否定論に立てば支持できない。なお、第三国間の戦争ないし交戦状態において、後方支援であっても加担することは交戦権（あるいは集団的自衛権）の行使に当たるから、[10] 一切の軍備保持と交戦権を禁ずる憲法九条からは、第三国間の武力紛争に加担しない戦時中立、および中立を恒常的に維持すべき永世中立が規範的に要請されていると解することもできよう。[11]

5　憲法九条の規範力

自衛隊ないし一定の武力を容認する見解は、上記のような戦力・自衛力論のほか、憲法九条の規範力を軽視する学説からもみられる。これまでの説でみると、①憲法九条を道徳的・政治的理想規範と考える政治的マニフェスト説、[12] ②違憲審査の関連でいえば、高度の政治問題の判断を回避する統治行為説、③憲法改正がなされていないにもかかわらず国際情勢と国民の意識変化により憲法九条の規範内容が変化したという法認識論に基づき、自衛戦力の違憲論が合憲論に変化したという憲法変遷説[13]などである。これらの諸説は、憲法九条の法規範性ないし裁判規範性を軽視し、立憲平和主義を形骸化することにつながり疑問がある。

②説の新しいタイプとして、安全保障の問題は裁判に適せず、市民の政治参加のプロセスで解決されるべきだという「プロセス的な民主主義憲法理論」[14]がある。また、憲法解釈において多元的な価値の共存がはかられるべきだという「立憲主義」観に立脚して、憲法九条から一義的に絶対平和主義（完全非武装主義）を導き出す憲法解釈を批判する「穏和な平和主義」論は、一定の自衛力の保持を容認するので[15]、結果的には、憲法九条の規範力を弱める新たな解釈論といえる。「立憲主義」論による、日本国憲法の立憲平和主義の相対化論である。

その他、自衛隊は違憲であるが、法律に基づいて存在しているので合法でもあるという自衛隊違憲・合法説がある[16]。しかし、この説についても疑問がある。というのは、違憲の法律を合法というのは法論理的にはできないからである。確かに、違憲の自衛隊を直ちに解消できないとしても、自衛隊を合法とする必要はないことについては、議員定数不均衡判決（最大判昭五一・四・一四民集三〇巻三号二二三頁）で、定数不均衡を無効とはしないが、法認識としては違憲・違法とされていることが参考となろう[17]。

二　政府の安全保障論――日米安保体制を中心に――

1　日米安保の展開

一九五一年九月、連合国軍が日本から撤退し、日本の主権が回復することになる対日講和条約が締結された。しかし、前年六月に起きた朝鮮戦争への対応なども考慮して、講和条約締結と同じ日に、日本は、引き続き米軍の単独駐留を容認する旧日米安保条約を締結した。同条約は日本が米軍に基地を提供するだけの片務条約で、日本側の防衛は期待されるにとどまっていた。一九六〇年に改定された新安保条約では、自衛隊の存在（一九五四年以降）と日本経済の成長を背景に、日本は軍事のみならず経済の相互協力をも義務づけられた。一九七〇年には、安保条約が破棄通告されずに自動延長される。その背景には、一九六九年の日米共同声明にみられるように、アメリカのベトナム戦争敗退による極東防衛の日本への肩代わり政策に伴い、日本の軍事力増強と双務的な日米軍事同盟強化の要請があった。一九七八年の日米ガイドライン（防衛協力の指針）以降は、日米軍事作戦の分担と共同行動を具体化し、安保条約の枠組みさえ逸脱していく。安保条約の規定では、自衛隊の軍事行動は日本の領域に限定されており（五条）、極東有事のさいに、海外出動することは想定されていない。安保条約は、米軍が極東で軍事行動をするさいに、日本の施設や区域を米軍が使用することを容認しているにすぎないのである（六条）。しかし、とりわけ東西冷戦後は、日米安保を地球規模の安全保障にまで拡大適用することを目的に、一九九六年の「日米安保共同宣言」（安保の「再定義」）に対応した日米新ガイドラインが策定され（九七年）、中東湾岸戦争や朝鮮半島有事などのような事態にさいし、日本が米軍の軍事行動に対し、海外派兵などによる後方支援活動を実践的に行えるようになった。[18]その立法化は、まず、一九九九年に「周辺事態法」として具体化され、二〇〇一年にテロ対策特別措置法が、二〇〇三年にはイラク復興支援特別措置法が制定された（内容については後述）。

なお、テロ対策特別措置法とイラク復興支援特別措置法などによる海外派兵は、二〇〇一年九月のアメリカ同時多発テロ事件以降の新しい日米安保協力のあり方を示したものであるが、それは、二〇〇二年一二月から日米安保協議委員会（ＳＣＣ）で検討され、二〇〇六年五月に最終合意された文書「日米同盟——未来へ向けての再編と再調整」でも正当化されることになる。この文書では、日米安保の適用範囲を文字通り地球規模の安全保障に力点をおいている。新ガイドラインと周辺事態法の段階でも、地球規模の安全保障も念頭にあるが、力点はアジア太平洋におかれていた。今後は、世界規模での米軍再編の中に日米安保と自衛隊が一体的に組み込まれることになろう。[19]

2　日米安保条約と集団的自衛権

日米安保条約は軍事同盟条約であるから、集団的自衛権の行使を前提にしているといえる。ただし、集団的自衛権行使のあり方は、旧安保条約と新安保条約では異なる。旧安保条約の初期の段階では日本は軍隊がなく、基地提供だけであったから、いわば「武力によらない集団的自衛権」（一般的には「武力によらない自衛権」という表現で正当化）体制であった。[20]しかし、新安保条約では、双務的に軍隊を提供しあう「武力による集団的自衛権」体制となった。そして、一九八〇年代以降は、そのような集団的自衛権行使が可能になる米軍の共同軍事演習などが行われ、上述のように、米軍の軍事行動への後方支援（海外派兵）による集団的自衛権行使の体制づくりがなされてきている。政府は、専守防衛の建前から、集団的自衛権の行使は違憲としているので、日米安保条約に基づく日本領域の防衛は個別的自衛権の行使によるものと説明している。また、海外派兵による米軍支援であっても、米軍の軍事行動と一線を画し、武力行使しなければ集団的自衛権の行使に当たらないとしている。しかし、このような解釈は疑問である。というのは、直接的な共同軍事行動だけでなく、軍事的ないし財政的後方支援であっても集団的自衛権（あるいは交戦権）の行使に当たるというのが、国際法の常識だからである。[21]

3　日米安保条約と米駐留軍の憲法適合性

最高裁は、砂川事件において、日米安保条約の違憲審査の可能性を否定していないが、一種の統治行為論をとることにより、日米安保条約の違憲か合憲かの判断を回避している。それにもかかわらず、自衛権に基づき外国に安全保障を求めることを合憲とし、また、日米安保条約に基づいて駐留する米軍については、日本の指揮権が及ばない外国軍隊は憲法の禁ずる戦力でないと解することにより合憲としている（最大判昭三四・一二・一六刑集一三巻一三号三二二五頁）。しかし、同事件一審判決が述べるように、指揮権の有無に関係なく、条約により日本の意思に基づいて駐留する限り、そのような軍隊は憲法の規律対象になりうるし、違憲と解されよう（東京地判昭三四・三・三〇下刑一巻三号七七六頁）。これが多数説でもある。[22]なお、駐留軍を国連の集団的安全保障を前提にした準国連軍とみなして合憲と解する説[23]があるが、この準国連軍説は、集団的自衛権の発動を想定して存在する駐留米軍を国連の集団的安全保障で正当化する点で、法的にも事実認識においても不適切である。

三　政府の国際平和貢献論——自衛隊の海外派兵の諸形態——

1　自衛隊法の変質的運用

朝鮮戦争を背景として一九五〇年八月に創設された警察予備隊は、五二年に保安隊、五四年に自衛隊へと発展した。自衛隊は、戦力に至らない合憲の実力・自衛力として位置づけられ、自衛隊法では、防衛出動、治安出動、災害派遣の任務を与えられている。これらの任務のうち防衛、すなわち侵略に対する国防が主要な任務と明記されており（三条）、防衛に関しては、自衛（専守防衛）の範囲を超える海外出動（派兵）は本来禁止されている（五四年参議院本会議決議）。しかし、自衛隊の実力は年々増大し、今日では世界有数であり、軍事予算はアメリカに次ぐ世界第二位、陸上・海上・航空自衛隊の装備は英仏独の通常兵力なみとなっていること、さらに、海外展開できる艦船なども保有していることからすると、自衛隊は戦力に至らない実力、あるいは専守防衛の自衛力ということは到底できない。実際、一九九〇年代以降、国際平和貢献論や日米安保の地球規模への拡大適用論が強調され、海外派兵が自衛隊の重大任務となりつつある（本書第八章参照）。当該任務は、これまでは自衛隊法の雑則改正ないし特別措置法の制定により与えられてきたが、二〇〇六年一二月の自衛隊法の改正により、本文第三条に導入されることになった。

2　自衛隊の海外派兵

自衛隊の海外派兵は、国連の要請に基づく場合と、集団的自衛権に基づく場合とが考えられる。前者には国連軍やPKO（国連平和維持活動）の派遣、後者には、自衛隊法に基づく掃海艇派遣、日米新ガイドラインを具体化した周辺事態法による米軍への後方支援のほか、テロ対策特別措置法やイラク復興支援特別措置法による外国軍（米軍中心）への後方支援という形での海外派兵（多国籍軍参加）が含まれる。その他、自衛隊法に基づく避難民救助や在外邦人救助という形の海外派兵も行われている。以下、これらの海外派兵についての憲法的問題点を簡単に指摘しておくことにする。そのうち、いくつかの海外派兵法の制定背景等を含めた詳しい検討は別に検討する（本書第三部参照）。

(a)国連軍参加については、武力行使を目的とした自衛隊の海外派兵禁止との関係で、自国防衛の任務をもたない「正規の国連軍」への参加は違憲というのが政府の見解であり、多数説でもある。憲法九条が禁ずる武力行使は国権の発動たる戦争であり、国連の集団的安全保障上の武力行使は合憲であるという少数説があるが[24]、支持できない。

(b)PKOについては平和維持軍、停戦監視団、非軍事的PKOの三種類の活動（複合的活動を含む）があるが、PKO参加については、①すべてのPKO参加合憲説、②平和維持軍参加違憲・停戦監視団参加合憲説、③非軍事的

PKO参加のみの合憲説にわかれている。国連の要請であっても、憲法九条のもとでは、軍事目的に自衛隊を派遣することは違憲であるとの解釈によれば、第三説が妥当であろう。第一説は侵略的武力行使以外の武力行使はすべて憲法九条で許されているという解釈か、武力行使を目的にしない平和維持活動参加は違憲でないという解釈（政府見解）を前提としているが、疑問である。停戦監視団は原則非武装であるが軍事要員で占められるので、軍人の保持を禁じている憲法九条のもとでは停戦監視団参加も違憲と解される。したがって、第二説も問題がある[25]。なお、現在のPKO協力法（二〇〇一年改定）では、PKO参加五原則のもとで平和維持軍参加も可能になっていることのほか、その運用実態の検討が必要である[26]。

(c)周辺事態法は、現実的には発動されていないが、日本周辺地域における米軍の軍事行動に自治体、民間人、自衛隊に後方支援を要請するものである。しかし、日本が直接武力攻撃を受けていなくとも日本領域を超えて武器・弾薬などを輸送したりすることは、米軍の武力行使と一体化しなくとも集団的自衛権の行使に当たり違憲である。この法律では、民間人などの支援要請拒否についての処罰規定がないが、周辺事態法と連動して適用されるであろう有事法制では可能になっている。なお、周辺事態にさいして、国連安保理決議か船舶国の同意に基づいて、自衛隊が船舶検査ができる船舶検査法も制定されている。

(d)テロ対策特別措置法は、テロの防止と根絶のため国際社会の取り組みに寄与することを目的に、外国軍に自衛隊が軍事的後方支援をするものである。現実には米軍などによるアフガニスタンにおける軍事活動をインド洋上で自衛隊が給油活動などを通じて支援している。しかし、戦闘行為が行われていない地域からの支援であっても、集団的自衛権の行使に当たり違憲である。また、このような海外派兵自体が憲法九条が禁ずる武力行使にも当たる。テロの問題をそもそも戦争の論理で対処するのは適切ではない。

(e)イラク復興支援特別措置法は、米英などによるイラク先制攻撃による占領後のイラクの人道・復興と安全確保支援を目的に、自衛隊をイラク本土に派遣するものである。しかし、米英によるイラク攻撃の正当性の疑問、各国に軍隊派遣を要請する国連安保理決議が同法に規定されていないこと、非戦闘地域に限定した自衛隊派遣が不可能なことなど、同法の前提に疑問がある。占領行政が行われている地域に自衛隊を派遣することも、憲法九条が禁ずる交戦権（あるいは集団的自衛権）の行使に当たり違憲である。

(f)機雷除去のための掃海艇派遣は、海外派兵禁止との関係でできないというのが従来の政府見解であったが、湾岸戦争後のペルシア湾への派遣にさいし、武力行使の目的をもたない機雷除去は憲法の禁ずる海外派兵ではないとされた。[27] しかし、機雷除去は国際法（一九〇七年海底水雷敷設条約）では武力行使の一環であり、しかも多国籍軍の要請で参加すれば、集団的自衛権行使に当たり違憲といえよう。[28]

(g)自衛隊による避難民や在外邦人の救助については、政府見解では、緊急事態ならば、自衛隊法一〇〇条の五（自衛隊機による国賓等の輸送条項）の委任に基づく政令の制定だけで救助が可能であるとされている。しかし、当該委任命令は同法の趣旨を逸脱し違憲である。また、人道目的とはいえ、自衛隊による救助派遣（とりわけ相手国の同意のない場合）は海外派兵禁止原則に反する。[29] 避難民などの救助は、民間機による方が安全といえる。

四　平和的生存権論

1　平和的生存権観念の由来と生成

日本国憲法の前文第二段は、「われらは、平和を維持し、専制と隷従、圧迫と偏狭を地上から永遠に除去しようと努めている国際社会において、名誉ある地位を占めたいと思う。われらは、全世界の国民が、ひとしく恐怖と欠乏から免かれ、平和のうちに生存する権利を有することを確認する」と規定し、平和的生存権を宣明している。この規定の淵源は、「ナチ暴政の最終的破壊の後、……すべての人類が恐怖と欠乏から免れてその生命を全うすることを保障するような平和が確立されることを希望する」と述べた一九四一年の大西洋憲章六項にある。

日本国憲法のような平和的生存権観念が登場する以前は、平和の享受は人権でなく、人道として考えられていた。一九世紀の国際社会では、戦争は違法化（禁止）されてはいなかったが、武力紛争中であっても、戦争法のルール（戦時国際法）によって、いわば反射的ないし間接的に、捕虜の兵士や民衆に対する人道的保護あるいは特定施設の保護がなされるということである。戦争法では、使用武器（毒ガス、不必要な苦痛を与える兵器など）の制限、攻撃対象の制限（交戦者以外の者、無防備都市、文化・宗教施設の保護）、捕虜の人道的待遇義務、占領下における住民保護義務（私有財産没収禁止）などが定められており、戦争法違反は戦時犯罪とされる。

「人道としての平和」は、第二次世界大戦後は、国連憲章の理念や国際人権保障の発展を踏まえ、人道的要素が強化されるだけでなく、「人権としての平和」へと発展していくことになる。[30]一九四九年のジュネーヴ諸条約では、武力紛争下での人道保護の法整備をしただけでなく、戦時国際法で保護されてきた人道的利益のうち、被保護者の身体・名誉・家族・宗教に関することがらなどは「権利」として保護されることが明記されている。

一九四六年のニュールンベルク軍事裁判や四八年東京軍事裁判で創設された「人道に対する罪」は、国際人権条約の一つであり、大量殺戮を禁ずる一九四八年のジェノサイド条約に結実している。これは、国際人道と国際人権保護の融合の例である。[31]

一九六八年に国連主催の人権会議で採択された「武力紛争時における人権の尊重」に関する決議がなされて以降

は、戦時国際法は国際人道法と表現されるようになり、国際人道法と国際人権法は相互に影響しあいながら発展してきている。一九四九年のジュネーヴ諸条約を補充した一九七七年のジュネーヴ条約追加議定書（第一追加議定書（現在の中心的な国際人道法）では、武力紛争下での「人権」保護が考慮されるべきことが明記されている（第一追加議定書七五条、第二追加議定書前文など）。また、個々にみると、戦争による環境破壊の規制について、「自然環境に対して広範な、長期かつ重大な損害を生ぜしめると予測される戦争の方法または手段を用いること」を禁止するジュネーヴ条約第一追加議定書の規定（三五条）は、国際社会において地球環境保全を人類の生存にかかわる基本的人権として把握し、かつ、地球環境保全と平和の維持が不可分であることを述べたストックホルム人間環境宣言（一九七二年）の影響を受けている。[32] 他方、第一追加議定書七七条における一五歳未満の児童を兵士に参加させることを禁止する規定のように、子どもの権利条約三八条（一九八九年）に生かされている例もある。

さらに、ジュネーヴ条約第一追加議定書では、軍事的な敵対行為に参加しない限り住民や無防備地域などが攻撃対象とされてはならないこと（五九条）、紛争当事国は住民が攻撃されないように人口密集地において軍事目標を設置しないよう予防措置をとるべきこと（五八条）などが規定されている。

このような議定書の原則規定や上記の個別の諸規定などは、戦争ないし武力紛争下の人道的保護（法）、つまり平和的な生存について、人権的な基礎づけを与えたものと解することもできる。また、国際刑事裁判所が二〇〇二年から発効したことも、平和的生存権保障の実効性が以前よりも担保されるようになったといえる。[33] 当該議定書では平和的生存権という用語は使われていないが、国連関連の決議では平和的生存権の保障が明示的にうたわれるようになっている。例えば、一九七八年の国連総会決議「平和的生存の社会的準備に関する宣言」は、「すべての国とすべての人間は、人種、信条、言語または性のいかんにかかわらず、平和的生存の固有の権利を有する」と述べている。もっとも、国際社会でみられる平和的生存権の観念の生成・発展は、日本国憲法の想定する完全な非軍事と非戦による平和的生存権保障の観念には到達していないが、日本国憲法の平和的生存権の観念が、国際社会でも注目されつつあることの証左といえよう。(34)

2　日本国憲法と平和的生存権

国際人道法における平和的生存権は、軍事力の行使もありうる世界との妥協のうえに成立していることもあり、すべてが無条件に保障されるわけではない。しかしそれにもかかわらず、国際人道法は、可能な限り、戦争の被害を受けない環境、戦争に巻き込まれない環境、戦争に協力しなくともよい環境、軍隊のない環境のもとで安全に生活する権利として、平和的生存権を保障しようとしていると解することができよう。それに比べ、非戦・非武装主義の日本国憲法のもとでは、平和的生存権は可能な限り保障されればよいというものではなく、無条件に保障されなければならないし、平時からの政府の安全保障政策のあり方をも規制する性格のものである。

日本の現状に照らしていえば、例えば、有事法制、日米安保条約、自衛隊海外派兵関連法などに基づいて、軍事目的のための土地の収用や人の徴用、戦争訓練、軍事基地の設置、海外派兵、軍事のための財政支出などを行うことは、平和的生存権を侵害するものといえる。政府による平和的生存権侵害に対しては、平和的生存権の自由権的側面からは、戦争に協力しない市民の抵抗権・不服従（徴兵拒否）の権利が認められる。生存権的側面からは平和的環境を創造することを政府に求める権利が認められ、政府としては、平和学的にいえば、戦争の原因となる偏見・貧困・劣悪な環境といった国際社会の構造的暴力を解消する義務、いわゆる「積極的平和」実現の義務を負っている。また、手続き的権利（請求権的側面）としては、裁判を通じて、政府の軍事的行為に対する差し止め請求、あるいは国家賠償や補償請求が認められるべきである。この平和的生存権は、権利の法的性格としては、それ自体独自の存在意義をもった具体的権利と考えるのが妥当であろう[35]。

それに対して、平和的生存権を理念的で抽象的な権利にすぎず、裁判で具体的な内容とか事件を争えるような権利ではないとする見解もある[36]。この見解は、憲法前文の抽象的規範性をとらえて、その裁判規範性を認めないのであるが、憲法九条とあわせて考えれば、憲法前文の平和的生存権規定は、決して抽象的とはいえない。そして、憲法一三条の生命・幸福追求権や憲法二五条の生存権の一内容として、具体性をもちうるし、自由権や社会権などすべての人権規定の前提ともなりうる。したがって、平和的生存権を抽象的権利とみる説は適切とはいえない。平和的生存権は、国の安全保障政策の単なる反射的利益（人道的平和）を意味するのではなく、不可侵の人権として把握されなければならない。また、国際人道法のジュネーヴ条約追加議定書を日本政府が批准したことは、国際人道法で規定する平和的生存権を最低限実現するだけでなく、日本の平和憲法に適合する形で、より徹底して実現する義務を負ったことを意味する。

なお、平和的生存権の権利主体については、民族や国家であるとする説もあるが、基本的には、個人としての国民ないし市民であるとみるのが妥当であろう[37]。

裁判で平和的生存権を認めた唯一の判例は、長沼基地事件第一審判決（札幌地判昭四八・九・七判時七一二号二四頁）である。防衛庁が国有保安林を伐採してミサイル基地を建設することの公益性の存否について住民が争った事件に対して、当該第一審判決は、自衛隊を違憲とするとともに、基地が有事のさい相手国の攻撃の第一目標となり、住民の平和的生存権が侵害される危険があること、またそれが原告の訴えの利益にもなりうることを容認した。それに対して、第二審判決（札幌高判昭五一・八・五行集二七巻八号一一七五頁）は、自衛隊については高度に政治的問題であるから司法審査の対象にならないという「統治行為」論を採用したうえ、憲法の平和主義や平和的生存権は崇高な理念にとどまり、裁判規範性はなく、国民個々の利益保護を具体的に配慮した規定ではないと判示した。その後の関連判例、例えば百里基地訴訟や沖縄米軍用地代理署名拒否訴訟、あるいはPKO協力法、テロ対策特別措置法、イラク特別措置法に基づく自衛隊の海外派兵違憲訴訟などでも、平和的生存権の裁判規範性ないし具体的権利性は認められていない。(38)

五　有事法制と国家緊急権

1　有事法制の概要

有事法制に関しては、二〇〇三年六月、自民・公明・民主党の賛成多数で、武力攻撃事態法、改正自衛隊法、改正安全保障会議設置法の有事三法が成立し、二〇〇四年六月には、有事三法を具体化する有事関連七法が通常国会で成立した。有事関連七法とは、①米軍支援法、②国民保護法、③特定公共施設等利用法、④外国軍用品等海上輸送規制法、⑤国際人道法の重大な違反行為の処罰に関する法、⑥捕虜等の取り扱いに関する法、⑦自衛隊法の一部改正［ACSA（日米物品役務相互提供協定）改定に伴う国内法整備］である。なお、それ以外に、関連条約・協定として、上記のジュネーヴ条約追加議定書（第一・第二）の批准とACSA協定の改定が決定された。

有事法制は、武力攻撃事態等にさいし、政府・首相の強力な指揮のもとで、個別の関連法律を通じて、自衛隊と米軍の軍事行動を円滑に遂行させると同時に、その軍事行動（戦争）に対する協力を指定公共機関・自治体・国民に要請することにある。その内容は、例えば、改正自衛隊法では、自衛隊の行動に必要な場合には、住民の土地・

家屋・物資の使用、物資の保管または収用、医療・輸送・土木の業務従事、立木等の移転・処分、家屋の形状変更などを命ずることができる。物資の保管命令などに違反した場合には、処罰されることもある。国民保護法では、例えば、国の指示に基づいて知事が指定公共機関（民間機関も対象）に対して要請する避難措置としては、放送事業者に対し警報の内容を放送させることなどが、救援措置としては、運送事業者に対する緊急物資の運送、物資の生産・販売事業者に対する緊急物資の保管命令、医療関係者に対する医療の実施などがある。救援措置を拒否した場合には、医療実施の場合は別として、知事が強制的に実施できる。また、原子炉などによる被害を防止する命令に従わない者、物資の保管命令に従わない者、通行の禁止・制限に従わない車両の運転者、土地・家屋の使用や物資の収用について立ち入り検査を拒否したり忌避する者、警戒区域などへの立ち入り禁止や退去命令に従わない者などは処罰される。(39)

2　日本国憲法と国家緊急権

有事法制の意図することは、立法によって、違憲の国家自衛権を容認させ、戦争や軍事に関する国家緊急権法制を確立することにある。いずれは、憲法を改正して、憲法に国家緊急権条項を明記することが（自衛権については憲法で明記しなくとも自然権として肯定する説が多い）、改憲論のねらいである。

国家緊急権とは、戦争、大暴動、大災害などの非常事態にさいし、その危機に対処するため、国家が政府に権力を集中し、一時的に議会の統制権を排除したり、人権を制限・停止する権限のことである。しかも、この権限は最終的には軍事力の行使によって確保されうるものなので、行政や警察権は軍事目的ないし軍隊のために用いられることになる。

世界の憲法は、ほとんどが戦争と軍事力の保持（自衛権）を容認しているため、国家緊急権を憲法で明記しているか否かに関係なく（独仏では憲法、英米では慣習法）、国家緊急権の存在を肯定しており、有事法制も制定されている。戦前ドイツのワイマール憲法（四八条）は、非常事態にさいし、大統領が、秩序回復に必要あるときは兵力を用いることができ、人身の自由、住居の不可侵、信書の秘密、言論の自由、集会・結社の自由、私有財産といった人権の全部または一部を一時的に停止できると規定していた。ヒトラーが権力をとってから、独裁政治のもとで、この民主的といわれた憲法が敗戦まで停止されたことにみられるように、国家緊急権を容認することは、立憲民主主義を否定する危険性が常にあるのである。

ところで、日本国憲法は国家緊急権を明記していないので、改憲論者の中には、慣習法的に不文の国家緊急権を容認する説がみられる。しかし、日本国憲法は、英米憲法のように慣習法を重視するコモン・ロー主義をとっていないので、この説は支持できない。また、明治憲法下で容認されていた憲法上の国家緊急権である非常大権や、戒厳令、国家総動員法、戦時特別法などの緊急権法令がすべて廃止されたこと、国家緊急権と不可分の武力的自衛権が日本国憲法では否認されていることなどを考慮すると、日本国憲法は自覚的に国家緊急権を放棄したと解される。したがって、憲法停止を帰結する有事法制は、現行の平和憲法のもとでは容認できる余地はないといえよう。(40)

（1）　澤野義一「永世中立による安全保障」全国憲法研究会編『憲法と有事法制』（日本評論社、二〇〇二年）二七五―二七六頁。なお、現在、次の世界二五の小国は事実上軍隊を保有していない。中米・カリブ地域では、コスタリカ、パナマ、セントビンセント・グレナーディン諸島、グレナダ、セントクリストファー・ネイビス、セントルシア、ドミニカ、ハイチの八カ国。オセアニア地域では、キリバス、サモア、ソロモン諸島、ツバル、ナウル、バヌアツ、パラオ、マーシャル諸島、ミクロネシア連邦の九カ国。ヨーロッパでは、アイスランド、アンドラ、サンマリノ、ヴァチカン、モナコ、リヒテンシュタインの六カ国。アフリカではモーリシャス。アジアではモルディブ。このうち、コスタリカ、パナマ、キリバス、リヒテンシュタインは、憲法において、平時には軍隊をもたないことが規定されている（澤野義一『入門　平和をめざす無防備地域宣言』［現代人文社、二〇〇六年］六二頁）。

詳しくは、Ch. Barbey, La non-militarisation et les pays sans armee, APRED, 2001. を紹介する形で書かれた前田朗『侵略と抵抗』（青木書店、二〇〇五年）二三四―二四〇頁参照。なお、同書は、上記の二五カ国にクック諸島とニウエを加え、非武装国家を二七としているが、クック諸島はニュージランドとの自由連合国、ニウエはニュージランドとの自由連合自治領であり、必ずしも独立国家ではないので、私見では、この二つは非武装国家にカウントしていない。

上記の非武装諸国の実地訪問による紹介については、雑誌『法と民主主義』（二〇〇五年一〇月号以降）に連載中の前田朗「軍隊のない国家」を参照。

（2）澤野義一「平和主義をめぐる『改憲』と『護憲』の論理」憲法理論研究会編『立憲主義とデモクラシー』（敬文堂、二〇〇一年）一一七―一一九頁参照。

（3）佐々木惣一『改訂日本国憲法』（有斐閣、一九五二年）二三四頁以下、小林宏晨「自衛権と自衛力」小嶋和司編『憲法の争点［新版］』（有斐閣、一九八五年）四七頁以下など。

（4）深瀬忠一『戦争放棄と平和的生存権』（岩波書店、一九八七年）一七〇頁以下参照。

（5）澤野義一・前掲論文（注2）一一九―一二二頁参照。

（6）佐藤幸治『憲法［第三版］』（青林書院、一九九五年）六五三―六五四頁。

（7）このような政策論の例として、前田哲男編『自衛隊をどうするか』（岩波書店、一九九二年、一五〇―一五八頁）は、現在の自衛隊の規模の縮小を指向しながらも、軍事侵略やテロなどに対処できる対外攻撃能力をもたない哨戒艇や迎撃戦闘機などを容認している。なお、『世界』一九九三年四月号の前田哲男・古関彰一・山口二郎ら九人による「『平和基本法』をつくろう」も参照。

（8）澤野義一『永世中立と非武装平和憲法』（大阪経済法科大学出版部、二〇〇二年）二七二頁以下。なお、山内敏弘『平和憲法の理論』（日本評論社、一九九二年）一六〇頁以下も参照。

（9）例えば、読売新聞社調査研究本部編『憲法を考える』（読売新聞社、一九九三年、三二三頁）で述べられている西修の解釈。

（10）交戦権の行使には相手国領土の占領や占領行政が含まれると解されるので（一九八〇年一〇月や一九八一年四月の政府答弁）、二〇〇三年のイラク戦争における米英軍などによるイラク占領統治のような、他国の占領統治が行われている地域への自衛隊派遣は交戦権の行使に当たり、憲法九条に違反するといえる。

（11）澤野義一『非武装中立と平和保障』（青木書店、一九九七年）一七四頁以下。
（12）高柳賢三『天皇・憲法第九条』（有紀書房、一九六三年）一八二頁以下、類似説として伊藤正己『憲法』（弘文堂、一九八三年）一六六頁以下など。
（13）橋本公亘『日本国憲法』（有斐閣、一九八〇年）四三〇頁以下。
（14）松井茂記『日本国憲法［第二版］』（有斐閣、二〇〇二年）一九四頁。
（15）長谷部恭男「平和主義の原理的考察」全国憲法研究会編『憲法問題10』（三省堂、一九九九年）五九—六三頁。
（16）小林直樹『憲法第九条』（岩波書店、一九八二年）一四九頁以下。
（17）奥平康弘『日本人の憲法感覚』（筑摩書房、一九八五年）四二頁以下。
（18）森英樹・渡辺治・水島朝穂編『グローバル安保体制が動きだす』（日本評論社、一九九八年）、山内敏弘編『日米新ガイドラインと周辺事態法』（法律文化社、一九九九年）など参照。
（19）島川雅史『［増補］アメリカ東アジア軍事戦略と日米安保体制』（社会評論社、二〇〇六年）六一頁以下参照。その他、「特集　日米軍事同盟」『現代思想』二〇〇六年九月号六七頁以下、「特集　日米同盟と米軍再編・基地強化」『前衛』二〇〇六年一〇月号三〇頁以下など。
（20）横田喜三郎「日本の安全保障」『国際法外交雑誌』五一巻一号（一九五二年）一頁以下。
（21）澤野義一・前掲書（注8）三〇八頁以下。
（22）山内敏弘・前掲書（注8）一〇四頁以下。
（23）宮沢俊義『日本国憲法』（日本評論社、一九五九年）一八二頁、宮沢俊義・芦部信喜『全訂日本国憲法』（日本評論社、一九七八年）一八〇頁。
（24）広瀬善男『国連の平和維持活動』（信山社、一九九二年）四一—四三頁、大沼保昭「『平和憲法』と集団的安全保障（二）」『国際法外交雑誌』九二巻二号（一九九三年）六二頁以下。
（25）詳しくは、澤野義一・前掲書（注8）三二八—三三二頁。
（26）澤野義一「ＰＫＯ法改定とＰＫＯ協力の問題点」山内敏弘編『有事法制を検証する』（法律文化社、二〇〇二年）六八頁以下。
（27）学説としては、橋本公亘「国連平和協力に関する諸問題」『判例時報』一三八〇号三—四頁、西修「掃海艇の派遣は合憲」『THIS IS 読売』一九九一年六月号二七七頁以下など。
（28）星野安三郎「海外派兵の法的政治的批判」『文化評論』一九九一年八月号四九頁以下、山内敏弘・前掲書（注8）三四一頁以下。

（29）村田尚紀「湾岸危機・戦争と民主主義」『法律時報』六二巻一二号七五頁以下、山内敏弘・前掲書（注8）三三七頁以下。

（30）澤野義一「人権と平和」吉田康彦編『21世紀の平和学［第二版］』（明石書店、二〇〇五年）一三二頁以下。

（31）北村泰三「人道法と人権法の交錯と融合」『アジア・太平洋人権レビュー』（現代人文社、二〇〇五年）二五頁以下。

（32）M・トレッリ［斎藤恵彦訳］『国際人道法』（白水社、一九八八年）一九頁以下。

（33）論者によっては、日本国憲法の平和的生存権は、「国際人道法によって、いわば国際法的な裏づけを与えられている」という解釈もある。山内敏弘『人権・主権・平和』（日本評論社、二〇〇三年）一〇八頁。

（34）横田耕一「『平和的生存権』の『国際化』に向けて」深瀬忠一ほか編『恒久世界平和のために』（勁草書房、一九九八年）八七三頁以下。

（35）深瀬忠一・前掲書（注4）二二五頁以下、山内敏弘・前掲書（注8）二六八頁以下、浦田一郎『現代の平和主義と立憲主義』（日本評論社、一九九五年）一〇七頁以下、浦部法穂『全訂憲法教室』（日本評論社、二〇〇〇年）三九六頁以下、上田勝美『立憲平和主義と人権』（法律文化社、二〇〇五年）一九一頁以下、小林武『平和的生存権の弁証』（日本評論社、二〇〇六年）三三二頁以下など。

（36）佐藤功『註釈・憲法［新版・上］』（有斐閣、一九八三年）二八頁以下、伊藤正己『［新版］憲法』（弘文堂、一九九〇年）一六五頁、芦部信喜『憲法学Ⅰ』（有斐閣、一九九二年）二一〇頁以下、佐藤幸治『憲法［第三版］』（青林書院、一九九五年）六四六―六四七頁など。

（37）最近の文献として、上田勝美・前掲書（注35）一九八頁以下、小林武・前掲書（注35）六二一―六四頁など。

（38）山内敏弘・太田一男『憲法と平和主義』（法律文化社、一九九八年）二〇四頁以下、小林武・前掲書（注35）一〇〇頁以下など参照。

（39）詳しくは、本書第一〇章参照。

（40）詳しくは、本書第一一章参照。

第五章　平和主義をめぐる「改憲」と「護憲」の論理

一　はじめに

本章は、憲法九条の平和主義に関する改憲論議に関しては護憲論の立場から、「改憲」論（保守的な明文改憲論をさす）を批判的に検討するだけでなく、護憲論についても、その多数説の論理（以下、「護憲」論と表示する）を批判的に検討することを課題としている。ここでいう「護憲」論は、一定の武力容認論に立つ相対的平和主義に立脚し、完全非武装論に立つ私見のような絶対平和主義の立場をとっていない。例えば、護憲政党の政治家の中には、「憲法は『戦力』の保持を禁止しているが、異常な事態に対応する場合には、自衛のための軍事力を持つことも許されるというのが、多くの憲法学者のあいだで一致して認められている憲法解釈です」（不破哲三）と述べ、自衛隊解消過程での自衛隊活用論を正当化する見解である。(1)このようにみると、もともと共産党や自衛隊容認論に変節した旧社会党の大方は護憲派ではなかったから、「徹底した非武装平和主義だけを護憲と考えると、護憲派はかなり小さなものになる」という評価も可能になる。(2)

それはともかく、「護憲」論や共産党・社民党などの護憲政党が、一九九九年五月ハーグ平和会議の宣言で憲法九条が注目されていること（「世界の議会は、日本国憲法九条が定めるように、政府が戦争をすることを禁止する決議を採択すべきである」）を引き合いに出して、憲法九条の世界的先進性ないし先駆性を強調した護憲論を主張するのであれば、上記のような相対的平和主義では首尾一貫しないのではなかろうか。というのは、ハーグ平和宣言が述べる「憲法九条の定めるように」という意味は、防衛的安全保障の観点からでなく、徹底した不戦論ないし完全軍縮の観点から理解されるべきものだからである。(3)

また、当該「護憲」論の平和主義が現在の自衛隊を容認しないとしても、「改憲」論の平和主義と同様、一定の武力保持を容認する相対的平和主義をとっている以上、前者は後者の平和主義を論理的には根本的なところで批判できない難点をもっている。

このような問題意識のもとに、以下、近年の憲法学説やそれ以外のところでみられる改憲論議なども考慮しつつ、「改憲」論および「護憲」論の平和主義を検討していくが、最初に、その検討の視点ないし前提となる日本国憲法の平和主義の特質を、立憲主義との関連で考察しておこう。

二　日本国憲法の平和主義の特質

日本国憲法の平和主義の特質は完全非武装論に立つ絶対的平和主義であると考えられるが、この点を、立憲主義（立憲平和主義）および憲法改正の法理との関連で検討する。

1　立憲主義との関連で

立憲主義との関連で日本国憲法の平和主義の特色を表現すれば、絶対平和主義を内包する二一世紀型立憲平和主義（深瀬忠一のいう「将来の立憲平和主義」あるいは「核時代の平和を先取りした立憲民主平和主義」に相当）ということができよう。(4)

これは、いまだ軍事力に基づく平和主義（正戦論）にとどまっている近代立憲主義ならびに現代世界の立憲主義に対する原理的転換を意味している。というのは、近現代立憲（民主）主義は、国家主権の中核をなす軍事権力を制限するにとどまり、軍事権力自体の否定にまで至っていないからである。換言すれば、近現代立憲主義と絶対平和主義は両立しないと考えられているのである。この点を踏まえると、近代立憲主義にとって非武装平和は必然の結びつきをもたなかったが、戦後日本の立憲主義にとっては必然的であったという認識も可能であろう。(5) この見解をより普遍化すると、人権保障のために権力を制限する立憲主義の理念を徹底すると、立憲主義に最も適合的な平和主義は絶対平和主義で、非武装中立の原則を内容とするという見解も出てこよう。(6)

以上のような見解に対して、日本国憲法の立憲主義と絶対平和主義は矛盾する疑いがあるという懐疑論がある（長谷部恭男）。それは、絶対平和主義といった特定の価値を一義的に導き出すような憲法解釈は多元的な価値の共存をはかろうとする立憲主義の理念に反するという「立憲主義」観に基づいている。しかし、この見解は、近現代立憲主義の平和主義の枠内の思考であり、現実主義に立って、公共財としての防衛サービスとして、自衛力の保持を否定しない「穏和な平和主義」を価値選択している。もっとも、それは、「普通の国」を唱える改憲論などには慎重な立場をとっているようであるが、(7) 論理的には、現行の自衛隊を容認する「改憲」論の平和主義に対しても、また何らかの自衛力を容認する「護憲」論の平和主義（後述）に対しても、その正当化論となりうる両義性をもっている。

2　憲法改正の法理との関連で

憲法九条の立憲平和主義を改憲論との関連で問題にするとすれば、憲法改正の法理に言及する必要がある。ところで、憲法の基本原理の改正は憲法の一体性（同一性）を否定するから認められないという通説（憲法改正限界説）によれば、憲法九条の平和主義については憲法改正の限界事項に当たる。しかし、子細にみると、絶対平和主義が憲法九条の一項と二項を一体的に解し、ともに改正の限界とみる（少数説）のに対し、相対的平和主義は一項のみを改正の限界とし、二項は改正可能とみる（多数説）[8]。憲法改正限界説の中の多数説は二項を改正して、一定の自衛力を保持することを容認するが、この点は、上述したように、「改憲」論の平和主義と「護憲」論の平和主義にとって論理的には大差はない（ただし、許容できる自衛力の程度については両者は対立する）。ということは、多数説による立憲平和主義では、防衛力・軍事力に関する憲法改正権力を制限できないこと、換言すれば、防衛問題については立憲主義よりも民主主義ないし国民主権・憲法改正権力を重視することを意味する。その限りでは、非武装平和憲法の規範力が軽視されることになる。

この点に関連して問題と思われる最近の憲法学説として、「プロセス的な民主主義憲法理論」（「プルュラリズム憲法論」）に基づく平和論がある（松井茂記）。松井説は、憲法九条については一切の戦争放棄と戦力不保持を定めたものと解釈しながらも、戦争という実体的結果を排除することは、本来の憲法問題あるいは裁判所にふさわしい問題ではないとし、いわゆる「統治行為」論を正当化する。この種の問題は、政治プロセス、すなわち市民の政治参加のプロセスで解決されるべきものとされるからである。また、主権の所在に関するもの以外はすべて憲法改正に限界はなく、九条の改正は法理的に可能とされる。[9] ここには、民主主義や憲法改正権力を重視する形で、立憲平和主義の規範力が軽視される傾向がみられる。

結局、上記で取り上げた長谷部説と松井説についていえることは、多元主義的価値というものを、長谷部は立憲主義に付与することで、松井は民主主義に付与することで、そこから、絶対平和主義の価値（規範力）を弱めることになっている、ということである。[10]

三　「改憲」論の平和主義

保守主義の立場から明文改憲を指向し、現状の自衛隊や日米安保、有事法制化などを正当化する「改憲」論は、今日、新しい人権や憲法裁判所の明記など、さまざまの事項の条文化を提案しているが、それらは周辺的なものであり、中心にあるのは憲法九条の改正にあることは、改憲論者自身も告白している。[11] このような「改憲」論の平和主義の特色を、以下、四つの側面から概観し、検討する。

1　憲法九条改正の類型

憲法九条一項については改正すべきだという見解はほとんどないが、憲法九条二項に関して、これを削除するだけでよいとする見解（A説）と、二項を削除するだけでは十分でなく、自衛権や自衛隊の保持を明記すべきだという見解（B説）とがある。A説は、九条一項があれば、不戦条約的段階の自衛権論を前提に、さまざまの防衛方法が可能となるという解釈に基づいている。B説は、自衛権を明記すれば、そこに集団的自衛権が含まれるから、わさわざ集団的自衛権を明記する必要はないと考えている。その他、一・二項を改正せずに、三項を追加して、自衛隊や国連軍参加などを容認する見解（C説）もある。[12]

しかし、これらの諸見解については、九条一項の解釈において相対的平和主義をとっていること自体が問題とされるべきである。同様のことは、「護憲」論についても指摘できよう。

2　憲法九条改正に伴う有事国家（緊急事態）憲法の構想

憲法九条の改正は憲法全体の構造に影響を与え、有事国家（緊急事態）憲法が構想されることになる。すなわち、人権保障と統治制度の両面において、軍事的公共性が優先的に実行できる憲法システムが必要になる。さまざまの憲法改正案がすでに提示されているが、全体的にみると、次のような特色がみられる。

人権に関しては、公共の福祉や国民の義務の強調による人権（とくに自由権）の制限、憲法前文の平和的生存権の削除などである。統治制度に関しては、国家緊急権の導入、天皇の元首化、内閣・首相権限の強化（論者により首相公選論）、国会の地位の低下、軍事裁判所や憲法裁判所の導入、国と地方の協調をうたう地方自治制度などである。立憲主義に関しては、憲法改正手続きの緩和などである。これらの事項の多くは、政府の軍事的公共性優位の憲法運用を支えるように機能するものと思われる。[13]

改憲論に与する大石眞の場合、このような傾向の「改憲」論を次のように正当化している。すなわち、冷戦下の護憲論に対して、とくに平和主義条項の憲法解釈はイデオロギー的であったとして、非武装中立論を取り上げ、その憲法論と政策論の混同を問題視する。そして、外国の普通の憲法にならい、改憲による国家緊急権（有事法制）や集団的自衛権、国旗・国歌などの明文化を示唆する。また、権利制限を強調する読売新聞社の改憲案で提示された「公共の福祉」論などを評価する。そのうえで、ある時期に作られた憲法や制度を絶対視して金科玉条とする「静態的な憲法観」を脱却した「動態的な憲法観」に立って、単なる「論憲」にとどまらない、具体的で積極的な憲法改正論議を行うことを提言している。[14]しかし、そこでいう「動態的な憲法観」は、従来の政府による違憲的な憲法運用や政治改革を正当化し、日本国憲法の立憲主義を軽視するものである。

3　憲法九条改正論のねらいと正当化理論

「改憲」論の憲法九条改正のねらいは、日本の有事国家化の現状を憲法上正当化することにある。以前からなされてきた有事立法研究はほぼ完成し、日米軍事同盟をグローバルに展開するための自衛隊海外派兵諸立法も制定されている。それに関連して、市民的自由を規制する治安立法の強化（盗聴法・国旗国歌法・組織犯罪対策法など）、中央省庁の再編強化、自治体平和行政の新たな中央集権化、教育基本法の改悪に関連する教育改革論議などが進行してきている。その背景にあるのは、多国籍資本主義ないしグローバル時代に対応した新自由主義（とくに経済の規制緩和）政策から生ずる混乱ないし矛盾を、保守主義ないし国家主義の観点から取り繕う新ナショナリズムである。[15]これは、対外的には「軍事的国際貢献」国家を指向することになる。日米の安全保障問題（とくにブッシュ政権のアーミテージ報告）では、日米の双務的な集団自衛権行使が可能になる憲法改正を要請することになる。

「改憲」論は、このようなことができる国家を「普通の国」と称して、正当化している。また、比較憲法論的考察に基づき、憲法九条の平和主義を、このような「普通の国」の平和主義と解釈して、それに合うように憲法九条の改正を正当化する学説（西修）もある。当説は、核兵器の廃絶や外国軍隊の非設置などを規定する外国憲法は日本国憲法よりも徹底しており、日本国憲法が世界で唯一の平和憲法といえないと述べている。しかし、それは、憲法九条の理解や比較憲法の方法・視点に疑問がある。[16]

4　「改憲」論からみた護憲論の平和主義

「改憲」論者は、護憲論の平和主義を、概して「絶対平和主義」と理解して批判しているようであるが、[17]これは適切ではない。というのは、後述するように、護憲論の多数は「相対的平和主義」だからである。

それはともかく、以上の小括として、次のことを指摘しておきたい。憲法九条の改正（改悪）は、戦後責任の反省が十分なされていないことなど、自由の支えとしての絶対平和主義を緩める条件がいまだ熟していない状況のもとでは、日本国憲法の立憲民主主義ないし立憲平和主義を危うくする恐れがある。[18]また、二一世紀の国際平和の指針として生かされるべき平和主義のモデルを世界から喪失させてしまうことになる。

四　「護憲」論の平和主義

護憲派の多数を占める「護憲」論の平和主義は、自衛隊や日米安保、有事法制化などの現状を正当化する明文「改憲」論に反対する立場をとっている。しかし必ずしも絶対（非武装）平和主義ではなく、現在の自衛隊を違憲とみるが、何らかの形で一定の武力保持を容認する「相対的平和主義」である。この立場では、縮小された一定程度の自衛隊は合憲となりうる。

1　一定の武力保持容認論の類型

第一の類型は、上述したように、憲法九条二項は法理上、改正の限界に当たらず、ある政治的状況のもとでは一定の武力保持のための憲法改正を認める見解である（多数説）。この説のバリエーションとして、九条三項を追加して、最小限防衛力をもてるような改正論も考えられる。(19)

第二の類型は、憲法九条は解釈論として最小限防衛力を容認しているから憲法改正は不要という説である。(20)この説は、論理的には、従来の政府の解釈改憲論と区別しがたい。その中には、自衛隊は違憲であるが自衛隊法では合法的存在として正当化するような自衛隊「違憲合法」論や、一定の自衛力を合憲とし、その基準を越えると違法になるという自衛隊「合憲違法」論もある。(21)この説のバリエーションとして、憲法九条のもとでは常備軍は認められないが、万が一の侵略に対し非常備軍はもちうるとし、自衛隊活用を容認する見解もある。(22)

2　「護憲」論の平和主義の特色

上記のような「相対的平和主義」には、次のような特色がみられる。

第一は、国家の自衛権にこだわるということである。従来、「武力によらない自衛権」説が護憲論の通説（判例では長沼事件第一審判決）とされてきた。しかし、そうだとすれば、この通説は、一定の武力や最小限防衛力をもちうるという上記の「護憲」論との整合性が問われることになる。この点は立ち入った検討を要するが、さしあたり指摘しておきたいことは、自衛権にこだわると、何らかの軍事力容認論になる傾向があるから、むしろ自衛権否定論のほうが憲法九条に適合的といえる。(23)

第二は、非武装中立（永世中立）論に懐疑的だということである。旧社会党は、冷戦後、最小限自衛力としての自衛隊と日米安保を容認して、非武装中立を放棄した。共産党は非同盟中立を主張することで、自衛中立へのこだわりをもっているし、中立といっても必ずしも、あらゆる軍事同盟を否定する厳格な中立ではなかった。これらの見解は、中立が憲法九条の規範的要請ではなく、不可欠のものではない（単なる政策）とみる傾向にある。しかし、それでは集団的自衛権論や軍事同盟への対抗理論としては弱いように思われる。

また、非武装は重視するが、中立は不可欠ではないという見解も多いように思われる。しかし、非武装だからこそ他国に守ってもらうという論理もありうる（一九五一年の日米安保締結の正当化論）ので、非武装と中立（永世中立）をセットで考えるのが、憲法九条に適合的と思われる。コスタリカ憲法では、非武装主義の当然の発展として永世中立政策を位置づけている点が参考になる。(24)

第三は、平和を人権保障の観点から位置づけることが不徹底になるということである。軍事力による安全保障を例外的にせよ必要と考える見解は、軍事力による殺傷を容認することになるから、非軍事に力点をおく「人間の安全保障」ないし平和的生存権論の観点が徹底しない。(25)また、防衛手段として軍事力に依存する思考と制度の余地を残す限り、「国家の安全保障」論、固有の軍事的合理性論、一定の有事法制必要論などを完全には排除しえないという問題が考えられる。

五　おわりに

「改憲」論は、日本を世界と同様の「普通の国」にするべく、憲法九条改正を中心として、日本国憲法の全面的改正を意図しているが、それは、日本国憲法の特質である二一世紀型立憲平和主義ないし憲法九条の世界的先進性を全く無視している点で疑問がある。他方、「護憲」論については、一定の武力容認論に立つ「相対的平和主義」を前提に、憲法九条の世界的先進性を唱える形の護憲論を展開することが首尾一貫するのか疑問がある。完全非武装論に立つ絶対平和主義の観点を、さまざまな方法で追求していくことが、憲法九条の平和主義に課せられている課題ではないかと考えられる。

（1）不破哲三・井上ひさし『新日本共産党宣言』（光文社、一九九九年）一四八―一四九頁、日本共産党二〇〇〇年九月第七回中央委員会総会、同一一月第二二回党大会決議。
（2）浦田一郎『現代の平和主義と立憲主義』（日本評論社、一九九五年）六四頁、横田耕一「『護憲』政党＝社会党の『変節』」『法律時報』六六巻六号四〇頁以下。
（3）浦田賢治「ハーグ市民社会会議の憲法学的課題」杉原泰雄先生古希記念論文集刊行会編『二一世紀の立憲主義』（勁草書房、二〇〇〇年）二四三―二四四頁。
（4）深瀬忠一「恒久世界平和のための日本国憲法の構想」深瀬忠一・杉原泰雄・樋口陽一・浦田賢治編『恒久世界平和のために』（勁草書房、一九九八年）三五頁以下、上田勝美「日本の立憲平和主義に関する理論と課題」前掲『二一世紀の立憲主義』二〇一頁以下など。なお、以前の深瀬説が絶対平和主義に入るかは疑問の余地もある。
（5）樋口陽一「立憲主義展開史にとっての一九四六年平和主義憲法」深瀬忠一ほか編・前掲書（注4）一三八―一三九頁。
（6）高作正博「立憲主義と周辺事態法」全国憲法研究会編『憲法問題10』（三省堂、一九九九年）九二頁以下。当該見解を早くから主張していた田畑忍、上田勝美らの見解などについて、澤野義一「非武装中立の現代的探究」全国憲法研究会編『憲法問題4』（三省堂、一九九三年）七五頁以下参照。
（7）長谷部恭男「民主主義国家は生きる意味を教えない」紙谷雅子編『日本国憲法を読み直す』（日本経済新聞社、二〇〇〇年）五八頁以下、同「平和主義の原理的考察」全国憲法研究会編・前掲書（注6）五〇頁以下。
（8）芦部信喜『憲法［新版補訂版］』（岩波書店、一九九九年）三五八頁。多数説への批判として、岩間昭道「憲法の生成と変遷」『ジュリスト』一一九二号六二―六三頁参照。
（9）松井茂記『日本国憲法』（有斐閣、一九九九年）三七―三八頁、四一頁、一九六―二〇三頁。
（10）関連論文として、水島朝穂「日本の『防衛政策』」『ジュリスト』一一九二号四八頁参照。

（11）百地章「憲法調査会の論議に期待するもの」大原康男・百地章ほか『新憲法のすすめ』（明成社、二〇〇一年）一三五頁以下は、改憲論のテーマを九条二項に絞ることを提言する。

（12）A説として田中明彦「国連・憲法・自衛隊」（山口二郎との対談）『潮』一九九三年三月号一二二頁、B説として佐瀬昌盛「憲法九条を考える」大原康男・百地章ほか・前掲書（注11）二一七頁以下、山崎拓『憲法改正』（生産性出版、二〇〇一年）八〇頁以下、百地章・前掲論文（注11）一三六頁など、C説として小沢一郎『日本改造計画』（講談社、一九九三年）一二三―一二四頁参照。

（13）澤野義一「有事法制化の動向と平和憲法の現代的活用の視点」大阪経済法科大学『法学研究所紀要』三〇号（二〇〇〇年）三九頁以下、同「日本国憲法の特質と改憲論」（前掲『紀要』）三一号（二〇〇〇年）五九頁以下参照。

（14）大石眞「憲法『改革』の時代を迎えて」『外交フォーラム』二〇〇一年一月号四六頁以下。

（15）澤野義一・前掲論文（注13の『紀要』三〇号）四一頁以下。

（16）西修『日本国憲法を考える』（文芸春秋、一九九九年）一一頁以下。その批判として、澤野義一・前掲論文（注13の『紀要』三一号）七六頁以下。

（17）『憲法を考える・4』（現代史料出版、二〇〇一年）の西修「解説」参照。

（18）樋口陽一・前掲論文（注5）一三九頁。

（19）山口二郎「国連・憲法・自衛隊」（田中明彦との対談）前掲『潮』（注12）一二二頁。

（20）進藤栄一（衆議院憲法調査会二〇〇〇年四月六日）の陳述、旧社会党の見解、「平和基本法」制定論者の見解（古関彰一、高橋進、前田哲男、山口二郎ら九人による提言『世界』一九九三年四月号）など。

（21）「違憲合法」論については、小林直樹『憲法第九条』（岩波書店、一九八二年）一四九頁以下、「合憲違法」論については、高橋進「討論・世界の安全保障と日本の選択」『シリウス』（悠々社、一九九三年）八四―八五頁参照。

（22）上田耕一郎『戦争・憲法と常備軍』（大月書店、二〇〇一年）、不破哲三・井上ひさし・前掲書（注1）などにみられる共産党の見解。

（23）澤野義一「『自衛権』論の批判的検討」大阪経済法科大学『法学研究所紀要』一八号（一九九四年）五頁以下、山内敏弘『平和憲法の理論』（日本評論社、一九九二年）一二一頁以下など参照。

（24）澤野義一『非武装中立と平和保障』（青木書店、一九九七年）一六九頁以下参照。

（25）和田進「構造的平和の構築と憲法学」『法律時報』七三巻一号（二〇〇一年）三二頁以下、浦部法穂『全訂・憲法学教室』（日本評論社、二〇〇〇年）四五四頁以下、山内敏弘「『安全保障』論のパラダイム転換」『法律時報』七三巻六号（二〇〇一年）七頁以下など参照。

第六章　国際協調主義と改憲論

一　はじめに

国際社会で国際協調主義ないし国際協力といえば、非軍事的なものと軍事的なものがあるが、日本の平和主義憲法のもとでなしうる国際協力は非軍事的国際協力に限定されると解すべきである。もっとも、現実には、自衛隊の海外派兵という形の軍事的国際協力が行われている。また、それを条文でも明確にすべきだという明文改憲論が声高になっている。それによれば、憲法九条を改正して、軍隊の保持を容認したうえで、集団的自衛権行使や自衛隊の海外派遣を可能にすることが目標となる。冷戦後の一九九〇年代以降、改憲論（護憲的改憲論も含む）の側から、「国際貢献論」の名目で国際協調主義や国際協力が強調されるようになったが、それは非軍事的国際協力ではなく、軍事的国際協力を正当化することにほかならない。しかし、軍事的国際協力が国連への協力や、より多極的な国際社会への協力というよりは、米軍協力の一環で行われている実態があることにも留意しておく必要がある。

二　国際協調主義に関する憲法理念と政府見解および改憲論

1　日本国憲法の非軍事的国際協調主義

第二次世界大戦後できた国連憲章（前文・一条）は、経済的・社会的・文化的な問題や人権保障についてだけでなく、平和と安全保障についても国際協力すべきことを目的にかかげた。そして、このような国連憲章の理念に即して国際協力を行うこと（国際協調主義）が、各国憲法の共通の基本原則になっている。しかし、とくに平和と安全保障に関する国際協力の方法として、軍事的な方法で協力するか、非軍事的な方法で協力するかは、国連憲章自身（四三条）が認めているように、各国憲法に委ねられており、軍事的に国際協力する法的義務はない。したがって、日本が憲法九条に基づいて、軍事的な国際協力を行わないことは何ら問題ではない。

このことは、日本国憲法制定時の政府見解で確認されていたことである。この点について、幣原喜重郎国務大臣は次のような趣旨のことを述べていた。すなわち、国連と日本国憲法の目的は共鳴するところが少なくないことを踏まえたうえで、日本が国連に加入したさいに、日本の中立を破るような国連制裁の要請を求められたとしても、憲法九条の適用ということを主張して、そのような国連の要請に協力できないという方針をとっていくのが一番よい。そうすれば、世界の世論は日本に集まってくる。武力や交戦権のないことは意とするに足りないと（一九四六年）。また、国連加盟申請時（一九五二年）においても、外務省では、軍事的制裁措置については憲法九条に基づいて留保するものとされていた。そして、自衛隊が発足した時点では、国会決議で（一九五四年）、自衛隊の海外派兵については行わないものとされていた(1)。

日本がなすべき国際協力は、自国のことのみに専念せず、対外的には、他国の主権を尊重しつつ、戦争の原因となっている偏狭や欠乏などの社会的な構造的暴力を除去し、諸国民の平和に生存する権利を保障できるような、非軍事的な方法での国際協力である。これが、憲法前文と九条から導き出される国際協調主義、積極的平和主義である。また、憲法に適合する「確立された国際法規」を誠実に遵守し、国内的に具体化することも（九八条）、国際協調主義である。ここには、改憲論者がいうような「一国平和主義」はうたわれていない。

2　政府および改憲論の軍事的国際協調主義

以上のような国際協調主義に対して、日本政府こそ消極的な「一国平和主義」の政策をとってきている。国内的にみると、戦後補償や在日外国人の人権保障、あるいは国連が中心になり作成した国際人権条約の批准・具体化などについては消極的である(2)。この後者に関しては、国際人道法についても同様のことがいえる。例えば、政府は国際人道法であるジュネーヴ条約追加議定書を二〇〇四年にやっと批准することになったが、それは、有事法制との整合性をはかるためのものであり、憲法の理念に即した的確な実施を行うとしているのか疑問がある。というのは、例えば、同条約五九条で保障される無防備地域宣言について自治体が行うことに対し、政府が反対しているからである(3)。対外的にみると、日本が被爆国であるにもかかわらず、国際社会での核兵器の廃絶などの軍縮においても積極的とはいえない。

それ対し、一九九〇年代以降、政府はＰＫＯ協力法、周辺事態法、テロ対策特別措置法、イラク復興支援特別措置法を次々と制定し、自衛隊の海外派兵については積極的に推進してきている。これは武力行使を目的としない国際貢献ないし国際協力であるから、憲法九条に反しないという説明がなされているが、疑問である。それは、憲法九条の要請する中立義務に反する軍事的国際協力、あるいは集団的自衛権行使に該当する軍事的国際協力である。その本質的目的は、グローバルに展開している日本企業の海外権益と軍需経済の活性化、および日米安保条約に基づく米軍への協力にある。

このような政治経済や軍事的背景があるために、自民党などの保守政党だけでなく、経済同友会・商工会議所・経団連といった経済界も、二〇〇四年末から順次、軍隊の保持、集団的自衛権行使、国際協力のための自衛隊海外派兵などを可能にできるように、憲法九条二項の改正を提案しているのである。それと同時に、あらゆる海外派兵に対応できる「海外派遣恒久法」の制定や、自衛隊の国際協力活動を国土防衛と並ぶ、自衛隊の「本来任務」に格上げする自衛隊法改正も提案している（二〇〇六年一二月法改正成立）。

3　軍事的国際協調のための改憲案

軍事的国際貢献を容認するための改憲案の多くは、憲法九条一項は基本的に維持するが、二項を改正して、自衛のための軍隊をもつことができることを明記する。そして、国際平和の維持回復や人道支援のための国際協力ないし国際貢献として自衛隊の海外派遣ができる規定については、二項で明記する案と、三項で明記する案がみられる。「国際貢献」を憲法前文に明記すべきだとする案もある。

それに対し、読売新聞社の改憲試案（二〇〇四年第三次試案(4)）のように、「国際協力」という独立した章を設けて、平和と安全の維持および回復だけでなく、人道的支援のための国際協同活動（国連以外の多国籍軍の活動も含まれる）に、必要な場合には軍隊を派遣できることを規定する案もある。なお、同試案の憲法前文で、「国際協調の精神」を強調しながら、諸国民の平和的生存権への言及がなくなっている（それに代わって、日本民族の歴史と伝統を活かした国づくりが強調されている）のは、不可解である。

三　軍事的国際協調主義論の諸相

1　自衛隊海外派兵の根拠としての国際協調主義

自衛隊海外派兵の根拠として国際協調主義を使っている見解としては、次のようなものがある。例えば、小泉首相（明文改憲論指向）は、テロ対策特別措置法による自衛隊の海外派遣の根拠について、「憲法九条に抵触しない範囲内で、憲法の前文及び第九八条の国際協調主義の精神に沿って、わが国が実施し得る活動として実施措置を定めた。戦闘行為には参加しない。集団的自衛権の行使で国際協力するわけではない」と述べている（二〇〇一年一〇月一〇日衆院本会議）。

また、憲法改正を提言しているわけではないが、小泉首相の諮問機関が出した「安全保障と防衛力に関する懇談会報告書」（二〇〇四年一〇月）は、「憲法が規定する平和主義、国際協調主義の下で、国民を守る自衛の努力と国際平和協力の両者を日本の安全保障の基本方針と結論づけ」ているが、自衛隊の国際平和協力に関しては、国際平和協力活動を自衛隊の本来的任務として位置づけること、自衛隊派遣の一般法を整備すること、紛争終了後の国家再建において文民や民間企業が活動できるよう治安に当たったり、多国籍軍の後方支援を行ったりすること、国際的なテロ対策への協力、そして、これらの協力において日米協力を平素から活発にしておくことなどが、現行憲法の枠内でも可能なものとして提案されている。

法学者の見解としては、国際法学者の大沼保昭の説（護憲的改憲論）を取り上げておこう。大沼は、憲法九条や

「憲法前文に示された国際協調主義」のもとでは、「侵略や人道法の大規模な侵害を阻止・鎮圧する国連の（決定、要請、授権のある）軍事行動には、それが武力行使を伴うものであってもできるだけ参加して悲惨な事態を終わらせることに他国と共に力を尽くし、ましてや武力行使を原則として伴わない平和維持活動には積極的に参加して国際社会の平和と安全の一翼を担うことこそ、現憲法の拠って立つ国際協調主義の積極的実現であるという解釈も、決して不可能ではない」と述べている。その前提には、これらの活動は諸国が一致して認める「国際公共的な行動」だという認識がある。「国際公共的意味をもつ武力行使」は「自国の利益追求のみを目的とする武力行使」と異なり、肯定されるべきだというのである。そのような解釈と同時に、その趣旨を改憲して明文化することが望ましいとも述べている（ただし、早急に改憲すべきだという改憲論ではない）。これが、「現憲法の前文と九条その他に示された理念を尊重し、継承しつつ、憲法を改正する」という「護憲的改憲論」である。なお、大沼は、憲法九条のもとでも、「絶対平和主義的解釈」はとらず、集団的自衛権の行使も個別的自衛権とともに認められると解釈している。(5)

その他、次に述べる自民党・小沢調査会の提言も、国際協調主義の強調による自衛隊の海外派遣を正当化しているが、それは、上述の大沼の考え方や論理と近似しているように思われる。いずれにしても、これらの見解は現行憲法のもとで可能な解釈とは思われないし、国際協調を名目とする自衛隊の海外派兵が現実的には日米軍事協力の一環として行われることなどを考慮すると、この種の国際協調主義論には賛成できない。

2　非武装中立批判の根拠としての国際協調主義

非武装中立批判の根拠として国際協調主義を使っている見解として、まず、自民党・小沢調査会（一九九二年）のものを取り上げておこう。

小沢調査会は、非軍事的平和主義や非武装中立を「消極的平和主義」「一国平和主義」であるとして批判しているのであるが、それは、冷戦後の国際貢献論を提言した「積極的・能動的平和主義」の内容として、国際社会の専制と隷従を黙認しないという憲法前文の「国際協調主義」を強調し、国際協調下での平和の維持・回復のための実力（武力）行使が、憲法九条の禁止するわが国の「国際紛争解決手段としての戦争・武力行使」に抵触せず、「国連中心主義」の「国際的安全保障」としてなら、自衛隊の海外派兵ができるという認識を前提にしているからである。もっとも、この「国際的安全保障」論は、日米安保基軸によるグローバル・パートナーシップも重視している点に留意する必要がある。

ちなみに、このような非武装中立論に批判的な当時の「国際協調主義」の論調に的確に対決しえなかった社会党は、非武装中立政策を放棄してしまった(6)。

ところで、小沢調査会のような見解は、冷戦後はじめて登場したわけでなく、すでに一九六〇年頃にみられる。日本が国連に加盟して（一九五六年）以降、国際協調主義は「国連中心主義」という概念で表現されることになった。しかし、憲法の独自性を無視して、「国連中心主義」は国連（憲章）のすべての要請に協力することであるという認識がなされると問題である。そのような認識からは、「国連中心主義」は憲法九条の「非武装中立」解釈と矛盾するとか、「集団安全保障」をいうのであれば、ヨーロッパ共同体に参加している諸国の憲法のように、主権の一部を国際機構に委譲する規定がなければならないという見解が主張されることになる。それは、改憲論との関係では、日本国憲法が時代遅れの古い憲法であり、憲法改正が必要だという結論となる（一九六一年内閣憲法調査会第六一回総会、稲葉修委員の発言）。

しかし、非武装中立と国際協調主義を対立させる見解こそ時代遅れである。この点については本稿では言及できないが、非武装永世中立国コスタリカの例が参考となろう[7]。

3　平和主義より優位する国際協調主義

平和主義よりも国際協調主義をあえて重視する見解があるが、それは、程度の差はあれ、憲法九条の改正論を容認する意図があるように思われる。その一つは、平和主義と国際協調主義を対立させる見解である。もう一つは、対立はさせないが、両者にずれがあるとみる見解である。

前者の見解として、北岡伸一の説がある。北岡は、憲法前文の国際協調主義の理念に憲法九条（とくに二項）が反しているという。それは、憲法前文の国際協調主義は普通の国と同様、武力によって維持されるものと理解されているので、非武装を規定する憲法九条は前文に反し、改正されるべきあるという見解である[8]。この見解については、憲法九条を非武装主義と解することを容認しながら、それと切り離して、前文を武力主義的に解することは、憲法規範の論理構造を無視するもので疑問である。前文と九条は、総論と各論的原則として論理的整合性があると理解しなければならないからである。

後者の見解として、棟居快行の説がある。棟居は参議院憲法調査会の参考人として、次のような趣旨のことを述べている。「平和主義」と「国際協調主義」という二つの憲法原則は、憲法学者の間では、完璧に相伴うものと考えられてきたが、国際貢献ということがいわれ出してから、両原則の間にはずれがあることが指摘されるようになり、考え直す時期にきている。一切の軍事力をもたないという宣言は、どのような危険があるかわからない国際社会において、他の国と国民を納得させるには苦しい。立派な理想を掲げていればいるほど、その実効性は怪しい。平和主義はそれ自体では世界の信頼をかち取るということには必ずしもならない。むしろ国際貢献を積極的に平和的手段で行っていくことを示すことが世界から信頼される。日本国憲法には、このような積極的な国家像が明示されておらず（「国家像なき憲法」）、憲法前文で、そのような「国際貢献」論を規定することが望ましい、と。[9]しかし、このような平和的手段による国際貢献論であれば、憲法改正して明記しなければ、国際社会から信頼されないという見解は理解できない。現行憲法の前文からは、棟居のいう国家像は読み取ることができるはずである（上述本章第二節の1参照）。

なお、棟居の調査会での発言では、国際貢献論は平和的手段によるものとされているが、軍事的手段による国際貢献論を排除していない疑いもある。というのは、別の論稿では、安保条約や自衛戦力が、現行憲法九条のもとでは違憲だとしながらも、合憲となるように「条文化するような九条の改憲がまじめに検討されてよい」と述べ、大沼の立場（護憲的改憲論）を支持しているからである。[10]

四　おわりに

非軍事的国際協力だけでは国際貢献としては不十分だとし、何らかの軍事的国際協力も必要だという、以上で取り上げてきた「国際協調主義」論は、従来の護憲的な憲法九条論からは具体的な平和政策は提示されなかったと思い込んでいるようである。しかし、それは誤解である。平和政策論は提案されているが、[11]現実政治の力学の中で生かす機会がえられていないのである。現在世界で展開されている軍事的国際協力がはたして世界平和に貢献しているのかを検討すれば、むしろ軍事的国際協力こそが問題とされる必要があるのではなかろうか。

（1）国会決議の解釈も含め、澤野義一『永世中立と非武装平和憲法』（大阪経済法科大学出版部、二〇〇二年）二一二頁以下参照。
（2）山内敏弘『人権・主権・平和』（日本評論社、二〇〇三年）三一七頁以下。
（3）澤野義一「有事法制と無防備地域条例制定の意義」憲法理論研究会編『現代社会と自治』（敬文堂、二〇〇四年）一一三頁以下。同『入門　平和をめざす無防備地域宣言』（現代人文社、二〇〇六年）も参照。
（4）読売新聞社編『憲法改正　読売試案二〇〇四年』（中央公論新社、二〇〇四年）参照。
（5）大沼保昭「護憲的改憲論」『ジュリスト』一二六〇号（二〇〇四年）一五〇頁以下。
（6）澤野義一・前掲書（注1）二一八頁以下参照。
（7）澤野義一・前掲書（注1）一一二頁以下、同「永世中立による平和政策と安全保障」全国憲法研究会編『憲法と有事法制』（日本評論社、二〇〇二年）二七二頁以下。
（8）北岡伸一「歴史と憲法と平和の条件」『THIS IS 読売』一九九三年二月号参照。
（9）棟居快行の参考人発言。二〇〇四年四月二一日参議院憲法調査会会議録（憲法の総論――前文についての調査）参照。
（10）棟居快行「九条と安全保障体制」『ジュリスト』一二六〇号（二〇〇四年）七五頁以下。
（11）深瀬忠一ほか編『恒久世界平和のために』（勁草書房、一九九八年）など参照。

第七章　自衛権および最小限防御力容認論の批判的検討

一　はじめに

日本の憲法が平和憲法といわれてきたのは、憲法九条が非戦・非武装主義の観点からみると、第二次世界大戦後、世界でもっとも先進的であるという広範な認識があったためである。しかし現実的には、憲法九条の理念とは異なり、戦闘行為ができる世界有数の自衛隊が存在するに至っている。自衛隊は、自衛隊法や有事法制などに基づいて専守防衛を行うだけでなく、日米安保条約やイラク特別措置法などに基づいて、海外で軍事行動を展開してきている。専守防衛の根拠となる個別的自衛権が行使できるという認識は当たり前となり、米軍と海外で共同軍事行動ができる集団的自衛権行使の体制も、なしくずし的に容認されつつある。

このような状況に歯止めをかけるには、自衛隊の存在を容認したうえで、例えば専守防衛ないし最小限自衛力に限定した制約を課せればよいといった「現実主義」的な憲法論を唱える傾向が、以前にもまして目立ってきている。しかし、それは、場合によっては、最小限自衛力容認を明記する憲法九条「改正」論とも共鳴しあうことになる恐れもある。

また、確かに、自衛隊のイラク派兵については、保守派の専守防衛論者からも違憲訴訟が提起され、現行憲法の「改正」に反対する護憲派と共闘した運動が展開されていることを考慮すると、「現実主義」的な憲法論も、現在の危機的な憲法情勢や改憲論議のもとでは、運動論的には評価できないわけではない。しかし、そうだからといって、憲法九条の自衛権論などについて、現実に合わせた解釈論を展開することは疑問である。

筆者は以前にも自衛権論について検討したことがあるが[1]、以上のような点を考慮して、平和憲法に関する重要な理論問題の一つである自衛権論のうち、個別的自衛権と最小限防御力容認論について、近年、新しい装いの下で主張されている見解なども取り上げて批判的に検討する。

二　自衛権概念について

憲法九条のもとで国家の自衛権を容認するか、容認しないかといった解釈や評価をするさい、その前提として、自衛権の定義をしておかないと議論が不明確になるので、まずこの点について言及する[2]。

自衛権の観念は、世間（世俗）的には、非常に素朴に、国家の存在そのもの、国を守ること、祖国愛などとほぼ同義に、あるいは軍事力で防衛する主権国家の当然の権利のように考えられている。しかし、このような世俗的な観念は、法学の専門的な世界のものとは、必ずしも一致しない。もっとも、自衛権の意味は、国際条約や憲法などで定義されているわけでなく、理論的に定義されているので、法学者の間でも、自衛権の定義や権利的性格づけは一様ではない。

ところで、伝統的・一般的には、自衛権は、国家が武力で自衛する権利（武力による自衛権）であるが、もう少し法律論的にいえば、他国の違法な武力攻撃に対して、武力で反撃でき、反撃に緊急性と均衡性があれば、武力行使の違法性が阻却される（合法とされる）権利であると定義される。これが、自衛権の核心を説明する定義といえよう。

しかし、その権利的性格については解釈が分かれる。以下に述べる説は、あらゆる個々の論者の主張を必ずしも厳密に表現するものではなく、大まかな類型化である点に留意されたい。

a説は、当該自衛権は主権国家に固有の権利（一種の自然権）として、憲法によっても放棄できないと解する。この説によれば、自衛権の放棄は国家の否定を意味するから、好ましくないのである（本章第三節を参照）。

b説は、当該自衛権は主権国家に固有の権利でなく、憲法によって放棄できると解する。自衛権は国家主権の主要な権限の一つにすぎず、憲法が明確に武力を放棄していると解されるならば、当該自衛権も放棄されていると解される。この場合、武力以外の方法による自衛措置をとること（武力によらない平和保障）は、主権国家の権限・責務であり否定されないから、自衛権の放棄は必ずしも国家の否定を意味しない。なお、この説では、武力によらない自衛措置権は、自衛権とは呼ばない（本章第七節を参照）。

c説は、当該自衛権は主権国家に固有の権利ではないが、憲法によって、武力の保持が明確に放棄されていると解されない限り、自衛権は放棄されていないと解する。その前提には、国際法や国連憲章で、各国に武力的自衛権が保障されていることも理由になっているものと思われる（本章第四、五、六節を参照）。

d説は、b説のところで言及した「武力によらない自衛措置権」も自衛権として定義するため、このような自衛権であれば、主権国家そのものを維持する権利に等しく、放棄することができないのは当然であろう。この説によれば、伝統的な「武力による自衛権」だけでなく、「武力によらない自衛権」も自衛権と考えられている。d説は、憲法九条との関係で生み出された日本的な新しい自衛権論であり、伝統的なa、b、c説と自衛権の定義が異なることに留意する必要がある（本章第七節を参照）。

以上の諸説について、若干のコメントを加えておきたい。

まず、d説は、戦後、最小限自衛力や自衛隊を違憲とし、憲法九条に関する護憲論の多数説を占めてきたものである。一九五〇年前後の政府見解がd説の端緒をなすが、政府がこの見解を放棄して以降、護憲論によって継承発展させられることになった。

b説は、戦後当初にもすでにみられた説であり、現在でも護憲論の有力な少数説として発展的に継承されている。その主張は、実質的にはd説とほぼ同じ内容もみられるが、自衛権の定義が異なる。そうすると、bとd説に関しては、自衛権の用法・内容とその使用効果の是非が検討される必要があろう。

c説は、護憲論の中でも、最小限自衛力を容認する見解にみられる。それは、冷戦後に登場した「平和基本法」制定論、最近では、新書版などで目立っている小林正弥の「武装中立」論や長谷部恭男の「温和な平和主義」論などにみられる。ただし、c説は、自衛力保持を明文で明確にすべきだという改憲論（「護憲的改憲」論）と論理的には結びつくこともありうる。なお、c説の中には、b説と同様、理論的には自衛権放棄の可能性を認める説もあるが、憲法九条の解釈論としては、自衛権と自衛力容認論になりがちである。

a説は、一九五四年以降の政府見解や改憲論などにみられる。

a、c、d説は、内容に相違があるが、いずれも自衛権を容認する点で共通しているが、とくにa説については、憲法と無関係に、自然権的に国家に自衛権を付与している点は疑問である。なぜなら、自然権は個人にしかなく、社会契約（憲法）によってのみ成立する国家や自衛権を自然権的に存在するものとして認識することは、自然法思想からみても困難だからである。cとd説については、その実質的な内容の是非が検討される必要がある。以下、最小限防御力容認論（a、c説）を主に検討する。憲法九条との関連での「武力によらない自衛権」論（d説）と、私見でもある自衛権放棄説（b説）については、紙数の制約で、本章の最後で簡単にふれるにとどめる。

三　政府見解

憲法九条に関し、武力による自衛権容認論が戦後はっきりと打ち出されるのは、自衛隊を創設（一九五四年七月）した鳩山内閣になってからである。一九五四年一二月二二日の衆院予算委員会で、大村防衛庁長官は、「憲法は戦争を放棄したが、自衛のための抗争は放棄していない。…他国から武力攻撃があった場合、武力攻撃そのものを阻止することは、自己防衛そのものであって、国際紛争を解決することとは本質が違う。従って、自国に対して武力攻撃が加えられた場合に、国土を防衛する手段として武力を行使することは、憲法に違反しない。…憲法第九条は、独立国としてわが国が自衛権を持つことを認めている。従って自衛隊のような自衛のための任務を有し、かつその目的のため必要相当な範囲の実力部隊を設けることは、何ら憲法に違反するものではない」と述べた。また、この時期から、「自衛のための必要最小限度の実力」は「戦力に至らない自衛力」として合憲と解釈されるようになった。

しかし、戦後当初から一九四九年前半までの時期においては、自衛権を容認することに懐疑的な見解が支配的であった点に留意すべきである。

例えば、吉田茂首相は、一九四六年六月二六日の衆院本会議における発言で、「戦争放棄に関する本案の規定は、直接には自衛権を否定しては居りませぬが、第九条第二項に於いて一切の軍備と国の交戦権を認めない結果、自衛権の発動としての戦争も、又交戦権も放棄したものであります。従来近年の戦争は多くは自衛権の名に於いて戦はれたのであります」と述べた。また、二日後の二八日の同本会議において、不正の戦争と自衛のための正しい戦争を区別したうえで、戦争一般の放棄ではなく、侵略戦争だけを放棄するのが的確ではないかという共産党の野坂議員の質問に対して、吉田首相は、「国家の防衛権に依る戦争を認むると云ふことは、偶々戦争を誘発する有害な考へであるのみならず、若し、国際団体が樹立された場合に於きましては、正当防衛権を認むると云ふことそれ自身が有害であると思ふのであります」（正当防衛権は自衛権の意）と述べた。

吉田首相の発言については、直接には自衛権を否定してはいないという個所にかかわって、間接的あるいは実質的には自衛権を肯定しているという解釈や、自衛権の存否は明言していないという解釈もみられる。しかし、当時の国際法の常識（現在も同様）からすれば、自衛権は自衛のための戦争（武力による自衛）権限に外ならないから、自衛戦争を放棄したというのは、自衛権を実質的に否定していると解釈することもできよう。

当時、自衛権放棄を明言する学説の例として、牧野英一は、「国際連合憲章は、戦争について強い制限を規定しているのであるが、しかし各国に対し、その自衛権の行使はこれを認めるのである。これに対し、わが憲法は、その自衛権をもなお放棄することにしたのである」と述べている（一九四九年）。幣原喜重郎（元首相）の場合には、「国家の自衛権は認められるべきとか、ないとか云ふ議論は人類が尚今後の大戦争に耐へて、生き残り得られることを前提とするもので…全く空理空想」とさえ述べている（一九四六年一一月進歩党大会）。

それに比べ、自衛戦争肯定の自衛権論は少数説であったといえる。例えば、芦田均は、「（九条の戦争放棄は）国際紛争の解決手段たる場合であって…侵略戦争といふことになる。従って自衛のための戦争と武力行使はこの条項によって放棄されたのではない」と述べている（一九四六年一一月）。

ところで、一九五四年頃から主張されるようになった政府の「最小限自衛力容認論」は、芦田均のような、自衛の戦争・戦力肯定論からではなく（政府は憲法九条のもとで自衛戦争の観念を認めていない）、外ならぬ国家自衛権から自衛力と自衛隊を正当化している点に注意すべきである。これ以降は、自衛権の発動の要件や範囲、あるいは自衛力の限界をめぐる問題に争点が移行することになるが、政府は、自衛権発動や自衛力保持に関する必要最小限度の基準を厳格に維持しようという姿勢に欠け、とくに自衛力保持の基準に関しては、自衛力の制約にならない定義をしているという問題がある。それは以下の通りである。

自衛権の発動については、佐藤内閣の答弁書は、「いわゆる『海外派兵は』、自衛権の限界をこえるが故に、憲法上許されない」が、「かりに、海外における武力行動で、自衛権発動の三要件（わが国に対する急迫不正な侵害があること、この場合に他に適当な手段がないこと及び必要最小限度の実力行使にとどまるべきこと）に該当するものがあるとすれば、憲法上の理論としては、そのような行動をとることが許されないわけではない」と述べている（一九六九年四月）。ここには、大陸間弾道弾による攻撃をうけるような場合、「（外国の）発進基地をたたくことも自衛権の範囲」として想定されている（一九六四年三月参院予算委、林政府委員答弁）。

自衛力については、福田内閣で金丸防衛庁長官が、「保持を許される自衛力の具体的な限度については、その時々の国際情勢、軍事技術の水準その他の諸条件により変わり得る相対的な面を有する」と述べた（一九七八年二月）のに続いて、福田首相は「憲法の純粋な解釈論といたしましては…自衛のため必要最小限度の兵備はこれを持ち得る、ということでございまして、それが細菌兵器であろうがあるいは核兵器であろうが差別はないのだ」と述べた（同年三月）。

要するに、政府は非核三原則を政策として掲げてはいるが、憲法解釈論としては、必要最小限の自衛力論によって、核兵器でさえ、憲法九条が禁ずる「戦力」に至らない実力として保有できるのである。このように都合のよい自衛権と自衛力論は、明らかに問題である。国家権力の行使すなわち政府の政策決定が憲法規範の厳格な制約のもとで行われることが立憲主義（立憲民主主義）だとすれば、戦後日本政府の憲法運営は反（非）立憲主義である。また、政府の安保・軍事政策を正当化する反立憲主義に立つ勢力は、憲法九条が時代遅れだとして憲法「改正」を提唱しているが、憲法「改正」したからといって、立憲主義が守られるのか疑問である。

四　「平和基本法」制定論

憲法九条の「改正」に反対し、平和憲法を擁護しようとする護憲論の中にも、最小限防御力を容認する見解がある。それは、政府的な安保・軍事政策と異なり、現状の自衛隊を容認するものではなく、むしろ違憲の自衛隊の縮小・改編を指向している。しかし、国家自衛権の存在を強調し、最小限自衛力を容認する点で、自衛権の基本的な論理構成としては、政府見解と大差がないように思われる。冷戦後の一九九〇年代に、このような論調が目立つようになった。

例えば、共著『自衛隊をどうするか』(3)の中で、新藤宗幸は、戦後の護憲勢力の「完全非武装」論に対し、より現実主義的に、外国軍による軍事侵犯、テロなどの国際犯罪、国際社会のアウトローによる原発や産業構造の破壊などを防止するため、対外攻撃能力をもたない本来の「専守防衛」ないし「最小限防御力」（「クモの巣」）論を提示し、これを正当化するため、政府のいわゆる「自衛権発動の三要件」の適用も可能とされる。また、この考えに基づき、前田哲男は、沿岸防備としてミサイル艇、哨戒艇、小型潜水艦など、防空として迎撃戦闘機、早期警戒網、防空ミサイルなどの具体的な装備編成を提唱している。

このような議論には、一九八〇年代の欧州の平和主義研究者らによって提示された「防御的防衛論」とか「非挑発的防衛論」が下敷きにされているように思われる。「防御的防衛論」とは、北欧諸国や武装中立諸国を念頭にして考えられた専守防衛的な安全保障論である。戦争の原因を社会的な差別や偏見など（「構造的暴力論」）に求め、できるだけ紛争を平和的に非暴力的に解決することを提案しているヨハン・ガルトゥングなどは、そのような安全保障論者である。彼は、非暴力論や軍備廃止論を指向しながらも、「絶対平和主義」でなく、憲法九条に自衛権を認め、完全に防衛的な性格の装備までは放棄する必要はないとの解釈を提示している[4]。

しかし、専守防衛や武装中立論を想定して、憲法九条を解釈するガルトゥングの見解には疑問がある。例えばスイスなどでは、武装中立は政策的にも憲法解釈としても、ほとんど異論なく容認されるものであるが、憲法九条が非武装主義をとっているとする立場からは、ここでは論証は割愛するが、むしろ武装中立ではなく、非武装永世中立が適合すると思われる。

それはともかく、上記の新藤や前田の安全保障論に見合う自衛権論の再構成は、雑誌『世界』[5]で、古関彰一・高橋進・前田哲男・山口二郎・山口定・高柳先男・鈴木佑司・坪井善明・和田春樹の九人によって提案されている。そこでは、最小限防御力を正当化するために、「平和基本法」を制定することも提案されているが、当該自衛権論の疑問点について、以下に指摘しておこう。

その第一は、自衛権の根拠の再構成論の問題である。当該論者は、自衛権の根拠が主権国家「固有の権利」ではなく集団的安全保障ないし国連憲章にあると考えれば、自衛権の濫用がなくなるという。しかし、これは「再構成」とはいえない。というのは、現代国際法は、自衛権の根拠をすでに国連憲章に求めているし、それ以外に国際慣習法に求めているからである。また、自衛権を憲章に求めたからといって、自衛権の濫用がなくならないことは、アメリカなど国連加盟国の歴史をみれば明らかである。逆に、スイスなどは従来国連に加盟していなかったが、自衛権は有していたし、国連加盟国よりもはるかに自衛権濫用の危険性はほとんど考えられなかった。それは、自衛権概念自体の再構成よりも、むしろ永世中立の方が、自衛権濫用の抑止に寄与することを示唆しているといえる。

第二の問題は、当該論者が、最小限防御力による自衛権発動の対象として、軍事侵犯以外にテロによる国際犯罪などを想定していることである。しかし、外国からの軍事侵犯以外の方法でなされる自国（国民）への法益侵害や間接侵略は、軍事的「自衛権」の対象ではなく、「警察権」の対象であるという説からみれば、当該論者の主張は自衛権概念の拡張である。それは、自衛権の濫用をなくそうという論者の目的と矛盾するように思われる。

第三は、万一の侵略を想定し、侵略に対して武力的・軍事的な自衛措置が必要だという立場がとられているが、それが現実的に有効で可能なのか。また、その立場からいえば、何らかの有事法制や国民保護法なども必要とするのか。この点も検討されなければならないだろう。そのさい、非武装・非暴力・不服従による市民的抵抗が、武力による抵抗よりも被害が少ないという観点をもつことが重要と思われる（本章第四、六節も参照）。この点では、むしろガルトゥングの見解が参考になる。

第四は、憲法九条解釈の問題である。当該論者は、「[憲法九条]一項からあらゆる戦争を放棄」する解釈は、「非武装中立を直ちに実行する以外に道はな[い]」から採用できないとして、もう一つの護憲派の解釈、つまり「一項はあらゆる戦争を否定したものではないが、二項であらゆる戦力を禁止しているため、結果的に自衛戦争も禁止される」という説ないしは長沼ミサイル基地事件一審判決の立場に立つという。とはいえ、「自衛権」とそれに基づく「最小限防御力」を容認するのである。しかし、この自衛権論は、長沼一審判決と類似のものであると解することには疑問がある。というのは、長沼一審判決は、一般的には、「武力によらない自衛権」論と理解されており、「最小限防御力」を容認していないからである（本章第七節を参照）。それはともかく、「平和基本法」論は、自説を「武力によらない自衛権」論に位置づけていることと、非武装中立論には懐疑的であることなどを特色としている。

なお、上述の「平和基本法」制定論は、非武装中立政策を放棄し、最小限自衛力としての自衛隊と日米安保を容認した当時の社会党の安保政策（一九九三～一九九四年）に影響を与えた点にも、留意しておく必要があろう。

その他、上述の最小限防御力容認論は憲法解釈としてなされているが、同時に、当該論者の中には、最小限自衛力を憲法九条の「改正」で正当化することもありうる点に留意しておく必要がある。例えば、憲法九条に第三項を追加して、最小限防御力をもてることを明記するという説である。山口二郎などは、そのような主張をしている。(6) それは、改憲論との関連でいえば、「加憲」論であり、憲法の精神に従って憲法を変えるという「護憲的改憲論」ともいえる。

このような「護憲的改憲論」には与しないで、憲法解釈で最小限防御力が容認できれば、憲法九条の「改正」はあえて必要がないという護憲論もみられる。以下に取り上げる長谷部恭男の「温和な平和主義」論や小林正弥の「武装中立」論である。近年、類似の説は他にも目立つようになっているが、紙数の関係で、今後関心をもたれると思われる長谷部説と小林説を中心に検討する。

五　長谷部恭男の「温和な平和主義」論

長谷部の平和主義論（『憲法と平和を問いなおす』[7]）は、完全非武装論に立った自衛隊違憲論と、政府の政策を追認するだけの自衛隊合憲論（憲法に対しては改憲論）のいずれにも与しないで、平和に対する価値観が異なっても、多くの国民が妥協できる安保政策として、最小限自衛力容認論を打ち出しているように思われる。それが、「温和な平和主義」であり、長谷部流の「立憲主義」ないし憲法論から導き出される。

長谷部によると、憲法とりわけ「リベラルな立憲主義」は、特定の価値観に立って、例えば軍備を放棄せよといった「善き生き方」（絶対平和主義）を市民に教えるものではない。というのは、「立憲主義」は、多様な価値観を抱く人々が、それでも協働して、社会生活の便益とコストを公正に分かち合って生きるために必要な、基本的枠組みを定める理念であって、そこに自分が一番大切だと考える価値観を持ち込まないよう自制することが求められる。そのような自制がないと、比較不能な価値観の対立により、万人の万人による闘争を引き起こすという。このような配慮に基づいて、憲法九条は、安全保障について、一義的な解釈や政策を導き出す「準則（rule）」でなく、ある特定の方向へと導く力として働くにとどまる「原則（principle）」として理解される。

そうすると、第一の問題として、憲法九条に関する長谷部の「立憲主義」は、政府の政策決定に厳格に制約を課すべきだという立憲主義論と異なり、むしろ、政府の政策決定に柔軟な裁量の幅を与えることにならないのか危惧される。長谷部が容認する最小限自衛力の具体的内容は提示されていない（例えば、上述した「平和基本法」論者から提案されている具体的な自衛力の是非についてどう考えるのか示す必要がある）こともさることながら、その自衛力の限界も抽象的な説明にとどまっている。例えば、「国家の非合理的行動をあらかじめ抑制するための合理的拘束として憲法九条をとらえるとすれば、保持しうる実力組織にはおのずと限界がなければならない」といったように。長谷部の「立憲主義」は、結局、国家権力の規制について楽観的のように思われる。

なお、長谷部は、憲法九条が以上のように解釈できるとすれば、憲法を「改正」する必要はないとされる。

第二の問題として、最小限防御力論といえ、特定の価値観であると考えれば（なぜなら、それに反対する多数の市民や学者などの意見があるから）、それが憲法解釈論のレベルで、憲法九条の妥当な解釈であると、どうしていえるのか説得力に欠ける。非武装主義については憲法九条から一義的に導き出されないが、最小限防御力論なら憲法九条から一義的に導き出されるのは何故なのか。(8) それは、憲法九条を準則でなく原則とみる長谷部の理論的前提と矛盾する。そもそも憲法九条を準則か原則かに割り切って認識することには無理があるし、憲法九条を準則的な原則として解することもできよう。(9)

その一方で、現実論のレベルで、非武装主義や非暴力主義などを憲法九条の安全保障において重視する平和主義については、非現実的だとして排除する。例えば、非暴力不服従運動について、それが成功するためには、相手方が占領活動に関する戦争法規を遵守することが前提となるが、それが遵守される保障はなく、実効的に平和を回復する手段となるか疑わしいとされる。この関連でいえば、無防備地域宣言などについても否定的にならざるをえない。(10)

また、人民武装（パルチザンなど）や世界警察への依存も、現実的手段としては考えにくいとして否定される。しかし、この批判の仕方にも疑問がないわけではない。確かに、例えば非暴力不服従運動が、いかなる侵略に対しても有効であるかは断言できない（非暴力主義者がそのような断言をしているわけでもない）が、歴史的には有効な場合もあったことも事実である。また、占領軍が戦争法規（ジュネーヴ条約などをさすが、今日では武力紛争法ないし国際人道法と称することの方が一般的である）を遵守しないことはアメリカのイラク占領などでみることができる。しかし、戦争法規が完全には守られていないとしても、戦争法規が無意味なわけでなく、戦争法規を占領軍に遵守させることが、国際社会や世界市民運動（イラク国際民衆法廷など）の課題となっているのである。

長谷部は、非暴力主義などによる平和論を非現実的だとして批判するが、長谷部が自ら正当化する最小限自衛力の現実的有効性について説得的な説明は何ら示されていないように思われる。結局、長谷部の平和論は、価値多元主義的な立論を装いながら、長谷部の個人的な平和観が表明されているように思われる。

なお、長谷部は最小限防御力を容認しているから、自衛権も容認していると考えられるが、国家に固有の自衛権という見解には懐疑的である。すなわち、個人には急迫不正の侵害に対し実力をもって防衛する権利があるが、国家はそれ自体として約束事に基づく抽象的な存在にすぎず、それに固有の自衛権があるという議論はさほど説得力があるとはいえないと述べているが[11]、この点については、私見としては賛成できる。

六　小林正弥の「武装中立」論

小林の平和論の立場（『非戦の哲学』[12]）は、絶対に非攻撃の方針をとる点で非戦論の伝統に連なっているが、防衛において武力的抵抗の可能性を排除しない点において「新・非戦論」である。もっとも、非暴力抵抗論なども排除されてはいない。小林は、このような非戦論を、戦後の「反戦平和論」に代わる新世紀の平和論であり、前世紀の左右の対立軸を乗り超えてゆくべき「第三の道」ないし「平和公共哲学」であるという。その平和哲学の内容は、西洋文明やイスラム文明などとは異なった色彩をもつ日本文明の理念を、新世紀において、日本的な「和」の観念に基づいて再構成され、冷戦後の宗教・民族など「文明の衝突」の危険に対する「地球的平和主義」を課題とする。

しかし、その大きな哲学的・文明論的な課題はともかくとして、具体的に提起されている平和論の主張内容は、基本的には、従来からも一部で提唱されていた「武装中立」論であり、新奇とはいえないように思われる。

小林によれば、小紛争が頻発する今日の世界においては、専守防衛は冷戦期以上に必要であり、テロ対策や危機管理は邦人保護のためにも重要であるが、かつての社会党のような自衛隊・安保違憲論では、そのような要請に応えることは難しい。攻撃に対して抵抗せず、すぐに白旗を掲げて降伏することではいけない。過渡期においては、非武装中立ではなく、武装中立の立場をとらざるをえない。しかし、武装の肯定は、必ずしも改憲の必要性を意味しない。なぜなら、憲法九条と自衛権は両立すると解釈できるからだという。この議論については、小林は、坂本義和の平和論に依拠する。

坂本は以前から、絶対平和主義に対する相対平和主義の立場から、武装中立論を唱えていたことはよく知られている。[13]また、国に自衛権があり、そのことが憲法に抵触しないと考えられるから、自衛権行使を合憲にするためと称する憲法改正には反対である、といったことも述べている。[14]

なお、小林の「中立」論の内容は、例えばイスラム文明と西洋文明間の文明衝突戦争のような場合に、どちらの文明にも属しない日本（あるいはアジア・アフリカ諸国）が、世界の第三極を形成して、「非同盟・中立」の立場から、「文明の対話」などに協力すべきだという点が強調されている。

このような視点も重要ではあるが、小林の「中立」論については、イデオロギー的な中立論に力点があることが気になる。安全保障における中立の基本は、文明的戦争といった現象的な中立ではなく、いかなる武力紛争からも中立を保つという国際法的な中立として理解すべきである。また、一般的・世界的には、非同盟・中立は、非武装中立（永世中立）ではなく、集団的自衛権を否定していないことを考慮すると、憲法九条のもとで、安易に非同盟・中立論を主張することには疑問がある。というのは、多くの護憲論からすれば、憲法九条のもとでは集団的自衛権は認めないはずだからである。このように解すると、小林は集団的自衛権体制である日米安保についても、当面は容認してもよいという立場をとっているのであろうか。この点は、不明確である。

また、小林の専守防衛論については、その内容と有効性などについて、具体的に検討されておらず、長谷部の場合と同様、その是非について検討することはできない。

なお、「武装中立」と「非同盟・中立」論を従来から提唱しているものとして、護憲政党の共産党関係者の見解がある。それは、自衛隊と日米安保を基本的に違憲としているが、最小限自衛力を必ずしも否定していない。例えば不破哲三は、「憲法は『戦力』の保持を禁止しているが、異常な事態に対応する場合には、自衛のための軍事力をもつことも許されるというのが、多くの憲法学者のあいだで一致して認められている憲法解釈です」と述べ、自衛隊解消過程での自衛隊活用論を正当化している。(15) しかし、この解釈は、完全非武装主義でないコスタリカ憲法のような場合には妥当するにしても、日本国憲法のもとでは適切とはいえない。

七　おわりに

憲法九条のもとで、自衛権および最小限防御力を容認する諸説を批判的に検討した。憲法九条では一切の武力保持が認められないとすれば、自衛権・最小限自衛力容認論でなく、自衛権を認めたうえでの「武力によらない自衛権」論か、自衛権そのものを否認する自衛権放棄説をとらざるをえないであろう。

「武力によらない自衛権」論が政府によって自覚的に主張され出すのは、一九四九年の後半からである。例えば、同年一一月衆院外務委員会において、九条では自衛権がもてるかどうかという野坂参三の質問に対して、吉田首相は「日本は戦争を放棄し、軍備を放棄したのであるから、武力によらざる自衛権はある、外交その他の手段でもって国家を防衛する、守るという権利はむろんある」と述べた。

しかし、「武力によらない自衛権」論のもとで、警察予備隊（一九五〇年）や保安隊（一九五二年）という実力が容認されていた。また、他国から侵略を受けた場合、軍隊のない日本としては、他国の軍事援助を求めることも、「武力によらない自衛権」として肯定された(16)。それは、当時の日米安保条約の締結を正当化する理論ともなりえたといえるから、その自衛権は、「武力によらない個別的自衛権」だけでなく、「武力によらない集団的自衛権」の意味も内包されていたと考えられる(17)。

「武力によない自衛権」論が政府によって放棄されて（一九五四年）以降、この議論を継承発展させていくのは護憲論の方である。それは、自衛隊を違憲とした長沼ミサイル基地訴訟の第一審判決（札幌地裁一九七三年）にも採用され、(a)平和外交、(b)警察力、(c)群民蜂起、(d)侵略国国民の財産没収・追放、(e)国連警察行動への依存などが、武力によらない自衛手段としてあげられた。しかし、これらの手段を「国家の自衛権」として考えることが適切といえるのか、次のような点で疑問がある(18)。

(a)は外交権に含まれ、あえて「自衛権」と呼ぶ必要があるか疑問である。

(b)は「武力によらない自衛権」として肯定する説も多々みられる。しかし、警察力は侵略軍に対抗する自衛手段として使用された場合、その時点から、憲法が禁ずる「陸海空軍」以外の「他の戦力」と「交戦権の発動」に当たり違憲と解される。もちろん、個々の人命救助や治安維持に限定された警察権行使は認められる。

(c)は「国家の自衛権」というより、国家と関係なく行使される「人民の自衛権」ないし「人民の抵抗権」である。それが群民蜂起のような武装抵抗の方法をとることには賛否両論ありうるが、国家が人民に武装抵抗を命じた場合には、憲法九条と抵触することになろう。しかし、国家が人民に非武装抵抗・非暴力防衛を命じることは、「武力によらない自衛権」として許されるという見解がある。[19]この見解の実質については基本的に評価できるが、次のような疑問がある。まず、非暴力防衛などの実力行使は、武力攻撃以外の侵略（軍事占領など）に対してなら有効な場合が十分考えられるし、憲法九条のもとではとられるべき方法でもあるが（例えば無防備地域宣言[20]）、武力攻撃自体には緊急に対処できないから、武力攻撃に対して非暴力防衛を対置するのは筋違いの議論となる。また、自衛権行使の前提は、国連憲章五一条では、「武力攻撃が発生した場合」と限定されているので、武力攻撃以外の侵略に対する実力行使ないし対抗措置を「自衛権」と称すること（このような学説もみうけられるが）は避けたほうがよいと思われる。つまり、自衛権とは、他国の武力攻撃に対する武力による反撃権であるという定義を想起すべきである。

(d)についても、外国の直接的武力攻撃に対して有効かどうか疑問だし、その他の侵略にさいして行うとしても国際人道法上問題である。

(e)は国連などの「集団的安全保障」レベルの問題であり、「国家の自衛権」とは関係がない。

なお、戦後平和憲法研究を先導してきた護憲派憲法学者が中心となって自衛隊の平和憲法的改編を検討した和田英夫ほか編『平和憲法の創造的展開』[21]と、そこに掲載されている「総合的平和保障基本法試案」では、万一の武力侵略に対処するために、「平和憲法が予定し許容する武装力」として「本質的に『警察力』である警備隊および国連平和維持機隊」の設置（深瀬忠一）が、また、自衛隊「違憲・合法論」に立って、「国民の非武装抵抗と連動できるような警察予備隊」の設置（小林直樹）が提唱されている。これも、「武力によらない自衛権」とされているが、上記(b)(c)で指摘したことと同様の問題があるように思われる。

このように考えると、上述の「武力によらない自衛権」の内容は、私見では、「国家の自衛権」と称する必要がないし、不適切でもある。また、「武力によらない自衛権」概念は、論者により内容が相当異なるほか、とくに武力の内容によっては、「武力による自衛権」概念に分類してもおかしくない説もある。したがって、完全非武装論に立つならば、自衛権放棄論が適切ということになる。この場合には、「自衛権」論によらない平和と安全保障が検討されることになる。例えば、国家レベルでは、積極的な平和外交のほか、常備軍を保持しないコスタリカが実践しているような非武装永世中立政策、自治体レベルでは、ジュネーヴ条約に根拠をもち、非暴力的で戦争に協力しない無防備都市宣言などが考えられよう（本書第四部参照）。

（1）澤野義一『非武装中立と平和保障』（青木書店、一九九七年）一三三頁以下、同『永世中立と非武装平和憲法』（大阪経済法科大学出版部、二〇〇二年）二四九頁以下。
（2）詳しくは、澤野義一・前掲書（注1）二六二頁以下参照。
（3）前田哲男編『自衛隊をどうするか』（岩波書店、一九九二年）のⅡ、Ⅲ。
（4）三鷹市・ICU社会科学研究所編『市民・自治体は平和のために何ができるか――ヨハン・ガルトゥング平和を語る』（国際書院、一九九一年）一〇七―一〇九頁。
（5）『世界』一九九三年四月号五二頁以下。
（6）山口二郎「国連・憲法・自衛隊」（田中明彦との対談）『潮』一九九三年三月号一二二頁。
（7）ここでは、長谷部恭男『憲法と平和を問いなおす』（筑摩書店、二〇〇四年）を中心に取り上げる。他に、同「平和主義の

原理的考察」全国憲法研究会編『憲法問題10』（三省堂、一九九九年）など参照。

（8）　この点について、政治学者の杉田敦は憲法学者の長谷部との息の合った対談の中ではあるが、長谷部に対して、「ゲーム理論とかを駆使して、『セキュリティー問題に関する解はこれだ』と論証しておられます。しかし、その解釈が九条解釈論として適用するとする根拠はどこにあるのでしょうか」と問いかけているのは、誰しも思うところであろう。長谷部恭男・杉田敦『これが憲法だ！』（朝日新聞社、二〇〇六年）七五頁参照。

（9）　愛敬浩二『改憲問題』（筑摩書房、二〇〇六年）一五一—一五四頁も参照。

（10）　長谷部恭男・杉田敦・前掲書（注8）六四—六五頁。長谷部が積極的に論を展開しているわけでないが、杉田の次のような主張に同意している。杉田の理解する「無防備都市宣言」は、非武装無抵抗主義であり、外国の軍隊が侵略してきても抵抗しませんという宣言であること、また、戦争そのものをなくす論理でなく、戦争を円滑に進めることになるという。しかし、それは、個々人の自衛権を一律に否定する議論であり、賛成できない。なぜならば、個人が武器をもって抵抗したら、自治体などの無防備都市宣言に反してしまうからであると、述べている。

無防備都市宣言の国際法（一九七七年ジュネーヴ条約第一追加議定書五九条）的な性格の理解については、杉田の理解は必ずしも誤りではないが、現在日本の市民運動で主張されている「無防備都市宣言」は決して無抵抗主義ではないこと、当該国際法を憲法九条の理念に適合する形での、すなわち非戦平和的な国内活用（平和創造）を意図していることに留意される必要があろう。それは、地域から戦争に協力せず、かつ戦争をなくしていく手段として位置づけられているのである。

なお、杉田が想定している、個人が武器をもって抵抗する抵抗権という観念は、刑法でいう正当防衛権のように思われるが、それが否定できないことは当然のことである。個々人が違法な占領軍兵士の行為に抵抗できるし、警察力による対処も認められている。無防備地域で行うべきでないとされる抵抗は、紛争当事国に対する組織的な軍事的敵対行為である。このような抵抗と、個人の抵抗権を混同することは問題である。結果的には、杉田らの論理は、「無防備都市宣言」（条例制定）を認めようとせず、有事法制・国民保護法を実行しようとしている政府や自治体当局の見解、あるいは平和憲法の改悪を指向している改憲派議員らの論理とあまり異ならない。それは、国家自衛権と最小限防御力を容認する護憲論に共通してみられる傾向である。この点については、澤野義一『入門　平和をめざす無防備地域宣言』（現代人文社、二〇〇六年）四二—四七頁参照。

（11）　長谷部恭男『憲法』（新世紀、一九九六年）六八頁。

（12）　小林正弥『非戦の哲学』（筑摩書房、二〇〇三年）参照。

（13）　坂本義和『軍縮の政治学』（岩波書店、一九八二年）一四八頁以下。

（14）　坂本義和『相対化の時代』（岩波書店、一九九七年）七三—七五頁。

(15) 不破哲三・井上ひさし『新日本共産党宣言』(光文社、一九九九年)一四八―一四九頁。
(16) 横田喜三郎『自衛権』(有斐閣、一九五一年)二〇四頁以下、同「日本の安全保障」『国際法外交雑誌』五一巻一号(一九五二年)一頁以下。
(17) 澤野義一・前掲書(注2)二九五―二九八頁。
(18) 詳しくは、澤野義一・前掲書(注2)二七五―二七九頁。
(19) 寺島俊穂『市民的不服従』(風行社、二〇〇四年)三〇一頁以下。
(20) 澤野義一・前掲書(注10)。なお、池田眞規ほか編『無防備地域運動の源流』(日本評論社、二〇〇六年)なども参照。
(21) 和田英夫ほか編『平和憲法の創造的展開』(勁草書房、一九八七年)参照。

第三部　日米安保の強化と自衛隊海外派兵法および有事法制

第八章　日米安保のグローバル化と自衛隊の海外派兵法

一　はじめに

東西冷戦後の日米安保（日米安全保障体制）の課題は、日米安保推進勢力にとっては、日米安保が当初想定していた極東有事を超えた世界的規模の有事に対処することである。そのために策定されたのが、日米新ガイドライン（日米防衛協力の指針・戦争マニュアル）である。

この新ガイドラインは、一九七八年の旧ガイドラインにおいて検討が手薄であった極東あるいは日本の周辺有事における日米の後方（兵站）支援関係を、より実践的に運用できるようにする目的で、一九九七年九月に策定された。それは、冷戦後の日米安保を再定義し、地球的規模にまで日米安保の射程を拡大した（ただしアジア太平洋地域に力点がある）一九九六年四月の日米安保共同宣言に対応するものである。そして、この新ガイドラインを、日本の周辺有事協力に焦点を当てて（朝鮮半島有事などを主に念頭に）立法化したのが周辺事態法である。

しかし、周辺事態法が適用される機会もないままに、英米主導の対アフガン戦争やイラク戦争が勃発したため、当該戦争に日本がいかにかかわるのかを検討した結果策定されたのが、二〇〇一年一〇月のテロ特措法と二〇〇三年七月のイラク特措法である。それは、アメリカの要請に応じて、周辺事態法の適用範囲を超える地域への自衛隊の海外派兵を正当化するために制定されたものである。

このようにみると、上記の自衛隊海外派兵法は、日米安保のグローバル化をはかるものといわざるをえない。

本章では、当該自衛隊海外派兵法の概要と問題点を検討する前に、新ガイドラインなどの策定の背景にあるアメリカの安全保障論や日本の政治経済的背景などについて考えておくことにする。そのさい、とくにアメリカについては、世界の政治経済や軍事において圧倒的な力のもとで支配していることから、その本質が「帝国主義」として分析されることもあるので[1]、まず、この観点からの分析を若干しておくことにしたい。

二　アメリカの安全保障政策

1　アメリカと現代帝国主義

アメリカは、二〇世紀初頭から（ルーズベルトやウィルソン大統領以来）、自由主義市場経済とともに自由民主主義を世界に広めようとしてきた（門戸開放政策）。しかし、それは実態的には、他国への内政干渉や経済的搾取を伴う帝国主義（いわば自由主義的帝国主義）でもあったことは、ドイツの政治学者C・シュミットが戦前からすでに鋭く分析していた[2]。最近では、アメリカが一九世紀からすでに帝国主義的であったといった分析もみられる。一九世紀以降の植民地支配や戦争による領土獲得を行った覇権的大国主義を帝国主義とみる見解によれば、アメリカは広義での帝国主義を推し進めていたといえる[3]。それは、国内政治において立憲主義国家や自由民主主義国家などを標榜していることと、何ら矛盾しない。

とくに二〇世紀前半の独占資本主義との関係で帝国主義を概念的に分析したものとしては、レーニンの見解がよく知られている。それによると、帝国主義は、①独占的な生産と資本の集積、②金融資本、③資本輸出、④国際的な独占資本団体による世界分割、⑤列強資本主義国による地球の全領土分割の完了という五つの基本標識をもっている。そして、資本主義（国）が不均等発展するもとでは、帝国主義（諸国）の「平和的」な同盟（カウツキーの「超帝国主義」「国際帝国主義」）はありえても、それは一時的なものにすぎず、領土分割などをめぐる帝国主義間戦争は不可避である、というものである。(4)

それはともかく、アメリカの自由主義的帝国主義を阻止するために、二〇世紀前半において全体主義国家や社会主義国家などが登場したが、第二次世界大戦によって全体主義体制が敗北したこと、さらに冷戦崩壊によって社会主義体制が消滅したことにより、一九九〇年代は、二〇世紀初頭からアメリカが追求してきた市場経済政策（新自由主義）や自由民主主義がよりいっそうグローバル化し、アメリカの世界的な一極支配を可能とする条件がうまれたといえる。

もっとも、現代の多国籍的経済のもとでは、①帝国主義諸国（主要な先進諸国）は経済的には激しく競争・対立しながらも、一国だけが特定の国に排他的に進出するのではなく、複数の国が重層的に進出するという構造をとること、②多国籍企業が進出した国やその周辺地域で紛争が起きた場合は、共同して多国籍的に治安や権益を維持し、市場経済の安定をはかる必要があること、③アメリカは唯一超大国とはいえ、相対的に経済力が低下してきている（多国籍企業による世界進出は自国の国内経済を弱体化させるという矛盾をもつ）点を同盟国の負担や後方支援（軍事や経費）でカバーせざるをえないことなどの理由から、帝国主義諸国（五大常任理事国）は、第二次世界大戦前とは異なり、国連に加盟しつつ「協調」していることもあり、帝国主義国間の戦争を回避する「平和的」な帝国主義同盟を

形成している。この意味では、レーニンの帝国主義間戦争不可避論などは、今日的には必ずしも妥当しない。(5)

しかし、現代の帝国主義同盟のいくつかの国々は、帝国主義国の周辺地域で起きる地域紛争（多国籍資本に起因する要素もある）に対し、平和の維持、人道的介入、自由民主主義の普及などを名目に、国連を利用し、ときには、国連を無視して多国籍軍によって軍事介入する（戦争をしかける）ことがある。それは、先進的な自由主義的民主主義国であっても、帝国主義的であり、依然として、恒久的な世界平和を必ずしも実現しようとしていないことを意味する。

2　一九九〇年代前期のアメリカ帝国主義の安全保障戦略

東西冷戦後の国際的安全保障は、中東湾岸危機・戦争などを契機に、地域紛争にいかに対処するかが焦点になったが、一九九〇年代初頭（一九九一〜九二年のブッシュ政権の安保や国防方針）においては、国連を中心とした「新世界秩序」の樹立が強調された。もっとも、アメリカの都合では、国連よりも、従来の軍事同盟国との連帯が優先されたり、唯一超大国アメリカの単独的軍事行動も考えられていた。

クリントン政権になってからは、地域紛争への対処の仕方がより具体的に検討されるようになる。一九九三年九月の「ボトムアップ・レビュー」では、大量破壊兵器の拡散、地域紛争、民主的改革や経済建設の失敗から生ずる危険といった、冷戦後の新しい脅威をあげ、二つの大規模地域紛争にも同時対処できる戦略が出された。危険な地域国家（ならず者国家）としては、北朝鮮、イラク、イラン、キューバ、リビアが想定された。そこに意図されていることは、当時の大統領特別補佐官レイクによれば（一九九三年九月演説）、冷戦期の市場民主主義諸国に対する脅威を「封じ込める戦略」から、市場民主主義諸国の自由世界共同体を強化する「拡張戦略」への転換である。ここでは、多国籍市場経済とそれに適合する民主主義や人道が、現代アメリカ帝国主義の追求課題とされている。さらに、このような拡張戦略を遂行するために、全世界のあらゆる問題に関与する戦略として一九九四年七月には、「関与と拡大」の安保戦略が出される。この中で、国際法を侵犯するような予防的防衛（武力行使）論が登場する。(6)

なお、それと類似の見解は、同時期に追求され出したＮＡＴＯ（アメリカが指導権をもつ）の東方拡大などをめざす新戦略にもみられたが、一九九九年のＮＡＴＯ新戦略論では、冷戦期にはなかったＮＡＴＯの域外派兵が正当化されるに至る。それはＮＡＴＯのユーゴ空爆で実践されたが、この空爆は侵略的武力行使であり、国連憲章に違反するとの批判がなされている。(7)また、空爆に間接、直接にかかわったギリシア、イタリア、ドイツなどの国内から、当該国の憲法（現代憲法は少なくとも侵略行為を禁止している）に違反するという意見もみられた。

三　日米新ガイドラインと日米の安全保障戦略

日米旧ガイドラインの見直しが公式文書で最初に言及されるのは、一九九六年四月の日米安保共同宣言においてであり、沖縄で起きた米兵による少女暴行事件（一九九五年九月）などを背景に橋本首相が求めた沖縄の普天間基地返還に対する見返りとして、クリントン大統領側から提案されたものといわれている。

しかし、日米安保の見直し（安保再定義）や旧ガイドライン見直しを要する現実的な要因として、一九九三年から九四年にかけて起きた核疑惑をめぐる朝鮮半島危機に対する日本の対応不足があった。この対応不足問題は、中東湾岸危機のときからの懸案事項でもあった。日本のこのようなアメリカへの非協力は、米国世論の不満を高め、日米同盟を崩壊させる危険性もある。このことが、旧ガイドライン見直しへと向かわせたといわれている。(8)

ところで、日米安保共同宣言や新ガイドライン体制の前提にある日米安保の強化、いわゆる日米安保の再定義（再確認）の考えは、ナイ・レポート（一九九五年二月「東アジア・太平洋地域に対するアメリカの安全保障戦略」）に基づいているといわれている。そこには、上述したような地域安保が一般的に重視される世界的潮流の中で、一九九〇年代半ばのアジアにおける日米安保の再定義が必要な理由が、不可分に関連する二つの面から指摘されている。一つは、アメリカにとってのアジア経済とのかかわりの側面である。もう一つは、アジア安保における日米の軍事（政治も含む）同盟の側面である。

アジア経済の側面については、一九九三年にはアメリカの対アジア貿易が世界全体の三六％を超えていることなどにみられるように、アジア太平洋地域が世界で最もダイナミックな経済地域で、アメリカの将来にとって死活的であると述べられている。また、ナイ国防次官補は、太平洋貿易が二〇〇〇年までに大西洋貿易の二倍になると、米議会で証言している（一九九五年一〇月）。このような背景から、アメリカは、アジア太平洋経済協力会議（APEC）がアジア地域経済圏を強化発展させようとする動きに対し、経済の自由化を名目に牽制する戦略（地域経済圏へのアメリカの分断的介入）をとっているのである。

日米軍事同盟の側面については、ナイ・レポートは、日米同盟がアジアの安保政策の「かなめ」であると述べている。この点が強調された背景には、日米軍事同盟を強化することを通じて、日本帝国主義の自立化を容認すると同時に、日本帝国主義の自立化に枠をはめる動機（従属化）があると考えられる。というのは、ナイ・レポートは、日本の自主防衛や多角的安全保障論に傾斜した提言をした細川・村山首相下の防衛問題懇談会報告（一九九四年八月）が日米安保を軽視することになる点を危惧し、それへの対案（押さえ込み）として書かれたとされているからである。なお、細川は、駐留なき日米安保論の提案者である。(9)

アメリカにとっての日米安保の意義の一つは、日本の核武装や軍国主義化を抑止することにある。いわゆる「びんの蓋」論であるが、これは、米外交問題評議会が出した「日米安全保障同盟への提言」でも指摘されている。そこでは、日本の兵器生産・軍事技術に関する国家的な自立化（国産化）への警戒感が示され、それに対する対案として、日本をアメリカの防衛政策にくみ入れるＴＭＤ（戦域ミサイル防衛構想）による日米同盟の強化が提案されている。(10)

他方、新ガイドラインを推進しようとする日本側の背景には、上述したように、アメリカの後方支援要求に応じなければならない同盟国の義務がある。しかし、これは単にアメリカに対する日本の受け身的な立場から履行しているわけではない。そこには、経済大国から政治大国、さらには自衛隊の海外派兵により経済的権益確保が可能な軍事大国になろうという姿勢がある。いわば自立した帝国主義をめざすことである。冷戦後の一九九〇年代には、社会主義中国も市場経済化で進出しやすくなるなど、日本の多国籍企業がアジア諸国に本格的に展開する中で、アジア経済が重視され出した。そうすると、アジアに生起する諸問題に対して、日本が独自に権益確保のため積極的にコミットする必要性が自覚されるようになったのである。(11)

しかし、日本が戦後責任をはたしていないアジア諸国に単独で派兵することは、アジア諸国民の抵抗があること、また日本の平和憲法の歯止めが一応あることなどから、当面は、アメリカの後方地域支援という形をとらざるをえない。このような海外派兵でさえ、一九八〇年代には世論から支持されなかったが、小選挙区制を実現した一九九四年の政治改革以降、改憲勢力の増大を背景に可能になったといえる。

四　周辺事態法

周辺事態法は、新ガイドラインに沿って、日本の周辺有事における米軍の軍事行動に対し自治体、民間、自衛隊に後方支援を要請する立法である。以下、その規定内容のポイントと問題点を指摘したうえで[12]、同法の適用をめぐる新たな動きについて若干言及しておこう。

1　周辺事態法の基本的性格

①周辺事態法における周辺地域は、地理的ではなく事態の性質に着目して決められるから、周辺の範囲は特定されず不明確である。また、周辺事態は、日本への武力攻撃に至る「おそれのある事態等」と定義されているから、このような事態において、日本が米軍の軍事行動に後方地域支援を行えば、先制的武力行使（より極端には予防的武力行使）ないしはその支援行為となり、国連憲章上でも問題である。これは、旧ユーゴへのNATO軍による空爆を正当化したNATOの二一世紀・新戦略概念とも軌を一にしている。

②後方支援の実施措置（基本計画は閣議で決定）の決定手続きに関連して、自衛隊が行う後方支援については国会の事前承認を要する。しかし、緊急時は事後承認でもよいとされていることや、民間や自治体の後方支援については事前承認事項でない点は、議会制民主主義の観点からみて問題である。

③後方地域支援に関連して、後方支援ができる後方地域は戦闘行為が行われていない周辺地域のことであるが、戦闘地域と非戦闘地域は実際には一線を画すことは不可能である。後方支援内容として、武器・弾薬の提供はでき

ないが、武器・弾薬の輸送や補給・医療・通信などの提供と、捜索救助活動はできる。しかし、非戦闘地域からの後方支援であっても、交戦当事国の一方のための軍事物資の輸送や軍事情報の提供は中立義務の放棄であり、国際法上は集団的自衛権の行使に当たるから、集団的自衛権を行使しえないとされる日本国憲法に違反する。また、政府の掲げている自衛隊海外派兵の禁止原則にも違反する。なお、周辺事態法は、日米安保条約における日本の米軍協力の範囲を逸脱する条約違反の約束である。日米安保条約では、自衛隊の軍事行動は日本領域内での援助に限定されているからである。

④自衛隊の武器は、後方地域支援と捜索救助活動のさいに、自己の生命などを守る必要がある場合にのみ使用できることになっている。しかし、この点については、許されない武力の行使・威嚇との区別は可能かの問題や、武器の限定は明確でないといった問題がある。

⑤自治体・民間への協力は、法令および基本計画に従って要請される。自治体には一般的協力義務が求められるが、強制はないと解されている。他方、民間には協力義務はないと解されている。しかし、いずれの場合にも事実上、協力が強制されることになる恐れがある。それは、平和行政に関する地方自治尊重主義という憲法原則や、市民の思想良心の自由をはじめとするさまざまな人権、あるいは平和的生存権を侵害する。

なお、新ガイドライン策定に関しては、いわゆる新ガイドライン関連法として、周辺事態法のほかに、自衛隊法の一部改定とＡＣＳＡ（日米物品役務相互提供協定）の改定も行われている点にも留意しておく必要がある。自衛隊法の一部改定では、在外邦人や外国人の輸送にあたり航空機に船舶を加え、自衛隊の武器使用も可能になった。ＡＣＳＡの改定では、平時に限定されていた共同訓練、ＰＫＯ、人道的国際救援活動、物品役務の提供が周辺事態有事にも認められることになった。

2　周辺事態法をめぐる新たな動き

周辺事態法は今のところ実際には発動されていないが、有事法制との関連で発動されることもありうる。というのは、周辺有事と日本有事は連動するから、周辺事態法は有事法制とセットで機能すれば強制力も担保されることになるからである。もともと、二つの法律は一体のものとして制定される動きもあったのである。

それはともかく、二〇〇六年一〇月九日の北朝鮮の核実験や同月一四日の国連安保理の対北朝鮮制裁（非軍事的制裁）決議をきっかけに、周辺事態法や同法に関連して発動される船舶検査法の適用が可能かどうか、あるいは当該法律の見直し（改正）などもすべきではないかといった論議が起きた。

政府統一見解の周辺事態の定義の一つに、「ある国の行動が、国連安保理によって平和に対する脅威、平和の破壊または侵略行為と決定され、その国が国連安保理決議に基づく経済制裁の対象となるような場合」という類型がある。確かに、形式的には、この類型に上記の北朝鮮の核実験関連の事態が該当するようにも思われる（外務大臣などの意見）。しかし、それは、周辺事態の類型を適用するさいの前提にある「わが国の平和と安全に重大な影響を与える場合」という条件（同法一条）を無視している点で問題である。

また、周辺事態に関連して海上自衛隊が北朝鮮に出入りする船舶を検査する船舶検査法を適用できる事態であったとしても、現行法では、公海上で警告射撃も含めて強制力のある検査は認められていないため、それ（臨検）を可能にする法改正論も一部で主張されている。しかし、それは武力威嚇・行使や交戦権を禁じている憲法九条に反する。なお、米軍への後方支援活動に限定されている現行周辺事態法の適用を、米国以外の軍への後方支援も可能にすることも検討されている。

五　テロ対策特別措置法

1　立法化の背景

二〇〇一年九月一一日アメリカで起きた同時多発テロ事件と、それに対してとったアメリカの武力攻撃（報復）に対する日本政府の対応は、テロ対処を口実に、アフガニスタンで軍事展開している米英などの外国軍に軍事的後方支援をするための自衛隊海外派兵であった。同年一〇月二九日成立した「テロ対策特別措置法」（以下、テロ特措法）に基づいて、一一月二五日、自衛隊は海外の戦地へ初めて出動することになった。同法は、派兵目的が限定されているPKO協力法や周辺事態法では対応できないため、新たに制定されたものである。また、テロ対策に関連し、防衛機密漏洩を処罰することによって、国民の知る権利・報道の自由を大きく制限することになる自衛隊法改正も行われている。それは、テロ事件を契機に強調され出した有事法制（危機管理法制）化の動きとも関連している。

それはともかく、テロ特措法やそれに基づく海外派兵の正当性（法的根拠）はあるのだろうか。この問題を検討するには、アメリカのアフガニスタンに対して行った武力攻撃に正当性があったのかどうかを、まず検討しておく必要がある。

2　テロに対するアメリカの武力攻撃の問題点

まず、アメリカで起きたテロに対して、ブッシュ大統領は「戦争行為」だとして個別的自衛権に基づき（NAT

Oは集団的自衛権に基づき）アフガニスタンに武力攻撃を行ったが、このようなことは、国際法上、正当性に疑問がある。というのは、自衛権行使は他国による武力攻撃に対する反撃として認められるものであり、国家でないテロ集団は対象にならないからである。テロは国際犯罪であるから、国際裁判の対象にすべき問題である。これに関する条約は、すでに一二（航空機不法奪取防止条約など）つくられており、テロ犯罪を処理する国際的ルールが定められている。アメリカはそのようなルールを無視して、これまでもテロ事件に関連して、将来のテロ行為への先制的自衛としてリビアを爆撃したことがあるが（一九八六年）、国連からも支持されていない。

また、自衛権論とは別に、当該テロ事件に関して、国連安保理がアフガニスタン政府側の侵略を認定し、国連加盟国の武力行使容認決議をしたかといえば、そのような決議はなされていない。テロ非難をした二〇〇一年九月一二日の国連安保理決議（一三六八号）は、国連憲章第七章（強制措置）に言及せず、テロ対処につき「必要なあらゆる手続き（ステップ）をとる」としているだけである。

以上のことから、テロ事件に対するアメリカの武力攻撃を正当化する国際法的根拠は希薄ということになる[13]。そうすると、次に述べる日本のテロ特措法の正当性も疑問となる。

ちなみに、国際テロなどに対しては、日本のような完全非武装国家では取り締まることが困難であるとして、海外派兵までは想定していないが、「平和基本法」を制定して、自衛権に基づいて、領土・領海・領空への侵犯を予防するための最小限防御力（哨戒艇、迎撃戦闘機、防空ミサイルなど）をもつことを提言する護憲論もある[14]。これは、いわゆる「護憲的改憲論」であるが、テロ事件を契機として、テロ対処のために（個別的であれ、集団的であれ）自衛権行使を認める「安全保障基本法」制定や憲法改正を行うべきだとする改憲論に悪用される側面をもっている。

3　テロ特措法とその正当化論の検討

テロ特措法は、国際的なテロの防止と根絶のため国際社会の取り組みに寄与することを目的に、米軍など外国軍隊に対して軍事的後方支援をすべく、自衛隊を海外派兵できることを定めている。派兵地域は、「現に戦闘行為が行われておらず、かつ、そこで実施される活動の期間を通じて戦闘行為が行われることがないと認められる公海とその上空」（インド洋あたりを想定）である。

後方支援には、捜索救援活動・被災民救援活動のほか、武器・弾薬などの輸送（ただし提供はできない）、補給、医療・通信等の提供、基地業務などが含まれ、自己と他の隊員および自己の管理下に入った者を防護するためには、武器使用ができる。ただし武力行使はできないと規定されているが、この点は、後述のように問題がある。また、テロ特措法は、周辺事態法に比べると、派兵地域や武器使用の対象などが拡大されている点で相違がある（周辺事態法を逸脱）にもかかわらず、テロ特措法に基づく海外派兵が集団的自衛権の行使に当たらないとされていることも、周辺事態法の場合と同様問題がある。

すなわち、政府は、自衛隊が米軍などに軍事的な後方支援をしたとしても、武力行使さえしなければ、集団的自衛権の行使に当たらないと述べている。また、武器・弾薬の輸送に関連して、「戦闘行為が行われることがないと認められる地域に限定しているので、武器・弾薬であっても米国などとの武力行使と一体化することがなく、憲法上の問題はない」（二〇〇一年一〇月五日衆院予算委、中谷防衛庁長官）と述べている。

このように、自衛隊の海外派兵が集団的自衛権の行使に当たらず、テロ特措法が憲法上問題がないとすれば、海外派兵の根拠は何であろうか。この点について、小泉首相は、「憲法九条に抵触しない範囲内で、憲法の前文及び第九八条の国際協調主義の精神に沿って、わが国が実施し得る活動として実施する措置を定めた。武力の行使はしない、戦闘行為には参加しない。集団的自衛権の行使で国際協力するわけではない。国連の要請に基づく国連憲章の目的に合致する活動である。従って、新たな安保理決議は必要ない」と述べている（二〇〇一年一〇月一〇日衆院本会議）。また、首相は憲法前文と九条との間のすき間をうめるものとしてテロ特措法を位置づけている（同年一〇月二三日参院テロ対策委）。

中曽根や橋本といった元首相のように、テロ対処の根拠を、内閣の外交関係の処理として（憲法七三条二項）、宮沢元首相のように、犯罪防止のための自衛隊支援活動として扱うべきだとしており、集団的自衛権の問題にふれることを避けている。(15)

しかし、これらの見解は、事態の本質を見誤らせるものである。NATOなどのテロ対処や日本のテロ特措法で実施されることは、集団的自衛権の行使といわざるをえない。自衛隊が米軍などへの後方支援として武力行使しなければ集団的自衛権の行使にならないといった政府見解は、国際社会では通用しない。(16) それは、例えば、パキスタンは隣国のアフガニスタンに直接武力行使していないが、アメリカに領空通過を承認したり、軍事基地を利用させていることは集団的自衛権の行使にほかならないのである（もっとも、アメリカの武力攻撃などが正当な自衛権行使でないとすれば、これに軍事的に協力することは、正当な集団的自衛権行使とはいえない。むしろ侵略加担行為である）。

この点では、「自衛隊を出すことは武力行使そのものであり、戦争に参加することだ。自衛隊を派兵するなら政府は憲法解釈を変え、集団的自衛権を認めなければ筋道が通らない」という小沢一郎議員の見解は、(17) 当該問題の客観的認識としては妥当といえよう。もっとも、小沢議員のような改憲論者の場合は、このような適切な認識も、憲法改正を正当化する方向に向けられている点は留意されるべきである。

それはともかく、米英の武力攻撃の対象とされた旧アフガニスタン政府は崩壊し、現在は新政府ができている以上、自衛隊の任務はなくなったはずである。しかし、閣議決定により派遣期間延長を繰り返すことで、自衛隊は依然として派兵されている。数隻の日本艦船がインド洋上で米英軍に給油しているが、その実態は、米英のイラク戦争にも協力している疑いも指摘されている。そのような活動はテロ特措法の趣旨すら逸脱する違法行為であり、直ちに中止し、撤退すべきである。

六　イラク支援特別措置法

1　立法化の背景

二〇〇三年六月六日、有事法制が約九割の国会議員の賛成で成立したのに続いて、イラクの人道・復興と安全確保支援を名目にイラクに自衛隊を派遣する特別措置法（イラク特措法）が、同年七月二六日、自民・公明・保守新党の与党賛成多数で可決・成立した（民主党は修正案を出して有事法制に賛成したが、イラク特措法には反対）。

イラク特措法は、一九九二年のＰＫＯ協力法、一九九九年の周辺事態法、二〇〇一年のテロ対策特措法に続く四つ目の海外派兵法であるが、派兵の目的と地域が限定された周辺事態法やテロ対策特措法などでは対応できないために、新たに制定されたものである。大量破壊兵器を保有するとの疑惑をかけられたイラクに対する米英による先制的な武力攻撃に対して、武力攻撃開始（二〇〇三年三月二〇日）前から、世界各地で多くの反戦運動が起きた。日本でも、米英の武力攻撃やそれを支持する小泉政権の姿勢に半数以上の国民が反対した。しかし、このような世論を無視して、国際法的に正当性のない米英主導によるイラク戦争に、アメリカの軍事同盟国として、初めて自衛隊を強引に他国の陸地に派遣するのがイラク特措法である。

2　イラク特措法の問題点[18]

(1)　自衛隊派遣の正当性

イラク特措法は、自衛隊派遣について、米英によるイラクに対する武力攻撃・戦争に正当性があったことを前提にしているが、その根拠として引用されている国連安保理の諸決議は、イラク戦争を正当化できるものではない。なぜならば、引用されている安保理決議六七八号（一九九〇年一一月）は、一四年前のイラクがクウェートを侵略したことに対する国連制裁決議に基づく湾岸戦争に根拠を与えたもの、決議六八七号（一九九一年四月）は同戦争の停戦決議で、イラクに大量破壊兵器の廃棄を求めたものである。いずれも今回のイラク戦争と前提が異なる。また、決議一四四一号（二〇〇二年一一月）は、イラクが大量破壊兵器の査察と廃棄を実施しない場合には「深刻な結果を招く」と警告したものにすぎず、各国の武力行使容認に直結するものではない。さらに別個の決議がなければ、武力行使は正当化できるものではない。

それにもかかわらず、米英は大量破壊兵器の査察が完了しないうちに戦争を開始し、イラクを占領したが、大量破壊兵器は発見されていない。現在では、米英においても、イラクの大量破壊兵器使用の危険性がなかったのに、誤った情報操作に基づいて戦争が開始されたというのが一般的な認識となっている。米英によるイラク攻撃の理由は、イラクの民主化、アルカイーダとの関連など、状況により変わってきたことにみられるように、攻撃理由は何でもよかったのである。要するに、中東におけるイスラエルの優位とアメリカによる石油や政治・軍事の支配を確保することがねらいであったといえよう。

結局、米英によるイラク戦争と占領は、国際法的には正当化できない侵略行為である以上、このような行為を正当化するための特措法は、一切の戦争（加担行為）を禁ずる憲法九条はもちろん、国連憲章の原則にも反するものである。

⑵　自衛隊派遣要請の根拠

イラクの人道・復興と安全確保支援のための自衛隊派遣の根拠として、特措法は安保理決議一四八三号（二〇〇三年五月）をあげているが、これは不適切である。この安保理決議は、米英の違法な占領実態を国連安保理が容認した点に問題があるといえるが、米英が暫定的なイラク占領統治者として全般的義務（戦時国際法ないし国際人道法上の責任も含め）を負うこと、各国がイラクの人道・復興や安定・安全に貢献すること、国連についてはは人道・復興支援面で活動することなどを要請しているだけで、各国の貢献の方法として、軍隊の派遣を要請しているわけではない。

実際、この決議がなされてからも、フランスやドイツをはじめ、圧倒的多数の国連加盟国は軍隊を派遣していない。また、イラクには占領軍と正式に降伏調印した政府もなく、イラクは戦闘状態にあり、アメリカ主体の暫定占領当局（ＣＰＡ）の要請だけで自衛隊を派遣することは、受け入れ国の同意のない派遣である。紛争当事者の受け入れ同意が不可能な、一方の紛争当事者が支配する地域への自衛隊派遣は集団的自衛権の行使に当たり、そもそも違憲であった。

交戦権の行使には相手国領土の占領や占領行政が含まれるという従来の政府見解（一九八〇年一〇月鈴木内閣答弁）を踏まえると、他国の占領統治に自衛隊を派遣することは交戦権の行使に当たり、交戦権を放棄している憲法九条に反するということもできる。

なお、イラク特措法成立後の安保理決議一五一一号決議（二〇〇三年一〇月一六日）において、イラクの治安情勢の悪化や戦後復興の遅れを背景に、ようやく多国籍軍派遣（アメリカが代表）の根拠が明記されることになった。同決議は、暫定占領当局（ＣＰＡ）が統治の責任と権限を早期にイラク国民に移譲すべきこと、イラクの暫定政権である統治評議会に対しては、占領暫定当局などと協力して憲法起草や民主選挙実施の計画書を安保理に提示させることなどを規定するとともに、「イラクの安全と安定の維持に寄与するため、統一指揮下の多国籍軍を置き、必要なあらゆる措置を取ることを承認する。軍部隊派遣を含む多国籍軍への支援を国連加盟国に求める」と規定している。

しかし、この決議に基づいて加盟国は軍隊を派遣しなければならないかといえば、そうではない。中国は、「安保理の授権で設立されるイラク駐留多国籍部隊は国連の平和維持活動とは異なり、参加しない」と述べているし、フランス、ドイツ、ロシアは「いかなる軍事的関与も、現在約束している以上のさらなる財政的貢献もしない」という共同声明を出している。

(3)　非戦闘地域への自衛隊派遣　イラク特措法や派兵基本計画では、自衛隊は非戦闘地域に限定して派遣されることが要件になっているが、上述したように国際法的にはイラクが戦闘状態の占領下にあったこと、米軍司令官が以前から述べているように、事実上もイラク全土が戦闘地域であったこと、イラク人による一定の組織的な武力行使が継続していたことなどを考慮すると、戦闘地域と非戦闘地域を区別することは法的にも、事実的にも困難であった。イラクは現在も戦闘状態が続いており、イラク民衆と米兵の死者が日々増大している。内戦状態になるのではないかとの危惧すらなされている。

(4)　自衛隊の武器使用　イラク特措法では自衛隊は「武力行使」しないとされているが、テロ対策特措法と同様、自己防衛の場合だけでなく、任務遂行に伴い自己の管理下に入った者を防衛する場合にも「武器使用」ができる。そうすると、次に述べる自衛隊の支援活動とも関連して、米英等の兵士を防衛するために自衛隊がイラク兵と交戦することも可能である。自衛隊が使用できる武器の種類は特措法では限定されておらず、従来の武器使用基準を見直し、基本計画においては、陸上では装甲車や対戦車用の無反動砲などの重装備、海上では輸送艦や護衛艦などが使用されることになっている。このような武器使用は、自衛隊の組織として使用される以上、個人の単なる正当防衛とはいえず、憲法九条が禁じている武力行使に当たるといえる。

(5)　自衛隊の支援活動　イラク特措法では、自衛隊は、民間人への給水、公共施設建設などの人道復興支援以外に、イラクの安全と治安にあたる米英軍に対する給油、あるいは武装兵士・武器・弾薬や食料・医薬品の輸送などの支援を、非戦闘地域で行うこと（後方地域支援）ができることになっている。しかし、武器・弾薬だけでなく食料や医薬品の輸送であっても、それは米英軍の軍事行動と一体をなす限り集団的自衛権行使とみなされるから、憲法九条に違反する。イラク国民への人道復興支援といえ、占領軍の事実上の指揮下で行われるから、問題がないとはいえない。

(6)　自衛隊派遣の国会承認　自衛隊派遣の実施には国会の事前承認がなくてもかまわないとされている。自衛隊派遣が事後承認（二〇日以内）でよいとされていることは、平和憲法の運用を監視する国会の役割（文民統制）を軽視するもので問題がある。ＰＫＯ協力法と周辺事態法までは、国会の関与は事前承認であったが、テロ対策特措法からは、国会の統制は事後承認へと後退している状況にある。実際、政府は基本計画の変更や派遣延長の決定を行うことで、自衛隊派遣を継続している。

(7)　イラク特措法実施の関連予算　二〇〇三年一〇月にスペインで開催されたイラク復興支援会議は米軍占領を支える資金集めが目的であったが、その会議で、日本政府は、二〇〇四年に無償資金一五億ドル（約一六五〇億円）、その後四年間で円借款も含め総額五〇億ドルを拠出することを表明している。この額は、二〇三億ドル拠出するアメリカを別格とすれば、二〇〇三～二〇〇五年度に約九・二億ドル拠出するイギリス、二〇〇七年までに三億ドル拠出するスペインなどに比べ突出している。フランスやドイツはＥＵの枠外で単独拠出しない（ＥＵの拠出は約二・

四億ドル）。ロシアなどは当面拠出しないという方針を表明していた。これらの拠出金は、国連と世界銀行が管理する「信託基金」で運用されることになったが、占領軍統治を支援し、長期化させることに使用される恐れも指摘されていた。このような目的に使用される資金拠出（補正予算や予備費）は、占領や戦争目的にかかわる資金拠出（＝交戦権行使に該当）を禁ずる憲法九条のもとでは認められないといえよう。

3　小　括

イラク特措法は以上のような諸問題があり、廃棄されるべきであるし、自衛隊派遣はすべて中止されるべきである[19]。イラクに派兵していた国は軍隊を撤退しつつある。アメリカ国内においても、イラク戦争・派兵を見直す動きが顕著になってきている。米英の占領軍に撤退を求め、不十分なものであるが国連と、イラク国民自身によって復興と統治が行われる必要があろう。日本は、そのようなことに尽力すべきである。現在、サマワに派遣されていた人道・復興支援目的の陸上自衛隊は撤退することになった（二〇〇六年六月政府決定）。しかし、安全確保を目的とする航空自衛隊は、米英軍のための軍事的な後方支援活動（イラクとクウェート間での米軍の物資や兵員の輸送など）を継続している。これは、憲法九条が禁ずる武力行使に該当するし、憲法九条が要請している中立義務に違反する活動である。

周辺事態法、テロ特措法、イラク特措法といった海外派兵法の見直しや継続的運用は、海外の武力紛争に乗じて、集団的自衛権行使に基づくさまざまな海外派兵を可能にする「恒久的海外派兵法」制定の実績作り（「海外派兵型戦争国家」樹立）の踏み台に必要とされていると考えざるをえない。

（1）　例えば、最近の文献として、L・パニッチ・S＝ギンディン［渡辺雅男訳］『アメリカ帝国主義とはなにか』（こぶし書房、二〇〇四年）。
　なお、従来の社会主義国や東西冷戦崩壊後のグローバル時代のアメリカを「帝国主義」でなく「帝国」として捉えるべきだとする説もある。「帝国」は、主権的国民国家をベースとした膨張主義的な帝国主義的支配の時代が終わり、支配の中心所在が不明確になった脱領土的な世界支配の状況、いわば「主権なきグローバル民主主義」の本質を説明するための概念である（アントニオ・ネグリ［小原＝吉澤訳］『〈帝国〉をめぐる五つの講義』［青土社、二〇〇四年］五六頁以下、アントニオ・ネグリ＝マイケル・ハート［水島一憲ほか訳］『帝国』［以文社、二〇〇三年］三頁以下参照）。それは、アメリカの世界支配の相対的低下や「協調的」な現代の大国主義などを説明できる長所もあるが、しかし、帝国主義（現代帝国主義における主権）の本質や、イラク戦争にみられるアメリカの世界支配の実態を軽視することになる弱点もあるように思われる。このような点について、「特集・『帝国』を読む」『現代思想』二〇〇三年二月号四六頁以下、渡辺治・後藤道夫編『「新しい戦争」の時代と日本』（大月書店、二〇〇三年）の渡辺治や後藤道夫論文参照。なお、澤野義一「世界秩序の変動と憲法学の課題――民主主義、人権、平和と主権論」平野武・澤野義一・井端正幸編『日本社会と憲法の現在』（晃洋書房、一九九五年）三頁以下も参照。
（2）　C・シュミット［長尾龍一訳］『現代帝国主義論』（福村出版、一九七二年）所収の「現代帝国主義の国際法的諸形態」［一九三二年］四六頁以下、同［田中浩・原田武雄訳］『政治的なものの概念』［一九三二年］未来社、一九七〇年）八七頁以下。
（3）　L・パニッチ＝S・ギンディン［渡辺雅男訳］『アメリカ帝国主義とはなにか』（前掲注1）二二頁以下。
（4）　レーニン［宇高基輔訳］『帝国主義』（［一九一七年］岩波書店、一九五六年）一四四頁以下。
（5）　渡辺治・後藤道夫編『現代帝国主義と世界秩序の再編』（大月書店、一九九七年）二九四頁以下。
（6）　島川雅史『［増補］アメリカ東アジア軍事戦略と日米安保体制』（社会評論社、二〇〇六年）一一一―一二二頁参照。
（7）　広瀬善男『二一世紀日本の安全保障』（明石書店、二〇〇〇年）八七頁以下。
（8）　米外交問題評議会「日米安全保障同盟への提言」『論座』一九九八年五月号二九六頁以下。
（9）　島川雅史・前掲書（注6）二三―六〇頁参照。
（10）　米外交問題評議会・前掲論文（注8）三〇三頁以下。
（11）　渡辺治『現代日本の帝国主義化』（大月書店、一九九六年）三〇三頁以下。
（12）　山内敏弘編『日米新ガイドラインと周辺事態法』（法律文化社、一九九八年）五一頁以下。
（13）　松井芳郎『テロ、戦争、自衛』（東信堂、二〇〇二年）、アフガン戦犯法廷準備委員会編『ブッシュの戦争犯罪を裁く』（現代人文社、二〇〇二年）、前田朗『侵略と抵抗』（青木書店、二〇〇五年）六三頁以下など参照。

（14）前田哲男編『自衛隊をどうするか』（岩波書店、一九九二年）。
（15）「毎日新聞」二〇〇一年一〇月二二日付。
（16）澤野義一『永世中立と非武装平和憲法』（大阪経済法科大学出版部、二〇〇二年）三四二—三四四頁。
（17）「朝日新聞」二〇〇一年一一月一日付。
（18）「特集・イラク派兵を問う」『世界』七二一号（二〇〇三年）、「特集・自衛隊イラク派兵」『インパクション』一三九号（二〇〇四年）、藤田久一「国際法と憲法の調和」『ジュリスト』一二六〇号（二〇〇四年）、浅井基文『戦争する国しない国』（青木書店、二〇〇四年）三五頁以下、イラク国際戦犯民衆法廷実行委員会「イラク国際戦犯民衆法廷　論告　アミカスキュリエ意見書」（耕文社、二〇〇四年）、前田朗・前掲書（注13）一二七頁以下など参照。
（19）自衛隊イラク派兵違憲訴訟については、小林武『平和的生存権の弁証』（日本評論社、二〇〇六年）一〇〇頁以下参照。

第九章　ＰＫＯ協力法とその変質的運用

一　はじめに

二〇〇一年秋の臨時国会（第一五三回国会）において成立した「テロ対策特措法」（一〇月二九日）に関連して、海外に派遣された武装自衛隊員が軍事的な国連平和維持活動（ＰＫＦ本体業務）を実施できる「改定ＰＫＯ協力法」が成立し（一二月七日）、一二月一四日に公布・施行された。また、同年一一月二一日には、自衛官を国連ＰＫＯ局（軍事部）に派遣できるようにする「国際機関等に派遣される防衛庁の職員の処遇等に関する法律改正」案なども成立している。(1)これらの法律ないし改定法律はいずれも違憲性が濃厚といえるが、当該ＰＫＯ協力法（以下、ＰＫＯ法と略記）改定を契機に、その問題点のみならず、ＰＫＯ協力の憲法問題や運用状況、さらに今後のあり方などについて、改めて検討することにしたい。

二　ＰＫＯの世界的動向と日本のＰＫＯ協力法の運用状況

ここでは、上記のＰＫＯ法改定に至るまでのＰＫＯの世界的動向と日本のＰＫＯ法の運用状況について概観する。

1　ＰＫＯの世界的動向(2)

東西冷戦下の伝統的ＰＫＯ（国連平和維持活動）は、基本的には、紛争当事国の要請と同意のもとに、鎮静化した紛争の再発防止などを任務とする中立的な国連の軍事的活動であり、平和維持軍（ＰＫＦ）ないし停戦監視団という軍事組織（軍事要員）によって任務が遂行された。軍事要員は、五大国（常任理事国）以外の小国や中立国などから派遣されてきた。軽武装する平和維持軍は、兵力の引き離しや兵力撤退の監視などを行い、自衛のためであれば武力行使が認められる。停戦監視団は、非武装が原則で、停戦監視を任務とする。その他、一九九〇年前後から、停戦後の国家自立のための選挙監視のほか、警察や医療活動などの、軍事要員によらない文民的ＰＫＯも注目されるようになった。

しかし、冷戦後のＰＫＯは伝統的ＰＫＯ原則から逸脱し、変質するようになった（新型ＰＫＯ）。たとえば湾岸戦争後のイラク・クウェート監視団（ＵＮＩＫＯＭ、一九九一年～現在）のように、当事国の一方のイラクの同意なしに、かつ多国籍軍（とくに五大常任理事国）も横滑りした形で派遣されたＰＫＯ、あるいは、国連カンボジア暫定機構（ＵＮＴＡＣ、一九九二年三月～九三年九月）のように、カンボジア四当事者からなるカンボジア最高国民評議会（ＳＮＣ）の主権と民族自決権（または当事者の同意）を侵害しかねない形で軍事や行政のすべての内政に関与するＰ

KOなどである。

国連においても、そのような現実の動向を正当化する論議もなされるようになり、一九九二年には、紛争の未然防止（予防外交）から、当事者合意の達成、和平後の再建に至るまでの国連の機能強化案が、ガリ国連事務総長から安保理事会に提出された（「平和への課題」）。その中で、当事者合意を達成するため、すなわち停戦の回復や維持のため、従来のPKFより重装備の「平和執行部隊」（国連憲章第七章に基づく）の創設が提唱され、第二次国連ソマリア活動（UNOSOM、一九九三年五月～一九九五年三月）と旧ユーゴのボスニア・ヘルツェゴビナにおける国連保護軍（UNPROFOR、一九九二年三月～一九九五年三月）で実践されることにもなった。しかし、これらの内戦地域の人道救済や停戦の任務を国連から委ねられた多国籍軍やNATO軍が武装勢力と交戦したり、多数住民に死傷者を出したりしたため、ガリ国連事務総長は、この種のPKOが困難であり、失敗であったことを反省した（一九九五年「平和への課題・補遺」）。

その後、二〇〇〇年には、アナン国連事務総長のもとでもPKO改革が提案されるが、これについては、後述する（本章第五節）。

2　日本のPKO法の運用状況(3)

日本のPKO法は、冷戦後の新型PKOが登場する状況下の一九九二年六月に制定された。この時点で、政府は、武力行使を目的としない平和維持活動への参加は許されるが、武力行使を目的とする平和維持活動への参加は憲法上許されないという論理のもとで、自衛隊のPKF参加を困難（違憲）としていた従来の政府見解を変更し、PKF参加も合憲とするに至った。ただし、PKO五原則の遵守とPKF本体業務の凍結という、二つの条件が付けられた。PKO五原則とは、紛争当事者の停戦合意、紛争当事者の受け入れの同意、活動の中立性、以上の条件が崩れた場合の撤収、要員の生命・身体の防衛に限定した武器使用である。PKF本体業務の凍結とは、軍隊の武装解除の監視など（上述）には参加しないことである。

このPKO法に基づく自衛隊派遣は、カンボジア派遣（一九九二年九月〜九三年一〇月）以降、モザンビーク（一九九三年五月〜九五年一月）、ルワンダ（一九九四年九月〜九四年一二月）、ゴラン高原（一九九六年二月〜現在）、東チモール（一九九九年一一月〜二〇〇〇年二月）に対して行われたが、問題もあった。例えば、ルワンダに派遣された自衛隊は、PKO法に基づくものであったが、いわゆるPKOではなく、国連の要請のない日本独自の「人道的な国際救援活動」であった。このケースは、人道的内政干渉や集団的自衛権行使になる恐れがある点に留意すべきである。ゴラン高原へのPKO派遣は、ゴラン高原に展開しているPKFである「国連兵力引き離し軍」への派遣であるから、PKO法で禁止されているPKF参加の疑いがある。カンボジアPKOの場合も、中立性の条件が満たされていたのか、PKFに一部参加したのではないかといった問題が指摘されている。東チモールには空輸部隊が派遣されたが、国連難民高等弁務官事務所の要請という名目で、難民に対する国際人道救援活動を行っている。

三　日本のPKO協力の背景と憲法適合性

1　日本のPKO協力の背景

日本のPKO派遣（法制定）を促した直接の契機は、一九九〇年八月以降の湾岸危機・戦争で唱えられた「国際貢献」論であったが、その前提には、八〇年代の日本の「国際化」路線があった。すなわち、日本のPKO派遣は、中立国などと異なり、自衛隊の海外派兵の一形態として、あるいは日本の政治経済・軍事の大国化という国家戦略として、また日米安保体制の拡大強化の一環として追求されてきているということである。アメリカの戦略（一九九五年の米国「国防報告」「第三次東アジア戦略構想」など）としても、日本のＰＫＯ派遣は、世界の安全保障に対する友好国・同盟国の貢献ないし責任分担の一つとして位置づけられており、一九九六年の日米物品役務相互提供協定（ＡＣＳＡ）や、一九九七年策定の新ガイドラインでは、人道的国際救援活動とともに、日米間の協力支援事項とされている。このような背景のもとで、一九九八年にＰＫＯ法が改定され[4]、武器使用は自衛官個人の判断から、原則として上官の命令で（部隊として）行えるようになった。その他、国連ＰＫＯの任務としてではなく、国連以外の国際機関による選挙監視活動に参加することや、人道的国際救援活動における物資協力を停戦合意がなくとも行うことが可能になった。

しかし、このような改正ＰＫＯ法により、ＰＫＯ五原則が部分的に形骸化すること、日米間の利害関係を重視して、ＰＫＯ法が運用され、ＰＫＯではない人道的国際救援活動なども行われることの危険性がある。

2　ＰＫＯ協力の憲法適合性

ＰＫＯには平和維持軍、停戦監視団、非軍事要員による三種類の基本的な活動のほか、複合型ないし多機能型といわれる新型ＰＫＯがあるが、これらのＰＫＯ協力（ＰＫＯ要員の海外派遣）は、憲法九条との関連ではどこまで認められるのであろうか。この問題については、以下のような見解がみられる[5]。なお、文民的ＰＫＯ協力については基本的に違憲説はないので、ＰＫＦと停戦監視団への協力の是非が争点になる。

(1)　全面的協力合憲説（Ａ説）

Ａ説は、停戦監視団だけでなく、武力行使の可能なＰＫＦ参加であっても合憲と解するが、その前提には、侵略的武力行使（戦争）でなく、国連憲章の範囲内であれば、自衛隊合憲論を前提に、すべての武力行使が合憲であるという憲法九条解釈論がある。A説の論理では、新型PKOやガリ国連事務総長が提案した「平和執行部隊」への参加も合憲と解される余地がある。

(2)　限定的協力合憲説（B説）　B説は、最小限度の自衛力保持（自衛隊）を合憲としたうえで、停戦監視団は認めるが、武力行使によって武力紛争に巻き込まれる恐れがあるPKFについては、国際平和維持が目的であっても、憲法上許されないと解する。

(3)　限定的協力合憲説（C説）　憲法九条が武力行使（戦争）および武力（軍隊・軍人）保持を全面放棄しているとするC説によれば、軍事要員を派遣し、武力行使の可能性もあるPKF参加、あるいは、文民による後方支援活動であってもPKFの武力行使と一体となるような参加は違憲となる。停戦監視団については、非武装が原則だとしも、軍事要員で占められるので、PKFの場合と同様、自衛官（自衛官以外の軍事要員も含む）の参加は違憲である。結局、文民による民生的・非軍事的な平和維持活動のみが合憲ということになるが、このC説が、憲法九条に最も適合する解釈であるといえよう。

(4)　限定的協力合憲説（D説）　D説は、現在の自衛隊によるPKO参加を違憲とみるが、日本が真の中立公正な平和国家になり、自衛隊が軍隊的性格をもたないように改編された段階での「平和維持待機隊」（兵力引き離しを含む）については、国際警察力の現代的形態として、平和憲法の精神に適合すると解する。D説については、現在の主権国家を前提とした国連安保理のあり方や国際的なPKO派遣決定ルールの公正さなどが検討されない限り支持するのは困難であろう。

なお、カンボジアPKO派遣の是非をめぐる裁判においては、PKO（法）の内容や運用実態の憲法適合性を検討しないで、平和的生存権や納税者基本権に基づく訴えの不適法性という形式面から、原告の請求が却下ないし棄却されている[6]。

四　ＰＫＯ協力法改定の概要と問題点

一九九二年に制定されたＰＫＯ法は一九九八年に一部改定されたが（上述）、二〇〇一年の改定は、ＰＫＯ法制定時につけられた、ＰＫＯ五原則の遵守とＰＫＦ本体業務の凍結という二つの条件のうちの一つ（後者）を取り払う改定も含まれている点で、事は重大といえよう。ここでは、二〇〇一年のＰＫＯ法改定の概要と問題点を検討する。

1　ＰＫＯ法改定の概要

ＰＫＯ法は、以下の三点について改定がなされた[7]。

(1)　ＰＫＦ本体業務の凍結解除　第一は、これまでのＰＫＯ法で凍結されていたＰＫＦ本体業務（ＰＫＦ参加）を可能にする改定である（同法附則二条の削除）。これによって、自衛隊員は、①武力紛争の停止の遵守状況の監視または紛争当事者間で合意された軍隊の再配置・撤退・武装解除の履行の監視、②緩衝地帯その他武力紛争の発生防止のために設けられた地域における駐留および巡回、③車両その他の運搬手段または通行人による武器の搬入・搬出の有無の検査または確認、④放棄された武器の収集、保管または処分、⑤紛争当事者が行う停戦線その他これに類する境界線の設定の援助、⑥紛争当事者間の捕虜の交換の援助といった六項目を実施することができるようになった（同法三条三号のイ〜ホ）。テロ対策特措法に関連して、このようなPKF本体業務を行う必要性は、アフガニスタン戦争後の同国におけるPKF参加、とりわけ地雷処理支援（PKF本体業務のうちの「放棄された武器の収集、保管または処分」に該当）などを考慮したものである。それは、アーミテージ米国務副長官が、アフガニスタンに敷設されている地雷（推定一〇〇〇万個）処理を日本にも期待する発言を行っていたことが一つの背景となっていた。

(2)　武器使用による防衛対象（人的範囲）の拡大　第二に、これまでのPKO法で派遣隊員が武器使用ができる対象は、「自己または自己と共に現場に所在する他の隊員の生命または身体」に限定されていたが（同法二四条）、法改定により、「その職務を行うに伴い自己の管理の下に入った者の生命または身体」も含まれることになった。これは、テロ対策特措法が、自衛隊員による武器使用の防衛対象を自己や自己と共にいる他の自衛隊員のほか、「自己の管理の下に入った者」を含むとしたことに対応させたものである。改定PKO法でいう「自己の管理の下に入った者」には、傷病兵・被災民・国際機関の職員・要人だけでなく、他国のPKO要員や武装した隊員も含むと解されている。なお、とりわけ他国のPKO要員や武装した隊員については、テロ対策特措法では含まないとされていたが、改定PKO法では含むものとされている点（拡大解釈）は注意を要する。

(3)　武器等防護のための武器使用の容認　武器等の防護のための武器使用は、日本国内で行動する自衛隊員に関しては認められているが（自衛隊法九五条）、これまでのPKO法では、PKO派遣隊員に関しては認められていなかった（同法二四条八項は自衛隊法九五条の適用を除外）。しかし、PKO法二四条八項を削除することにより、派遣隊員は、その保有する武器・弾薬・船舶・航空機・車両などを防護するための武器使用が可能になった。これが第三の改正点であるが、それは、自衛隊員が海外で行うPKF本体業務を含む国連平和維持活動を、他国の武装隊員に頼らなくとも独自にできるようにするものといえる。

2　PKO法改定の問題点

以上のようなPKF参加を容認するPKO法の改定は、武力行使の目的をもった武装自衛隊員の海外派遣を可能にすること、派遣自衛隊員（部隊）が単独で、あるいは他国の武装隊員と共同で武力行使して、当地の紛争当事者と交戦状態に陥る可能性もあることなどの点で、非軍事要員によって紛争が非軍事的に解決されるべきことを要請する憲法九条に違反する。その憲法解釈論は本章第三節で言及したので、ここでは、PKO法改定の現実的な必要性や緊急性があったのかどうかについて検討しておくことにする。

周知のように、PKOを積極的に推進する立場の人たちは、以前から、事あるごとに、PKF本体業務の凍結解除を主張してきていた。今回は、テロ事件にかかわるアフガニスタン問題への対応を口実にしたが、この問題が起きる前は、インドネシアから独立する東チモールへの派遣を念頭にしていた。しかし、PKO法改定以降、アフガニスタンには自衛隊のPKF派遣はなされていないし、東チモールに派遣されたPKOは、PKF本体業務を目的にするものではない。

アフガニスタンの場合は事態の複雑さのゆえに、アーミテージ米国務副長官などの発言とは異なり、国連としては、もともと、いわゆるPKO活動ではなく、国連主体の暫定行政機構の活動を重視していたことに留意すれば、アフガニスタンへのPKF参加の可能性はほとんどありえなかったのである。また、日本政府としても、自衛隊の地雷処理能力に疑問があること、PKO五原則が見直されない状況ではアフガニスタンへのPKF参加は困難なことを知っていたのである。(8)

二〇〇二年三月以降に東チモールに派遣されたPKO部隊については、施設部隊（約七〇〇人）として道路や橋などの整備を任務とするものであるから、基本的には、改定前のPKO法によっても、任務遂行が可能なのである。

また、東チモールの武力紛争が沈静化した地域で道路や橋などの整備を行うのが主目的ならば、それは、わさわざ迷彩服を着た自衛隊員を派遣しなくとも可能であろう。日本の民間業者でも可能だし、東チモールの人たちを雇って作業をしてもらえば、工事技術が身につくし、主体的な国づくりや経済効果を高めることにも貢献するはずである。一年間の準備・運営・撤収経費などが少なくとも一〇〇億円かかるともいわれている東チモールPKO部隊派遣予算は、このような目的のために使用される方が有益と思われる。(9) なお、これまでのインドネシアの東チモール支配を容認してきた日本が、東チモールの独立を契機に、過去の反省もなく、東チモールへの国際貢献を名目に自衛隊のPKO部隊を派遣することの道義性も問われなければならないであろう。

ともかく、以上の点からすれば、PKO法改定の必要性や緊急性はなかったのである。しかし、テロ対策特措法の制定に乗じて、自衛隊のより十全な軍事活動ができるPKO法改定をしておこうというのが、政府や防衛庁の意図であったと思われる。

3　国連PKO局への自衛隊員派遣の問題点

テロ対策特措法や改定PKO法を審議する第一五三回国会において、国連PKO局に自衛隊員を派遣できるようにする改正法（「国際機関等に派遣される防衛庁の職員の処遇等に関する法律」の改定）も成立した。これは、PKO法改定問題などに比べると、新聞や法律専門誌などではほとんど取り上げられていないが、重大な問題である。当該法改定の趣旨について、中谷防衛庁長官は、ゲーノ国連PKO局長の要請なども踏まえ、専門的な見識を有する小人数の自衛官を国連PKO局へ二〜三年の期間派遣して得られるノウハウが、日本の今後の国際的なPKO活動への取り組みや教育訓練等に生かされる点に意義があると述べている。(10)

ところで、ここで想定されている国連ＰＫＯ局とは、軍事顧問を長として、軍事顧問室、軍事計画課、軍事運用課、部隊形成課および訓練・評価課から構成され、平和維持活動ミッションにかかわる部隊の規模、配置についての計画の作成、展開中の平和維持活動ミッションの現地状況についてのモニター、平和維持活動要員の募集に関する各国代表部との交渉、平和維持活動に関する訓練ガイドラインの作成等の業務を行う部門である。要するに、この国連ＰＫＯ局は、国連ＰＫＯ局軍事部のことであり、ＰＫＦを含むＰＫＯの軍事的活動を計画・指導する組織である。

そうすると、国連ＰＫＯ局に自衛官を派遣することは、ＰＫＦを含む違憲の軍事的なＰＫＯ活動を補完するだけでなく、ＰＫＯ協力を名目とした自衛隊の海外派兵に国際的な「正当性」を与えてしまうことにもなる。日本の自衛官が恒常的に国連ＰＫＯ局に参画することになれば、日本が責任をもってＰＫＦ活動に参加することが国際社会から期待され、要請されることにもなっていくであろう。これは、憲法九条との関連で、日本が国連常任理事国に入って、軍事参謀委員会に自衛官を派遣することが認められるかという問題と同様、疑問に思われる。(11) このような自衛隊（隊員）の海外派遣は、憲法九条はもちろん、自衛隊法も想定していない。

五　ＰＫＯ協力の課題

二〇〇一年のＰＫＯ法改定は、今日の国際社会で実施されているような本格的なＰＫＯ協力を推進しようとする人たちにとっては、前進したといえようが、不十分であることも確かであろう。その理由として、ＰＫＯ五原則の条件が残されていること、これまでのＰＫＯ協力派遣が実際には数件しか実施されていない中で、ＰＫＦ協力派遣が直ちにできるとは限らないことなどが考えられる。そこで、ＰＫＯ訓練センターなどをつくって、ＰＫＯの実績を積んでいくことが課題として提案されている。この課題を常任理事国入りの条件と結びつける大国主義的な見解もある。さらに、次のＰＫＯ法改定の課題として、ＰＫＯ五原則の見直し論や、ＰＫＯ協力を自衛隊の本務の一つに格上げすべきだという主張（自衛隊法の雑則から本文第三条に入れる法改正は二〇〇六年一二月成立）などが出されている。(12)

ところで、冷戦後の国連を中心とするＰＫＯ強化のための改革論としてガリ国連事務総長が提案した「平和執行部隊」的なＰＫＯは、一九九〇年代半ばには問題があるとの反省がなされた。しかし、その後も多発する地域紛争（人権侵害を伴う）に対するＰＫＯ派遣の必要性の増大と、ＰＫＯの任務遂行の困難さに直面して、アナン国連事務総長のもとで、二〇〇〇年に、新たなＰＫＯ改革が提案された（「ブラヒミ・レポート」）。それは、全体的には、国連の平和活動を、紛争予防から、平和維持活動、さらに平和構築までを含むものとして捉える点で、ガリ国連事務総長の「平和への課題」の基本線を継承しているといえるが、ＰＫＯについては、公平とか自衛に限定した武力行使などのＰＫＯの基本原則は維持するとしている。ただし、いったん派遣されたＰＫＯ要員は、その任務を専門的に確実に実行でき、和平合意の約束に背いたり、暴力によって合意を破ろうとする者に対しては、強力な交戦規定によって、「自己、他の要員および要員の任務」を守ることができなければならないとして、派遣部隊の強化が提案されている。他方、市民警察的活動や複合的ＰＫＯの重要性も提案されている。(13)

日本のＰＫＯ法改革を推進した人たちは、国会審議からも窺われるのであるが、この「ブラヒミ・レポート」を念頭にしていた形跡もある。しかし、それに全面的に依拠するようであれば、それは、憲法九条を無視するに等しい。「ブラヒミ・レポート」を参考にするとしても、非軍事的なＰＫＯ協力の部分に限定すべきである。新型（複合型）ＰＫＯは武力行使や強制力を重視する方向にあり、ＰＫＯの中立性の原則などを形骸化しつつある（人道的介入の様相をもつ）うえに、武力紛争を根本的には解決しえないのであるから、日本としては、軍事的なＰＫＯ派遣に積極的になるよりは、紛争地域の対立要因を政治的・経済的に解決する外交に力を入れるべきである。他国と同じようなＰＫＯを派遣する国際法上の義務もない以上、非武装平和（永世中立）憲法に適した非軍事の文民的ＰＫＯ派遣協力に限定した工夫をすべきであろう。[14]また、このような観点から、日本の現行ＰＫＯ法はいったん廃棄して、違憲性のないＰＫＯ法につくり変えるべきである。なお、自衛隊を分割して、あるいは解体して、専門のＰＫＯ部隊をつくり、国連に委ねるといった構想もあるが、[15]それは、どのような任務をもつＰＫＯなのか、あるいは憲法改正を要するのかといった点について慎重な検討を要しよう。

（1）その他の関連法として、防衛機密漏洩を処罰する改正自衛隊法、領海における不審船への武力行使を拡大強化する改正海上保安庁法が成立した。

（2）ここでは、澤野義一『平和保障と非武装中立』（青木書店、一九九七年）二一一—二一九頁、二二七—二二八頁に依拠している。なお、ＰＫＯの展開動向を概観した文献として、斎藤直樹『新版国際機構論』（北樹出版、二〇〇一年）など参照。

（3）日本のＰＫＯ法運用の批判的な考察として、澤野義一『永世中立と非武装平和憲法』（大阪経済法科大学出版部、二〇〇二年）三二五—三二六頁、山内敏弘・太田一男『憲法と平和主義』（法律文化社、一九九八年）一八頁以下など参照。

（4）詳細は、伊藤雅康「新ガイドラインと国連平和維持活動等協力法」『法律時報』七一巻一号（一九九九年）六〇—六四頁参照。

（5）ＰＫＯ協力の憲法適合性に関する学説整理として、澤野義一・前掲書（注3）三二八—三三一頁参照。文献の参照は割愛するが、A説としては広瀬善男、B説としては橋本公亘、C説としては山内敏弘、D説としては深瀬忠一が、各説の代表的論者である。

（6）「ＰＫＯ法」違憲訴訟の会編著『カンボジアＰＫＯ違憲訴訟』（緑風出版、一九九八年）参照。

（7）岡本篤尚「『人道』という美名の陰から『国益』が透けて見える」『週刊金曜日』三九二号（二〇〇一年）一〇—一二頁参照。

（8）「読売新聞」二〇〇一年一〇月二五日付、「朝日新聞」二〇〇一年一一月二二日付参照。
（9）今野東「国際貢献は自衛隊にしかできないか」『週刊金曜日』三九二号（二〇〇一年）一八—一九頁参照。
（10）二〇〇一年一一月二〇日の参議院防衛委員会審議を参照。
（11）澤野義一・前掲書（注2）一八二—一八五頁、同・前掲書（注3）三三二—三三四頁参照。
（12）伊藤憲一編著『現代予防外交』（日本国際フォーラム、二〇〇〇年）で考察されているPKO関連の論文、神余隆博「日本の国際平和活動」国際法学会編『安全保障』（三省堂、二〇〇一年）一三〇頁以下、斎藤直樹・前掲書（注2）二八七頁、自由党のPKO法構想など。
（13）「ブラヒミ・レポート」は、正式には、Report of the Panel on Unitwd Nations Peace Operations（国連平和活動検討パネル報告）である。ブラヒミは、この報告書を作成したグループの座長名である。この報告書はインターネットでみることができるが、その簡単な紹介として、斎藤直樹・前掲書（注2）二七二—二七六頁、伊藤憲一編著・前掲書（注12）一四九頁など。
なお、PKO要員の任務に関連して、アメリカのブッシュ政権は、二〇〇二年五月、国際刑事裁判所設立条約の署名を一方的に撤回した後、六月には、国連PKO要員の刑事免責を求める決議案を国連安保理に提出すると同時に、ボスニアPKOの期限延長に拒否権を行使した。このようなアメリカの身勝手な行動については多くの批判があったが、最終的には、PKO要員について捜査および訴追を一年間猶予するということで妥協がはかられ、ボスニアPKOは二〇〇二年末まで延長されることになった。
（14）水島朝穂「『人道的介入』の展開とその問題性」浦田賢治編『立憲主義・民主主義・平和主義』（三省堂、二〇〇一年）五二五頁以下、松井芳郎『国際法から世界を見る』（東信堂、二〇〇一年）二六五—二六九頁など参照。
なお、スイスでは二〇〇〇年の国民投票で、PKF協力を可能にする国防法改正が成立したが、それに反対した人たちは、PKF協力派遣が民兵制や永世中立を否定するものだと批判した。スイスは武装永世中立なので、PKF協力派遣が仮に永世中立と矛盾しないとしても、非武装永世中立の場合は、PKF協力派遣には問題があろう（澤野義一・前掲書（注3）四四—五〇頁）。非武装永世中立政策をとるコスタリカはPKF協力派遣はしていない。
（15）岡本篤尚・前掲論文（注7）一二頁、上野裕久『われらまたと戦争はしない』（信山社、一九九五年）一九九頁以下など。
なお、本章第三節で言及したPKOの派遣に関する限定的協力合憲説（D説）も参照（和田英夫ほか編『平和憲法の創造的展開』［学陽書房、一九八七年］四七一—四七三頁）。

第一〇章　有事法制化の動向と憲法問題

一　有事法制とは何か

今日、有事法制といえば、メディアを通じて一般の人たちが考えるのは、二〇〇三年から二〇〇四年にかけて成立した有事三法と関連七法等であろう。しかし注意しなければならないのは、当該立法だけが有事法制なのではないということである。

上記の有事立法の前提となっており、相互関連性のある個別の有事法制がすでに存在しているのである。戦後早くから存在しているものとしては、日米による有事への共同対処を要請する日米安保条約（一九五一年締結、六〇年改定）と、自衛隊による有事対処を定める自衛隊法（一九五四年）がとくに重要な有事立法である。

例えば、自衛隊法と有事三法等の関連性ということに言及すれば、自衛隊法が、国民に対する戦争協力要請についての強制（処罰規定）を定めていないにしても、同法七六、七七、一〇三条などで、武力攻撃の恐れや予測を含む武力攻撃にさいしての自衛隊の防衛出動や国民に対する徴用・業務従事命令が可能なことについて規定していることにみられるように、有事三法等は自衛隊法をより実効的にしているのである。

したがって、有事三法等は本格的な有事法制だから反対するが、日米安保条約や自衛隊法などを容認するという態度は、論理的には首尾一貫しない。というのは、日米安保条約や自衛隊法を容認するならば、これらの安保・有事法制を具体化する個別ないし包括的な有事法制の制定に反対する理由はなくなるからである。有事三法等に反対するのであれば、その前提にある日米安保や自衛隊法にも反対するのが当然であろう。

それはともかく、安保・軍事に関する有事立法（ここでは「固有の有事法制」と称する）は、その中核となる包括的（本格的）な有事法制と、特定の個別的な有事法制から構成されるものと考えることができる。前者に相当する有事法制は有事三法等であり、後者に相当する有事法制は、自衛隊法、日米安保条約、周辺事態法（一九九九年）、テロ対策特別措置法（二〇〇一年）などである。有事法制は、要するに、一連の戦争法ないし戦争動員法を意味する。

なお、上記の「固有の有事法制」に対して、より広義には、「機能的有事法制」というものを考えることもできよう。市民的自由（権）との関連でいえば、有事にさいし、市民的自由の規制ないし管理につながる恐れのある盗聴法、改正住民台帳基本法、国旗国歌法、教育基本法改正案（二〇〇六年一二月成立）、共謀罪法案などである。これらの法律ないし法案は、それ自体は（固有の）有事法制ではないが、戦争状態という有事にさいし、あるいは平時から有事に備え、国民の管理や動員のために使われないとも限らない。(1)

アメリカでは、従来からの一連の情報関連法や、同時多発テロ事件（テロ戦争）を契機に制定された「愛国者法」などにより、捜査機関は市民情報を盗聴しているが、とりわけ「愛国者法」では、テロ容疑者に対しては従来より簡単な手続きで盗聴したり、個人情報保有会社などに個人情報を提供させたりする権限が与えられている。これは、情報関連法が、テロ戦争との関連で、有事法制として機能している例といえよう。(2)日本でも、盗聴法や住民台帳基本法などの必要性を、国防や有事法制との関連で位置づける見解もみられる。(3)

その他、一九九九年の地方分権改革（地方分権一括法）の名目でなされた地方自治関連法の改正で、地方行政に対する国の新たな関与が可能になった法律（改正港湾法など）があるが、これらも、同時期に制定された周辺事態法とのかかわりもあって、有事法制として機能することが予想される（詳細は後述）。

以下で扱う「有事法制」は、基本的には有事三法と関連七法である。

二　有事法制の提案背景

有事三法と関連七法からなる有事法制は、一九六三年の日米合作による三矢作戦計画（第二次朝鮮戦争を想定）以来の有事立法研究の成果、とりわけ防衛庁が一九八〇年代から公表してきた三つの分類からなる有事法制研究を踏まえて策定されたものである。自衛隊の軍事行動にかかわる諸事項について、第一分類は防衛庁所管の法令を、第二分類は防衛庁と他省庁所管との調整を要する法令を整備するものである。第三分類は、所管省庁が明確でないが、民間防衛などに関する法令を整備するものである。

これまでは、それなりの力をもっていた護憲勢力などの反対で、本格的な有事法制の国会提案は阻止されてきたが、冷戦後の護憲勢力の減少と改憲勢力の増大、および一九九七年の日米新ガイドライン策定を背景に、冷戦下の有事法制研究が想定してきた日本有事だけでなく、周辺事態法などが想定する周辺有事をも包括する危機管理法制ないし緊急事態法制の必要性が唱えられるようになった。この点では、経済大国から政治・軍事大国化を指向する日本の財界や保守政治家などと、アメリカ支配層の要求は一致している。

しかし、一九九九年の段階では、有事法制と切り離して、周辺事態法の制定が優先されたため、有事法制の制定は次の課題として残されていた。

この課題を実行する必要性は、新ガイドラインのよりいっそうの具体化を日本に突きつけてきたブッシュ政権の安保政策となった二〇〇〇年一〇月の「アーミテージ報告」で明記されることになった。そこでは、日米安保同盟をもっと有効なものにするためには、日本が集団的自衛権行使の禁止方針を取り払うこと、国会で有事法制を通過させること、平和維持活動や人道救援任務に完全参加すること、ＴＭＤ（米本土ミサイル防衛）に関する日米協力の範囲を拡大することなどが求められている。

このアーミテージ報告の要請が、現実的な課題として認識されるのは、二〇〇一年九月一一日のアメリカで起きた同時多発テロ事件と、それに対するアメリカのアフガニスタンへの武力攻撃や対テロ戦争論を背景に、インド洋に自衛隊艦船を派遣して米英軍と集団的自衛権を行使しあうことになるテロ対策特別措置法という一種の有事法制が制定（同年一〇月）されてからである。同法に関連して、防衛機密漏洩を処罰する自衛隊法改正、領海における不審船への武力行使を拡大強化する海上保安庁法改正、ＰＫＦ凍結を解除するＰＫＯ法改正もなされた[4]。

このような新法の制定や法改正とともに、憲法九条に関する改憲論だけでなく、本格的な有事法制の必要論がいっそう強調されるようになった。例えば、二〇〇一年一〇月三〇日の「日本経済新聞」の社説は、「有事法制を含め、包括的な安全保障法制を早急に整備」すべきこと、「恒久的かつ包括的な危機管理法制を論議するに当たり、集団的自衛権の行使は認めないとする従来の憲法解釈を変更すべきだと考える」と述べている。また、同年一一月二八日に設立された「新世紀の安全保障体制を確立する若手議員の会」（自民・保守・民主・自由・公明各党から百一人が参加）は、集団的自衛権行使を認める「安全保障基本法」や有事法制の制定をめざす方針を決定している[5]。

さらに、有事法制の制定論に拍車をかけたのは、二〇〇一年一二月末に起きた不審船事件である。これを契機に、小泉首相が、「有事」の対象を戦争だけでなく、テロや不審船にも広げる発言をして以来、有事法制にテロや不審船への対処も含まれる可能性も出てくることになった。二〇〇二年二月に政府与党は「有事法制整備の基本方針」を決定し、同年四月、国会に有事三法案を提出した。

ところで、有事三法は、対外での戦争や自衛隊の海外派兵にかかわる有事法制ではなく、日本有事すなわち自国防衛にかかわる有事法制であるという印象を与えつつ提案されている。その方が、国民の素朴なナショナリズムに訴え、国民の支持を得やすいからである（小泉首相のいう「備えあれば憂いなし」）。しかし、有事三法が、日本が直接武力攻撃を受けない段階の、武力攻撃を受ける恐れがあるとか、武力攻撃を受けることが予測される段階から自衛隊が軍事行動をできることを認めているから、米軍支援のために海外派兵されている自衛隊が武力攻撃を受ける場合とか、そこで生じた武力紛争が日本に波及する恐れがある場合にも、有事法制が適用可能になるものである。すなわち、有事三法は、日本本土の直接的な有事でない海外有事にも適用可能であり、冷戦後の有事法制である周辺事態法などと連動して機能することも想定されていたといえる。(6)

以上のようなことを踏まえて、以下に、有事法制を概要し、その憲法的な問題点などを検討していくことにする。

三　有事法制の概要

1　有事三法

まず、有事三法は、上述した日米新ガイドラインの具体化や北朝鮮脅威論などを背景に、二〇〇三年六月に成立した。同法は武力攻撃事態法、改正自衛隊法、改正安全保障会議設置法からなるが、その要点は、日本に対する

「武力攻撃事態等」にさいし、政府・首相の強力な権限のもとで、自衛隊と米軍の軍事行動を可能にし、指定公共機関・自治体・国民に軍事（戦争）協力させることにある。軍事協力しない国民は処罰されることもありうる。以下、同法の概要と問題点を述べておこう。(7)

(1)　武力攻撃事態法　武力攻撃事態法は有事法制全体の総則的な立法であるが、同法の定める「武力攻撃事態等」には、武力攻撃が発生した事態および武力攻撃が発生する明白な危険が切迫している事態を含む「武力攻撃事態」と、武力攻撃が予測される「武力攻撃予測事態」が含まれる。武力攻撃事態等への対処措置として、自衛隊の軍事行動や日米安保条約に基づく米軍の行動の円滑化のための措置（物品・施設・役務などの提供）、武力攻撃から国民の生命・身体・財産を保護するための避難指示、施設の復旧、生活関連物資・価格の安定化措置などがとられる。武装不審船の出現やテロの発生などの「武力攻撃事態等以外の緊急事態」に対する対処規定も導入されている。

武力攻撃事態等に対する対処基本方針を決定し、対処措置をとるのは政府・首相であるが、対処基本方針の決定のみならず、対処措置についても、必ずしも国会の事前承認を必要としない仕組みになっている。例えば武力攻撃予測事態の場合、国会の事前承認なしに陣地構築のために自衛隊が出動し、住民の土地使用などができ（改正自衛隊法）、国会で対処基本方針に不承認の議決があれば、対処措置を「速やかに終了」すればよいのである。対策本部長である首相は、対処措置に関して自治体や指定公共機関の長と総合調整を行い、法律によれば措置の実施を指示できる。当該措置が実施されない場合には、首相は、当該長に対して直接に、あるいは関係大臣を指揮して措置を実施させることができる。国民に対する協力要請は自治体の長を通じて行われるが、その具体的内容は、次に言及する改正自衛隊法で規定されている。

(2)　改正自衛隊法　改正自衛隊法では、防衛出動命令が発せられることが予測される場合（上述の予測事態）のほか、武力攻撃事態に対して防衛出動が命ぜられる場合（原則国会の事前承認が必要）の措置について規定している。防衛出動になれば、自衛隊には個人通路に対する緊急通行権などが認められ、職務遂行に必要なときは武器使用もできる。自衛隊の用に供するため必要な事項は、知事が政令に基づいて、個人や法人に対し公用令書を交付して命令することができる。土地・家屋・物資の使用、物資の保管または収用、業務従事、立木等の移転・処分、家屋の形状変更などの命令である。同法は、自衛隊が出動するさいに必要な関係法律の特例・適用除外についても規定している。例えば、建築基準法、港湾法、海岸法、道路交通法などの特例規定、墓地・埋葬に関する法律、医療法、都市計画法などの適用除外規定である。取扱物資の保管場所への立ち入り検査を拒否したり、物資保管命令に違反した場合には、法人だけでなく従業員も処罰される。なお、従業員の業務従事命令拒否は、それだけでは直接に処罰の対象とはならないにしても、企業から解雇されるなどの不利益を受けることも考えられる。

(3)　改正安全保障会議設置法　改正安全保障会議設置法は、従来の安全保障会議（内閣の諮問機関）の審議・決定事項とされてきた「国防に関する重要事項」と「重大緊急事態」のほかに、「武力攻撃事態等」を追加して、そのための専門委員会をおくなど、国防行政権力である安全保障会議の機能強化をはかっている（安全保障会議については、第一一章参照）。

2　有事関連七法

上記の有事三法を具体的に運用する補充立法として、二〇〇四年六月、有事関連七法が制定・整備されることになった。①米軍支援法、②国民保護法、③特定公共施設等利用法、④外国軍用品等海上輸送規制法、⑤国際人道法の重大な違反行為の処罰に関する法、⑥捕虜等の取り扱いに関する法、⑦自衛隊法の一部改正（ＡＣＳＡ［日米物品役務相互提供協定」改定に伴う国内法整備）である。それ以外に、関連条約・協定として、一九七七年のジュネーヴ条約追加議定書（第一・第二）の批准と前記ACSAの改定が決定された。

武力攻撃事態等において武力攻撃に対処するため、①は米軍に必要な協力をする法律、③は米軍や自衛隊が港湾・空港・道路などを優先利用できる法律である。⑦は、日米間で平時に運用される協定を有事にも運用可能にする法律である。④は、自衛隊が領海や周辺公海で外国軍用品等の停船検査などを行う法律である。⑤と⑥の法律は、自衛隊が軍隊として戦闘行為にかかわることを想定し、武力紛争に関する国際法ルールであるジュネーヴ条約に違反した場合に当該自衛隊員などを処罰するものであるが、⑤は、重要文化財の破壊や捕虜の送還遅延などを対象としている。⑥は、捕虜の人道的な待遇に関する事項を対象としている。②は、住民の安全を保護するための避難・誘導などに関する国・自治体の権限と住民の協力について詳細に規定しているが、これについては後述する。

四　自治体に関する有事法制化

自治体に関する有事法制化は、上述の有事法制の中に大きなウエイトを占めているが、有事法制が成立する以前から進行している自治体の有事法制化、とりわけ新ガイドライン策定前後の有事法制化の状況についても概観しておくことにする。(8) そのうえで、有事法制の中の自治体における戦争協力のポイントについて改めて言及することにする。

1　新ガイドライン・周辺事態法の策定にさいしての場合

新ガイドライン策定（一九九七年九月二三日）や周辺事態法（一九九八年四月二八日法案提出、一九九九年五月成立）は、日本周辺地域で行う米軍の軍事行動に日本政府が後方支援するさい、自衛隊や国民のほか、自治体に対しても「協力」を要請している。新ガイドラインでは、「後方地域支援を行うにあたって、日本は、中央政府及び地方公共団体が有する権限及び能力を適切に活用する」と規定されており、周辺事態法案の九条一項では、「関係行政機関の長は、法令及び基本計画に従い、地方公共団体の長に対し、その有する権限の行使について必要な協力を求めることができる」と規定されていた。

このような新ガイドライン策定や周辺事態法が成立することを想定し、米軍側としては、日本周辺有事のさいに米軍が使用する可能性のある民間の空港として新千歳、関西、福岡、長崎空港など、港湾として小樽、苫小牧、函館、新潟、神戸、博多、那覇などを具体的にあげていた（新聞「朝日」一九九七年八月二九日付、「読売」一九九七年五月二四日付）。また、以下のように、政府が自治体に要請する米軍への協力に応ずる自治体も登場するようになった。

(1)　民間空港・港湾の米軍使用　米軍による民間空港使用（着陸）は、一九九六年には二七カ所の空港で一〇四八回、一九九七年には二九カ所の空港で九一九回となっている（「朝日」一九九八年四月六日付、「赤旗」一九九八年一一月八日付）。また、米軍による民間港湾使用（米艦船の入港）は、一九九七年には一三カ所で二〇回、一九九八年には一六カ所で二二回となっている（「赤旗」一九九八年四月二五日、一二月八日付）。

(2)　一方的通告による米艦船の入港　米艦船が一方的通告だけで入港する事例があるが、これは、自治体の港湾管理権を侵害する点で問題がある。岩国港においては、一九九八年、米軍海上輸送船団の輸送船ケープ・インプリケーションが、装備品の積みおろしのために二度入港しており、四月の入港では、山口県の港湾条例の定める手続きに従い、積載内容の照会に応じた。しかし、七月の入港では、日米地位協定に基づく入港であると通告し、県の照会に応じないで一方的に入港している（「赤旗」一九九八年一〇月一九日付）。

小樽港においては、一九九七年九月、空母（インディペンデンス）が初めて民間港湾に入港した点で注目された。この入港では、小樽海上保安部から小樽市へ、「艦船二隻の入港について検討願います」というファックスが送られたが、自治体には入港の諾否について判断権がないかのような説明がなされているから、米空母の事実上一方的な入港を小樽市がやむなく受け入れたものといえる。小樽市は、米空母の給水やゴミ処理、空母見学者のための会場整理・警備などに市職員を動員したが、空母寄港中は市役所は仕事にならない状態だったとか、作業が深夜にわたったりしたともいわれている。

⑶　**神戸港へのカナダ艦船入港**　米艦船ではないが、一九九七年五月の神戸港へのカナダ艦船（補給艦プロテクター）の入港は、いわゆる「非核神戸方式」を形骸化する端緒になる恐れがある点で重大な事例といえる。神戸市は、「カナダは非核国であり、核兵器は積んでいない」という外務省の説明をもって、実際の非核証明書なしにカナダ艦船の入港を認めたのである。一九七五年以降、カナダを含め、入港したすべての艦船に非核証明書を提出させてきた神戸市が神戸方式を破った背景には、周辺事態法を先取りしようという政府・外務省の圧力があったといわれている（「赤旗」一九九八年八月一七日付）。

⑷　**自治体病院への「協力」要請**　一九九八年九月、北海道矢臼別で米海兵隊が実弾砲撃演習をしたさい、米軍は釧路市立総合病院と別海町立病院に医療協力を要請し、施設を調査している。また、釧路市立総合病院とは緊急医療体制についても相互に確認している（「赤旗」一九九八年一〇月一三日付）。これは、周辺事態法の後方支援体制づくりの一つといえるが、緊急事態時には、日本の一般患者を無視して米国の負傷兵の治療を優先させることにな

る恐れがあることを示している。

2　地方分権改革関連法の場合

同法は、地方自治に関連する四七五本の法律を一括して改正するための法律であるが、地方分権推進委員会勧告（一九九六年以降）や地方分権推進計画などを経て、一九九九年七月制定されたものである。同法制定の建前は、戦前の中央集権的行政の名残である機関委任事務を廃止し（自治体の事務を自治事務と法定受託事務に分ける）、地方分権を推進するということであるが、地方に対する国の新たな関与の仕組みを導入した点に留意する必要がある。地方に対して国は、自治事務については「是正の要求」、法定受託事務については「是正の指示」や「代執行」などにより関与できるし、一定の行政については、地方の権限を奪って「国の直接執行事務」にしたものもある。

米軍の戦闘行為に対する自治体協力を規定している周辺事態法九条との関連で改正したと考えられる法律の例としては、次のものがある。①改正建築基準法一七条では、「国の利害に重大な関係がある建築物」（防衛関連施設）については、建設大臣は自治体の長に対し必要な措置を指示でき、長が指示に従わない場合は、国が直接執行できる。②改正港湾法四七条二項では、運輸大臣が港湾管理者（自治体の長）に対し、米艦船の入港拒否などの行為について変更を命じた場合、港湾管理者は運輸大臣の要求に従わなければならない。これは、自治体の港湾管理権を形骸化するものである。③改正水道法四〇条二項では、給水事務に関して「国民の生命に重大な影響を与えるおそれがあるときは」、厚生大臣は当該事務（米艦船への給水）を知事に指示でき、知事が指示に従わない場合は、厚生大臣が当該事務を直接執行することができる。

国の直接執行事務になったのは、米軍用地特別措置法の改正による、米軍用地の収用・使用に関する手続きである。これまでは、知事による土地に関する代理署名と公告・縦覧は機関委任事務ではあるが、知事の関与権があった。しかし、機関委任事務の廃止により、知事の関与権はなくなった。自治体の収用委員会による公開審理と裁決権は、法定受託事務とし自治体に残されたが、防衛施設局長が緊急裁決を申し立てた場合に、委員会が二カ月以内に裁決結果を出さず、事件を総理大臣に送致もしないときには、総理大臣は自ら裁決を代行できる。したがって、米軍用地の強制収用に関しては、自治体の権限がほとんどなくなったといえる。

さらに、地方自治法の改正において、同法の改正前の基本目標であった「地方公共の秩序を維持し、住民及び滞在者の安全、健康及び福祉を保持する」という規定（旧自治法二条三項一号）が削除され、「住民の福祉の増進」という簡単な規定に改められたこと（新自治法一条の二）、そして、国が「国際社会における国家としての存立にかかわる事務」や「本来果たすべき役割」等を重点的に担うこととされたこと（同法一条の二第二項）は、自治体の役割を福祉におき、安全や平和に関する行政を地方から奪い、国に固有のものにしようとする考えが窺われる。(9)

3　有事法制の場合

(1)　武力攻撃事態法、改正自衛隊法、米軍支援法、特定公共施設等利用法等

有事法制における自治体の有事化は、以下のようにまとめることができよう。武力攻撃事態法においては、武力攻撃事態等（武力攻撃事態と武力攻撃予測事態）への対処措置（自衛隊等が中心に行う侵害排除と自治体が中心に行う国民保護）について、対策本部長である首相が自治体等に対して、他の有事関連法に基づいて対処措置を指示でき、当該措置が実施されない場合には、首相は当該長に対して直接に、あるいは関係大臣を指揮して措置を実施させることができることが定められている。

例えば、改正自衛隊法（一〇三条の二）では、武力攻撃事態等にさいし自衛隊の行動に必要な場合には、防衛庁

長官等の要請に基づき、知事が政令に基づいて公用令書を交付すれば、住民の土地・家屋・物資の使用、物資の保管または収用、業務（医療・輸送・土木）従事、立木等の移転・処分、家屋の形状変更などを命ずることができる。物資の保管命令などに違反した場合には、処罰されることもある。

米軍支援法では、米軍のために、首相が自治体や住民のもつ土地や家屋などの強制使用をさせることができる。特定公共施設等利用法では、米軍や自衛隊が港湾や空港、道路などを利用する必要がある場合、首相は自治体に対して優先利用させることができる。同様のことは、以下のように、国民保護法においても規定されている。

⑵　国民保護法の場合　国民保護法には、有事のさいの住民の安全確保の側面と、自治体や住民に戦争協力を求める側面が含まれている。国民保護法によれば、都道府県は、国が行う警報の発令・避難措置の指示・救援の指示・武力攻撃災害への対処措置に関する指示などに従い、住民への避難指示・避難住民の救援・武力攻撃災害の軽減・自衛隊の派遣要請などを行う。市町村はさらに身近な措置として、住民に対する警報の伝達・避難実施要領の策定・救援の実施・退避の指示・武力攻撃災害の復旧措置などを行う。

住民の立場からみると、上記のような対処措置は自治体が住民に強制してはならず、住民への協力要請は、住民の自発的意思に委ねられるものとされている（四条）。基本的人権尊重主義との観点からは、住民の権利が制限される場合でも、必要最小限に限られ、適正手続きの権利、平等権、思想良心・表現の自由を侵害してはならないと明記されている（五条）。このような国民保護法の基本原則からすれば、確かに、住民の避難訓練への参加（四二条）、避難住民の誘導への協力（七〇条）、救援への協力（八〇条）、消火・負傷者の搬送への協力（一一五条）などは、法的強制を受けるものとはされていない。しかし、避難住民等のための収容・医療施設を設置するさいの土地・家屋等の使用（八二条）、生産・販売・輸送等の業者に対し救援に必要な物資（医薬品・食品等）の収用や保管命令（八一条）は法的強制力が伴う。また、物資保管命令に従わない場合には刑罰が科される（一八九条）。なお、大規模な武力攻撃災害が発生した場合に、知事が医療関係者に対して医療の実施を要請・指示できることになっているが（八五条）、土地の収用等と異なり、罰則による強制はない。

五　有事法制の憲法的問題点

日本国憲法の基本原則といわれる平和主義、国民主権（議会制民主主義）、住民自治、基本的人権の尊重主義との観点から、有事法制の問題点を指摘する。その他、立憲主義と国家緊急権の関係からの問題などもあるが、これについては簡単に言及するにとどめる。

1　平和主義の観点からの問題

日本国憲法の平和主義の特色である非戦・非武装平和主義（あるいは非武装中立）の観点からは、有事法制が武力的自衛権行使を前提とし、自衛隊や米軍の行動を容認して立法していること自体が、そもそも違憲である。それはともかくとしても、この立法によれば、武力攻撃事態の定義では、武力攻撃を受ける恐れがある時点から軍事的な対処措置をとれることは、想定される攻撃国に対して、自衛隊が先制的に武力威嚇ないし武力攻撃を行う可能性もありうる点で、政府のいう専守防衛論だけでなく、国連憲章の個別的自衛権行使の要件にも違反する。また、米軍の軍事行動を（直接的にしろ間接的にしろ）支援して集団的自衛権を行使することになる可能性も考えられ、集団的自衛権行使を禁止する憲法九条に違反する。

なお、武力攻撃事態法では、テロや不審船に対しても自衛隊で対処することが想定されているが、これは問題である。テロや不審船事件は、ブッシュ大統領が強引に行ったような「新しい戦争」の対象にすべきではない。というのは、テロはテロ関係諸条約に従って裁かれるべき国際犯罪（厳密には国内犯罪）として処理すべき問題であり、不審船は海上保安庁の警察権行使によって対処すべき問題であるからである。(10)

2　国民主権の観点からの問題

国民主権の観点からは、有事法制は、対処基本方針の決定や実際の対処措置にさいして、首相・政府・安全保障会議・防衛庁長官に強い権限を付与し、国会の事前承認権を軽視していることが問題である。また、武力攻撃事態の発生は米軍の戦争にかかわって起こる確率が高いとすれば、武力攻撃事態の認定は、実質的には日米の軍人や外務・防衛官僚らによってなされることになろう。このようなシステムとしては、すでに日米新ガイドラインのもとで、平時からの日米共同作戦計画を策定する「包括的メカニズム」と、とりわけ有事における共同軍事行動を実施するための「調整メカニズム」が構築されているのである。これでは、はたして、議会制民主主義あるいはシビリアン・コントロールが機能するのか疑問といえよう。(11)

3　住民自治の観点からの問題

米軍の軍事行動に対する自治体（住民）の後方支援が、周辺事態法では協力要請にとどまっていたが、有事法制では法的強制力がはたらくようになっている。すなわち、首相の自治体の長に対する指示や強制執行権などが容認されている点で、有事法制は、地方自治の原則である住民自治（自治体独自の平和行政）を否定するものである。

その問題点は、新ガイドライン策定や周辺事態法案が問題となっていた当時から、いくつかの自治体からも指摘されていた。一例として、一九九八年六月一六日、新ガイドライン、周辺事態法、有事法制などに反対する要望書を政府（内閣総理大臣、防衛庁長官）に提出した東京都狛江市議会の見解を以下に引用しておく。(12)

「二一世紀を目前にして日本は大きな転換期を迎えているが、二一世紀を平和でゆとりを持って生活できる時代にしていくには、日本国憲法の平和主義など三大原則をより発展させる政治を進めることが重要である。

しかるに昨年九月二三日、日米で合意した『新ガイドライン』は、アメリカの起こす戦争に日本が自動的に巻き込まれる危険や、現行安保条約の枠を大きく踏み出すのみならず、集団的自衛権行使や海外での武力行使など多くの問題点を抱えている。その上、物資の輸送や民間空港・港湾の使用や、地方公共団体、民間が有する能力の活用など、広範囲にわたる日本の後方支援が約束されており、自治権や基本的人権を侵害し、経済活動の自由を制約するための法整備など有事法制化も準備されようとしている。

日本の進むべき道は、日本国憲法の理念に基づき、『周辺事態』への軍事的対応に軸足を置くのではなく、アジア・太平洋地域の国々はもとより、すべての国々との友好・信頼を強化し、共存・共栄・平和な二一世紀を切り開いていくことである。よって狛江市議会は、憲法に違反する疑いのある『新ガイドライン』にもとづく国民の基本的人権の侵害や、地方自治権の崩壊にもつながる『有事法制化』に反するとともに、有事立法を行わないよう強く求めるものである。

以上、地方自治法第九九条二項の規定により意見書を提出する。」

ところで、現在成立している有事法制・国民保護法の問題点についても、狛江市議会が指摘している批判的見解が基本的に妥当するが、住民の権利侵害の観点からの問題については、次の項目（4「基本的人権の観点からの問題」）を参照されたい。また、有事法制や国民保護法は、憲法の非戦・非武装平和主義や地方自治の本旨と、自治体に関する平和立法および平和行政のこれまでの蓄積に反する。詳しくは後述するが（第一四章参照）、平和立法の例としては、港の平和利用について規定する港湾法などがある。平和行政の例としては、非核神戸方式などがある。

4　基本的人権尊重主義の観点からの問題

基本的人権の尊重主義の観点からは、いわば軍事的公共性（公共の福祉）に基づいて、国民に軍事的協力を義務づけることは、一般論としては、平和的生存権の侵害となる。日本国憲法における平和的生存権とは、軍備や戦争のない平和的な環境のもとで生活する権利であるから、軍事目的のために権利が制限されるとすれば、そのような目的の立法や行政行為はすべて違憲の推定を受ける。有事法制では、例えば、土地家屋の使用・形状の変更などは財産権の侵害、業務従事命令は職業選択（営業）の自由や思想良心・宗教の自由、あるいは意に反する苦役からの自由の侵害に当たる。物資の保管命令違反者を処罰することは、意に反する苦役に当たり、適正手続き（デュー・プロセス）の原則に反する。(13)

国民保護法については、国民の安全確保というよりも戦争協力法制であり、平時から、緊急物資の備蓄や避難訓練などを通して、戦争のための準備を義務づけることになろう。(14)

なお、基本的人権に関連して、国際人道法の観点からの問題点についても言及しておくことにする。というのは、今日の国際人道法は、単なる武力紛争法ではなく、人権との関連性をもちながら発展してきているからである。国際人道法は平和的生存権を保障することにもなるのである。(15)

それはともかく、武力攻撃事態対処に関して、武力攻撃事態法（二一条二項）や国民保護法では「国際人道法の的確な実施」がうたわれているが、政府の国民保護の観点が、国際人道法として最も重要な一九七七年のジュネーヴ条約追加議定書の住民保護の趣旨に適合するかどうか疑問がある。というのは、ジュネーヴ条約が、武力紛争にさいしても住民の安全が保障されることをめざし、武力攻撃の対象となりうる軍事目標を人口密集地域に設置しない予防措置をとるよう各国に求めているが、これに合致した国民保護法にはなっていない。当該法の運用においても、自治体が独自に無防備地域宣言することを認めない態度をとっているし、自衛隊と住民の軍民分離を明確にしていない（軍隊が住民を誘導することは問題となる）。その他、「国際人道法の重大な違反行為の処罰に関する法」の処罰事項は、捕虜の扱いや文化財保護などに関するわずかな事項に限定されており、ジュネーヴ条約で戦争犯罪となる事項をほとんど対象にしていない(16)。

5　立憲主義と国家緊急権という観点からの問題

有事法制が上述したように明白な違憲立法であるにもかかわらず、憲法改正も行わないで制定されたことは、憲法の実質的否定といえる（立法改憲、改憲の先取り、実質改憲）。しかし、それは、立憲主義あるいは憲法九条の平和主義の価値を踏まえれば立憲平和主義に反する。

また、日本国憲法の立憲主義は、憲法九条がすべての戦争と軍事力保持を否定しているから、諸外国の一般的な立憲主義の観念と異なり、有事のさいに憲法（人権）の効力を一時的に停止し、軍事力ないし軍隊の支援のもとで統治ないし行政が行われること、いわゆる国家緊急権制度を容認していない。しかし、有事法制の制定は、軍事と治安に関する国家緊急権法制の確立をめざすものであるから、日本国憲法の立憲主義と国家緊急権という観点からみても重大な問題があると思われる。この論点の詳細な検討については、別の個所で言及しているので、ここでは割愛する（本書第四章の第五節および第一一章参照）。

（1）澤野義一「有事法制化の動向と平和憲法の現代的活用の視点」大阪経済法科大学『法学研究所紀要』三〇号（二〇〇〇年）三九頁以下。

（2）岡本篤尚「《9・11》以降の世界」『法学セミナー』二〇〇二年三月号五二頁以下、右崎正博「アメリカにおける緊急事態（有事法制）」全国憲法研究会編『憲法と有事法制』（日本評論社、二〇〇二年）一七一—一七二頁。

（3）小沢一郎「日本国憲法改正試案」『文藝春秋』一九九九年九月特別号（渡辺治編著『憲法改正の争点』［旬報社、二〇〇二年］に収録、二六六頁）。

（4）山内敏弘編『有事法制を検証する』（法律文化社、二〇〇二年）に収録の高作正博「憲法からみたテロ対策特措法」、澤野義一「PKO法改定とPKO協力の問題点」、古川純「有事法制の歴史的展開」、山内敏弘「『有事』における『米軍支援』法制」、藤井治夫「自衛隊法の変質と軍事秘密法制」、前田哲男「海上保安庁法の改定と領域警備」を参照。

（5）澤野義一「テロ対策法の違憲性と集団的自衛権めざす改憲論」『科学的社会主義』二〇〇二年一月号二八—二九頁。

（6）渡辺治・三輪隆・小沢隆一編『戦争する国へ——有事法制へのシナリオ』（旬報社、二〇〇二年）二八—四六頁のほか、山内敏弘編・前掲書（注4）収録の渡辺治「9・11事件と日本の対外・国内政策」、愛敬浩二「『有事』対処システムの法的問題点」を参照。

（7）多数の文献があるが、水島朝穂編『知らないと危ない「有事法制」』（現代人文社、二〇〇二年）、自由法曹団編『有事法制のすべて』（新日本出版社、二〇〇二年）、山内敏弘編・前掲書（注4）、全国憲法研究会編・前掲書（注2）、渡辺＝三輪＝小沢編・前掲書（注6）など。いずれも、有事三法の概要だけでなく問題点も検討している。

（8）詳しくは、澤野義一「自治体による『協力』」山内敏弘編『日米新ガイドラインと周辺事態法』（法律文化社、一九九九年）一五八—一六六頁。

（9）改正地方自治法の全般的な概要と問題点を検討したものとして、自治体問題研究所編集部編『Q＆A分権一括法と地方自治の課題』（自治体研究社、一九九九年）が有益である。なお、澤野義一「憲法九四条」小林孝輔・芹沢斉編『基本法コンメンタール憲法［第五版］』（日本評論社、二〇〇六年）四二四頁以下も参照。

（10）山内敏弘編・前掲書（注4）収録の高作正博および前田哲男論文、松井芳郎『テロ、戦争、自衛』（東信堂、二〇〇二年）、渡辺治・三輪隆・小沢隆一編・前掲書（注6）一四九頁以下参照。

（11）纐纈厚「『平素からの協力』」山内敏弘編・前掲書（注8）一四九頁以下、渡辺治・三輪隆・小沢隆一編・前掲書（注6）六〇頁以下、全国憲法研究会編・前掲書（注2）収録の本秀紀「『武力攻撃事態法案』における『対処基本方針』の決定・実施と民主的統制」や白藤博行「『地方公共団体の責務』と『指定公共機関の責務』」を参照。

(12) 澤野義一・前掲論文（注8）一六一―一六三頁。
(13) 全国憲法研究会編・前掲書（注2）収録の奥平康弘「市民の権利・自由からみた有事法制」および北川善英「『国民の協力』と『国民の安全』」、山内敏弘編・前掲書（注4）収録の岡本篤尚「《軍事的公共性》と基本的人権の制約」および右崎正博「有事体制と市民的自由」を参照。
(14) 池田五律「『国民保護』の名の下で何が目論まれているのか」『技術と人間』二〇〇二年一二月号二〇頁以下参照。
(15) 山内敏弘『人権・主権・平和』（日本評論社、二〇〇三年）一〇二―一〇八頁、澤野義一「人権と平和」吉田康彦編『21世紀の平和学［第2版］』（明石書店、二〇〇五年）一三二頁以下。
(16) 澤野義一『入門　平和をめざす無防備地域宣言』（現代人文社、二〇〇六年）九四頁、水島朝穂「『国民保護法制』とは何か」『法律時報』二〇〇二年一一月号七―八頁。なお、山下恭弘「民間防衛とは何か」前掲『法律時報』一五頁以下も参照。

第一一章　日本国憲法と国家緊急権および緊急事態法制

一　はじめに

さまざまの自衛隊海外派兵法や有事法制は、軍事的な有事に対して軍事的に対処するための戦争的緊急事態法制ということもできるが、そのような法制が正当化されるためには、憲法が国家緊急権を容認していることが必要である。しかし、日本国憲法との関連でみた場合、国家緊急権がそもそも認められているのかどうかが検討されなければならない。以下では、その点の検討と、有事法制なども含め、現実に存在している緊急事態法制についての検討を行う。

二　国家緊急権と日本国憲法

1　国家緊急権の概念

国家緊急権（Staatsnotrecht）は、対外的危機状態である戦争や、対内的危機状態である内乱、経済恐慌、大規模自然災害などのような非常事態ないし緊急事態（Notstand、state of emergency）にさいし、その危機に対処するため、国家権力が平常時とは異なった統治方法をとりうることを正当化する観念である。国家緊急権発動の現象形態としては、国家が政府（行政権）に権力を集中するため、一時的に議会の行政統制権が排除されたり、一定の基本的人権の効力が停止されることになる。そして、この場合留意されるべき点は、緊急権行使の任務に当たる行政や警察活動が最終的には軍事力の行使によって担保されうるということ、したがって、警察と軍隊の一体的行動、あるいは行政の軍事への協力体制がとられることになるということである。(1)

このような国家緊急権について、憲法の一切の制約や授権を超えて発動できる超憲法的概念として把握することは立憲主義を全面的に否定することになるので、憲法論的には正当化されない。しかし、国家緊急権およびその発動は、諸外国の憲法史においては、一定の法的制約・条件（真の緊急性、緊急措置手段の相当性［比例原則］、地域や期間の限定性、事後の司法審査、行政責任など）のもとで肯定されてきている。この場合は、憲法が国家緊急権の存在を想定していることになるが、それは立憲主義の例外事態であり、憲法が回復されるまでの強権的措置である。国家緊急権は、ドイツやフランスなどでは憲法で明文化されている。憲法で明文化されていなくとも、英米ではマーシャル・ルール（martial rule）として、またスイスやベルギーなどでは憲法慣習として容認されている。(2)

このように憲法が予定する国家緊急権は、ドイツの著名な憲法学者で政治学者でもあったC・シュミットの表現でいえば、「委任的独裁」とか「憲法的独裁」といわれるものに相当し、立憲主義を全面的に否定することになる国家緊急権である「主権的独裁」と区別される。(3)もっとも、委任的独裁と主権的独裁は法的には区別可能としても、現実的には相対的な区別にすぎず、第二次世界大戦終結に至るまで機能停止させられたワイマール憲法の例にみられるように、委任的独裁は、その要件が厳守されずに主権的独裁へ移行する危険性があることに留意しておく必要がある。[4] ちなみに、ワイマール憲法四八条は、非常事態にさいし、大統領が、秩序回復に必要があるときは兵力を用いることができ、人身の自由、住居の不可侵、信書の秘密、言論の自由、集会・結社の自由、私有財産といった権利の全部または一部を一時的に停止できると規定していた。

2　日本国憲法と国家緊急権

緊急事態ではあっても、軍事力の発動に関係しない事例、例えば日本国憲法の参議院の緊急集会（五四条二項）、明治憲法の緊急勅令（八条）や緊急財政処分（七〇条）などは、ここでいう本来の国家緊急権（論）の問題ではない。それはともかく、明治憲法における本来の国家緊急権であった戒厳宣告権（一四条）と非常大権（三一条）は、緊急勅令や緊急財政処分とともに、戦後削除された。このような背景から、日本国憲法には本来の国家緊急権に関する規定はない。

それにもかかわらず、国家緊急権を正当化しようとする論者（改憲論の立場から憲法九条について自衛力の保持を合憲とみる論者など）の中には、国家緊急権の明文化の有無に関係なく国家緊急権を容認している諸外国の憲法運用から類推して、日本国憲法においても、不文憲法的に国家緊急権が認められるとする者もあるが、国家緊急権を否認する説も有力である。ここでは諸説[5]を検討することが目的ではないので、私見を簡単に述べておくにとどめるが、国家緊急権容認論については、外国憲法と日本国憲法の根本的相違を自覚的か無自覚的かはともかくとして無視している点で疑問である。

その第一の理由は、日本国憲法が英米などの憲法とは異なりコモン・ロー主義（判例や慣習法を重視する考え）を採用していないことである。日本国憲法が成文憲法を重視する以上、人権制約を伴うような国家権力（国家緊急権など）の行使については、明文の憲法規定がない限り違憲の推定をうけると考えられるからである。

第二の理由は、日本国憲法が諸外国の憲法と異なり、非武装平和憲法をもっていることである。諸外国の憲法では、戦争状態を軍事力で対処する主権的国家権限（武力的自衛権）の発動が前提にされているが、そのこととの関連で、さまざまの緊急事態に対しても軍事力を転用して対処する国家緊急権が容認されているのである。それに対して、日本国憲法では、武力的自衛権の発動を想定していないだけでなく、武力的自衛権そのものが否定されている。このような軍事力を一切もたない憲法においては、どのような緊急事態に対しても軍事力で対処せず、非軍事的な方法で対処すべきであるから、国家緊急権は否定されていると考えられる。この点について、「日本国憲法は、戦争と軍備と交戦権とを否定した平和主義の規定を設けていることとの関連に於て、何等の緊急権をも定めなかったものと解せられるのである。元来、緊急権を必要とするものは、戦争が第一であり、そしてそれへの準備体制をつくるための無理なる政治である。従って、戦争と、戦争の準備を放棄すれば、緊急権の必要もまた解消することは当然のことである」という指摘が参考になる(6)。

三　従来の緊急事態法制

1　治安、災害、戦争に関する緊急事態法制

日本国憲法では国家緊急権が否定されているにもかかわらず、個別の法律の中には、実質的に国家緊急権が導入されているものがある。戦争、治安、災害という基本的な緊急事態に対し、自衛隊法は一定の要件に該当すれば、自衛隊という軍事力で対処できることを容認している。しかも、自衛隊の出動は、以下に述べるように、自衛隊法

以外の緊急事態法（警察法、大規模地震対策特別措置法、有事法制など）においても、内閣総理大臣や防衛庁長官、自治体の長などの権限と要請によって可能となっている。

(1)　治安的緊急事態法　治安的緊急事態については、警察法は内閣総理大臣に対して、「大規模な災害又は騒乱その他の緊急事態に際して治安の維持のため特に必要があると認めるときは……全国又は一部の区域について緊急事態の布告を発する」権限（七一条）や、一時的に警察を統制する権限を付与している（七二条）。他方、自衛隊法は内閣総理大臣に対して、「間接侵略その他の緊急事態に際して、一般の警察力をもっては、治安を維持することができないと認められる場合には」自衛隊の出動を命ずる権限を付与している（七八条）。自衛隊に対しては、必要な場合には警察権限も付与されている（八九条等）。このように、緊急事態に対しては、警察力で対処できる場合は警察法による権限が行使され、警察力で対処できない場合は自衛隊法による治安出動も要請されることになるが、両者の権限は総理大臣に統括されているのである。なお、この事態の事後処理としては、刑法の内乱罪の適用もありうる（七七条）。

(2)　災害的緊急事態法制　災害的緊急事態（「国の経済及び公共の福祉に重大な影響を及ぼすべき異常かつ激甚なもの」）については、災害対策基本法は内閣総理大臣に対して、災害緊急事態の布告を発する権限を付与し（一〇五条）、内閣に対して罰則を伴う緊急政令も認めている（一〇九条）。他方、自衛隊法は防衛庁長官や部隊長に対して、「天災地変その他の災害に際して、人命又は財産の保護のため必要がある」場合、都道府県知事の要請があれば自衛隊の出動を認めている（八三条一項）。都道府県知事の要請を待ついとまがないほどに緊急を要する場合には、防衛庁長官や部隊長の独自の判断で、自衛隊を出動させることもできる（八三条二項）。したがって、災害的緊急事態についても、最終的には自衛隊の出動が実際可能となっているといえる。

そのさい注意を要する点は、自衛隊出動に関しては、軍隊の特性として、自衛隊が知事等の指揮命令を離れて独自の軍事的組織として行動する恐れ、すなわち災害出動が治安出動に切り替えられる恐れがあるということである。この点については、戦前の関東大震災における戒厳令下で出動した軍隊・警察・自警団によって朝鮮人等が殺害された歴史、戦後では、一九六五年に和歌山県で災害救助を名目に武装自衛隊員が軍事訓練した事例(7)、近年では、防災訓練を名目に自衛隊の治安出動訓練ないし軍事訓練を行った東京都（石原知事）の総合防災訓練「ビッグレスキュー」の事例（二〇〇〇年九月）などが参照される必要がある。この訓練は、周辺事態法や有事法制の実践訓練ともみられるが、陸海空自衛隊員約七〇〇〇名、自衛隊車両約一〇〇〇台、航空機八二機、艦船五隻が参加し、首都圏の各地の市街地で、いわば自治体を巻き込んで（ただし市民不在の状態で）、従来にない大規模なものであった(8)。

このような災害出動の治安的側面はともかく、法制度としては災害対策が整備されているのであるから、阪神大震災では自衛隊の災害出動は可能であったといえる。しかし、阪神大震災では、災害対策基本法に基づく緊急事態は布告されず、緊急災害対策本部も設置されなかった。それは、県知事の自衛隊派遣要請がなかったとか、住民の反自衛隊感情があったとかが原因ではなく、一九九二年の改定された国際緊急援助隊法に沿って、自衛隊は海外の災害出動については待機態勢に入っているが、国内の災害出動については待機態勢が不十分なこと、政府にも平時からの災害対策への真摯な態度がないことなどが原因であるという指摘もなされている(9)。

なお、災害のうち大規模地震については、大規模地震対策特別措置法自体が、地震の予知情報に基づき警戒宣言を発する権限を総理大臣に付与しているが（九条）、その場合、防災応急対策に必要であれば、災害発生前に防衛庁長官に対して自衛隊の事前派遣を要請できることを明記している（一三条二項［自衛隊法では八三条の二に追加］）。当該措置法は、危機管理論ないし総合安全保障戦略論が唱えられるようになった一九七〇年代末の一九七八年に制定されたものである。

(3)　戦争的緊急事態法制　戦争的ないし軍事的緊急事態について規定している法律の基本は、自衛隊法である。自衛隊海外派兵法なども軍事的緊急事態法であるが、自衛隊法の場合は、軍事以外の治安や災害事態にも対処しうるので、一種の包括的な緊急事態法ということもできよう。それはともかく軍事に関して、自衛隊法は、外部からの武力攻撃に対して自国を防衛する必要がある場合、自衛隊の防衛出動を命ずる権限を総理大臣に付与している（七六条）。また、防衛出動にさいし自衛隊の任務遂行上必要な場合には、防衛庁長官等は知事を通じて、住民に対して施設の管理、物資の収用、業務従事などを命ずることもできる（一〇三条）。ただし、その命令を強制するための立法や罰則が最近まで制定されておらず、住民の財産権、思想良心の自由、身体的自由等の基本的人権を具体的に制限する法的根拠がなかった。そこで、それを可能とする有事法制が、二〇〇三年から二〇〇四年にかけて制定された（詳細は本書第一〇章参照）。これは、本格的な戦争的緊急事態法制（テロなども対象とするので治安的緊急事態法の要素も含む）といえよう。なお、有事法制のうちの国民保護法は、武力攻撃災害などに備え、地方行政機関が住民の避難誘導等に対処すべき事項を規定しているので、軍事的な緊急事態法の性格がないように思われるかもしれない。しかし、この場合でもやはり、自治体の要請による自衛隊派遣が想定されていること（一五、二〇条等）、あるいは国民保護計画策定にさいし自衛隊が関与できる余地を与えていること（三七〜四〇条）などに留意する必要がある。

2　安全保障会議

緊急事態法制の運用にかかわる重要な国の機関として安全保障会議がある。[10]安全保障会議は、内閣総理大臣の諮問機関として、「国防に関する重要事項」と「重大緊急事態」について審議したり、決定することを任務としている。なお、上記の有事三法等の制定に伴い、安全保障会議の任務として、新たに「武力攻撃事態等」が追加されている。

(1)　安全保障会議設置の背景　安全保障会議は、旧来の国防会議に代わるものとして、中曽根内閣時代の一九八六年に制定された安全保障会議設置法によってつくられたものである。安全保障会議の設置を答申した臨時行政改革推進審議会（行改審）は、社会生活全体の複雑高度化、わが国の国際的役割の増大とわが国周辺の国際政治面での重要化等により、緊急な対処を要する重大な事態発生の可能性が潜在的に高まってきていることを、当該会議の必要な背景として指摘している。緊急事態には、軍事的危機でなくとも、大規模地震のような自然災害、大停電・通信網の断絶等のような人為的事故、領空等の侵犯、政治的意図をもったテロ・ハイシャク事件、騒擾事件等が考えられると説明されている。

(2)　国防に関する重要事項　安全保障会議設置法でいう「国防に関する重要事項」には、①国防の基本方針、②防衛計画の大綱、③防衛出動の可否、④その他総理大臣が必要と認める国防に関する重要事項などが含まれる（二条一項）。③については、かりに安全保障会議で防衛出動が可とされれば、自衛隊法に従って総理大臣は自衛隊の防衛出動を命ずることになろう。④については、自衛隊法の改正を要する部隊の組織変更、自衛官の定数変更、戦車・潜水艦等の特定装備の種類や数量のほか、ＰＫＯ協力法による自衛隊の海外派遣が対象となる。治安出動は安全保障会議に諮ることが明記されているわけではないが、必要な場合には④の対象になるとされている。

安全保障会議が実際これまでに決定した主な事項としては、次のものがある。ペルシア湾への掃海艇派遣（一九九一年）、カンボジアへの自衛隊派遣（一九九二年）、ルワンダへの自衛隊派遣（一九九四年）、一九九六年度以降の防衛計画の大綱（一九九五年）、ゴラン高原への自衛隊派遣（一九九五年）、中期防衛力整備計画（一九九五年）などである。

なお、安全保障会議の決定は、諮問的なものであるから他の機関に対して法的に拘束するものではないが（設置法一、二条）、事実上は閣議でも決定されることになろう。というのは、安全保障会議は、議長となる総理大臣のほか、外務大臣、国家公安委員会委員長、防衛庁長官など主要な大臣で組織されているからである。上記のような自衛隊のＰＫＯ派遣は、議会に諮ることもなく、安全保障会議と閣議の決定だけでなされてきており、問題であろう。

(3)　重大緊急事態　安全保障会議設置法でいう「重大緊急事態」は、国防に関する重要事項以外の緊急事態で、わが国の安全に重大な影響を及ぼす恐れがあり、通常の緊急事態対処体制によっては適切に対処できない困難な事態をさす（二条二項）。ここでいう通常の緊急事態対処体制とは、事態の発生をあらかじめ予想してつくられている法制度を意味するが、例えば災害対策基本法では緊急災害対策本部を設置するなどして対処することが規定されている。ところで、「重大緊急事態」として想定されているものは、国会の答弁などによれば、ダッカ日航機ハイジャク事件、ソ連のミグ25戦闘機亡命事件、大韓航空機撃墜事件のような国際大事件、治安問題を伴う関東大震災のような大規模災害である。(11)

「重大緊急事態」として実際に問題とされた例としては、湾岸危機にさいしての避難民救助のための自衛隊機派遣がある。この派遣は、一九九一年一月、安全保障会議の審議に基づき、自衛隊法一〇〇条の五第一項（輸送対象者規定）の特例政令（委任命令）として閣議決定された。このような重大事項の委任命令は違憲であることはいうまでもないが、結果的には、派遣は実施されず、特例政令は同年四月に廃止された。

四　国家緊急権容認論と新たな緊急事態法制の立法化

1　再軍備と改憲論との関連で

国家緊急権や緊急事態法制に肯定的な研究は一九五〇年代中頃から、再軍備や憲法改正論議を背景に、防衛庁やその関係者によってなされるようになっていた。そのような状況を踏まえて、国家緊急権をめぐる是非論は法学者などの間でも行われるようになった(12)。他方、緊急事態法制の研究実態が一般的に知られるようになるのは、一九六三年の「三矢作戦研究」が国会で暴露されてからであろう。それは、戦前の国家総動員法などの緊急事態諸法令を参考に、秘密裏になされていた有事立法研究であった。平和憲法のもとで、そのような有事立法研究を行うことが批判されたにもかかわらず、実際にはその後も、防衛庁などにおいて有事法制の研究が行われていくことになる(13)。そして、緊急事態法制や、その基本をなす有事法制の必要性が盛んにアピールされるようになるのは、次に述べる危機管理論との関連においてである。

2　危機管理論との関連で

日本における危機管理論は、一九七〇年代後半から、軍事だけでなく治安、自然災害、経済的危機を含む「総合安全保障戦略」論として、経済界や臨時行政調査会などから提言されていた。しかし、危機管理論が顕著になったのは、戦後五〇年の節目に当たる一九九五年からである。同年一月には、約六〇〇〇人の死者を出した阪神大地震が起こり、政府や自治体の危機管理能力の不備が問われた。また同年三月には、東京の地下鉄で五〇〇〇人を越える被害者を出すサリン事件が起こり、オウム真理教のような大規模なテロ活動集団に対する危機管理能力の不備が問われた。一九九六年四月には、北朝鮮の核開発疑惑問題が起こったが、それを契機に、アメリカが制裁や軍事行動をとった場合の日本の対応が具体的に問われるようになった。それは、新たな日米安保共同宣言を背景に、日本周辺有事に対する緊急事態法制を早急に整備する必要性を日本政府に痛感させることになった。さらに、一九九七年六月以降の新ガイドラインの策定に伴い、自民党などでは、従来研究してきた日本有事と今後必要な周辺有事を包括した「危機管理法」ないし「緊急事態法」を整備することが提案されるようになった。

また、このような状況を背景に、自衛隊の活用による危機管理論や国家緊急権容認論が識者からも唱えられるようになった。例えば、危機管理論のオピニオン・リーダーともいえる佐々淳行は、「地下鉄サリン事件や阪神大震災の教訓を生かして、自衛隊のための有事法制を定めることが為政者の仕事だ。有事の際の自衛隊出動のマニュアルを作れば、災害にも適用することができる。さらに……日本有事への対応を含めた自衛隊と米軍のための非常事態法をつくるべきだ」と述べている。[14] この見解は、結局は、国家緊急権法制の確立をめざすものである。[15]

この立場を国家緊急権論に引き付けて論じた見解としては、京都大学の野田宣雄が阪神大震災を契機にして書いた論稿がある。[16] それによると、阪神大震災で自衛隊の出動が遅れたこと、いちはやく交通規制が取られず道路が麻痺したこと、災害対策本部の設置が遅れたことなどの原因は、災害対策基本法や自衛隊法など、災害に対応しうる個別の法律があったとしても、「戦後の日本の政治のなかにシュミット流の『例外状態』という観念が欠如していたこと」が根本的な問題である（シュミットは上述のC・シュミットのこと）。「あらかじめ細かい制約をもうけることなく、危機克服に当たる個人なり特別の機関なりに『委任独裁』の権限を大胆に認めるか否かが、決定的な意味をもつ」と述べられている。

3　有事法制、緊急事態法案、近年の改憲論との関連で

軍事だけでなく治安、自然災害、経済的危機などのすべての非常事態に対処しうる包括的な「危機管理法」ないし「緊急事態法」は現在に至るまで制定されていないが、二〇〇一年後半に起きたアメリカの同時多発テロ事件や日本の不審船事件などを契機として、有事法制が必要な時代になったとの世論形成がなされ、二〇〇三年と二〇〇四年に有事三法等の有事法制が制定された（詳細は本書第一〇章参照）。

さて、この有事法制は武力攻撃事態等に対処することを基本目的とするから、戦時的緊急事態法といえるが、武力攻撃事態等以外の武装不審船の出現や大規模なテロリズムの発生などのような「国及び国民の安全に重大な影響を及ぼす緊急事態」に対処することも可能になっているので（武力攻撃事態法二四条以下）、単なる戦時的緊急事態法ではない。

しかし、有事法制は、直接的には自然災害や経済危機などを対象としていない点で、包括的な緊急事態法制とはいえない。そこで、その点の不十分さを補うため、独自の緊急事態法制の必要性も唱えられている。自民・公明・民主の三党で合意されているものとして、「緊急事態への対処及びその未然の防止に関する基本法案」（二〇〇四年）がある。同法案は、「外部からの武力攻撃、テロリストによる大規模な攻撃、大規模な自然災害等により国民の生命、身体又は財産に重大な被害が生じた事態又は生じるおそれのある事態（以下「緊急事態」という。）における国民の保護その他の緊急事態への対処及び緊急事態の未然の防止に関し基本となる事項を定めることにより、我が国の平和及び安全の確保並びに国民の生命、身体及び財産の保護に資することを目的とする。」と規定している（一条）。

このような緊急事態法の提案にとどまらず、さらに憲法レベルにおいて、国家緊急権と緊急事態法の存在を正当化する見解もある。一九九〇年代以降の改憲論の中でみると、例えば小沢一郎議員の改憲試案、読売新聞社の憲法

改正試案、自民党の新憲法草案などで提案されている。

小沢一郎議員は、戦争や天災などの緊急事態・非常事態における内閣権限の明確化や、非常事態に備えたルールづくりが必要であるとし、「内閣は、国又は国民生活に重大な影響を及ぼす恐れのある緊急事態が発生した場合は、緊急事態の宣言を発令する。緊急事態に関する事項は法律で定める。」という案を提示している[17]。

読売新聞社の憲法改正試案[18]は、「①内閣総理大臣は、国の独立と安全又は多数の国民の生命、身体若しくは財産が侵害され、又は侵害されるおそれがある事態が発生し、その事態が重大で緊急対策をとる必要があると認めるときは、法律の定めるところにより、全国又は一部地域について、緊急事態の宣言を発することができる。…③内閣総理大臣は、緊急事態の宣言を発した場合には、法律に基づき、自衛のための軍隊のほか、警察、消防等の治安関係機関を一時的に統制し、それぞれの機関の長を直接に指揮監督できる。また…地方自治体その他の行政機関に、必要な指示及び命令を行うことができる。」と規定している（八九条）。そして、「①内閣総理大臣は、緊急事態の宣言を発した場合には、国民の生命、身体又は財産を守るためにやむをえないと法律が認める範囲内で、身体、通信、居住及び移転の自由並びに財産権を制限する緊急の措置をとることができる。」と規定している（九一条）。

自民党新憲法草案の緊急事態に関する事項は同憲法九条などに規定されているが、この点については本書ですでに言及しているので（第三章）、ここでは割愛する。

なお、以上のような緊急事態法の制定論や改憲による緊急権容認論の動向を背景に、憲法学の中でも、外国の緊急事態法制を参考に、「国家緊急権の問題を視野におきつつも、直面する事態を受止めて、緊急事態法制の民主的統制のあり方を真剣に検討する時期にきているのではないか」といった、事実上の国家緊急権（法制）容認論も出てきている[19]。

五　おわりに

国家緊急権法制は、種々の緊急事態に対処する場合、いざというときには軍事力の行使（日本では自衛隊の活動）によって担保されるものであるから、国家緊急権法制をより完全なものにしようとすれば、軍事組織の再編整備や国家緊急権の明文化も必要となる。それは、包括的な緊急事態ないし危機管理法制の確立を指向し、結局、日本国憲法との関連では、軍事力の保持と行使を可能とする憲法九条の改正論に帰着する。しかし、このような方向をめざす合理的な理由ないし必要性があるのか疑問である。

日本国憲法が一切の軍事力の保持を禁じていることは、戦争、治安、災害等のいかなる緊急事態に対しても、非軍事的な方法で対処することが要請されているものと解さなければならない。また、そのための法制度と対策が、平常時から整備されておかなければならない。しかし、この点に関する日本政府の対応は、きわめて不十分である。これを改めるには、例えば災害救助を自衛隊に頼らざるをえなくしている思考様式や法制度を見直すことも必要である。非戦・非武装の平和憲法の理念を生かす安保外交政策と国内政治を追求すれば、緊急事態法制を不要とする環境をつくっていくことができるようになると思われる。

（1）　影山日出弥『憲法の原理と国家の論理』（勁草書房、一九七一年）七八頁以下、影山日出弥＝山内敏弘「緊急権」芦部信喜ほか編『演習憲法』（青林書院、一九八四年）一〇五頁以下。
（2）　大西芳雄『憲法の基礎論理』（有斐閣、一九七五年）二〇五頁以下、小林直樹『国家緊急権』（学陽書房、一九七九年）五六頁以下など参照。

（3）カール・シュミット〔田中浩・原田武雄訳〕『独裁』（〔一九二一年〕未来社、一九九一年）一四八頁以下。なお、同『憲法論』〔阿部照哉・村上義弘訳〕（〔一九二八年〕みすず書房、一九七四年、四四―四五頁、一二七―一二八頁、一三七―一四〇頁）では、独裁ないし緊急権の問題は、非常事態と憲法停止の概念を用いて説明されている。
（4）小林直樹・前掲書（注2）四三―四八頁。
（5）従来の諸説を詳しく紹介した文献として、林茂夫編『国家緊急権の研究』（晩聲社、一九七八年）一八頁以下参照。
（6）田畑忍『憲法論争』（高城書店、一九六二年）一七五頁。
（7）山下健次「自衛隊の災害派遣とその意味」『法律時報』三八巻二号一九頁。
（8）東京都国民ホゴ条例を問う連絡会編『地域からの戦争動員』（社会評論社、二〇〇六年）一四四頁以下。
（9）小西誠「自衛隊の災害出動と危機管理態勢」『状況と主体』二三一号一六頁以下。
（10）詳しくは、古川純『日本国憲法の基本原理』（学陽書房、一九九三年）二一二頁以下。
（11）防衛法学会編『平和・安全保障と法』（内外出版、一九九六年）一七九頁以下参照。
（12）古川純・前掲書（注10）一九五頁以下。
（13）水島朝穂『現代軍事法制の研究』（日本評論社、一九九五年）など参照。
（14）「読売新聞」一九九六年八月一八日付。
（15）佐々淳行『危機管理』（ぎょうせい、一九九七年）二〇〇頁以下参照。
（16）野田宣雄「『例外状態』における国家」『諸君』一九九五年三月号四〇頁以下。
（17）小沢一郎「日本国憲法改正試案」『文藝春秋』一九九九年九月特別号（渡辺治編著『憲法改正の争点』旬報社、二〇〇二年に収録、二六九頁）。
（18）読売新聞社編『憲法改正　読売試案二〇〇四年』（中央公論新社、二〇〇四年）。なお、読売新聞社編『安全保障への提言』（読売新聞社、一九九五年）も参照。
（19）大沢秀介「緊急事態法制についての覚書」『ジュリスト』一二六〇号（二〇〇四年）一四六頁。

第四部　非戦・非武装平和憲法と平和創造

第一二章　非戦・非武装平和憲法に基づく平和政策

――非武装永世中立と無防備地域宣言をめざして――

一　はじめに

有事関連法や自衛隊の海外派兵、有事対応の改憲論などの誘因となってきたのは、法的側面からみれば、それ自体が有事法制である自衛隊法と日米安保条約の存在である。したがって、有事法制や自衛隊の海外派兵などに対し根本的に対決するためには、自国の軍隊と日米軍事同盟を正当化する個別的自衛権および集団的自衛権論を否認する安全保障、すなわち非武装永世中立を指向すべきである。日米安保体制などに代わる、このような具体的な代案を提示していかなければ、戦時国民動員法である国民保護法などの有事法制の具体化を阻止する世論を形成することも困難な状況になりつつある。

非武装永世中立は非現実的だとして無視されてきたが、その点に関しては、中米コスタリカの非武装永世中立宣言に基づく平和の実践が注目されるようになっており、参考となる。もちろん、国家レベルで非武装永世中立を宣言することは、日本の政治状況からみて直ちに実現することは困難であろう。

そこで次善の策として、非武装永世中立宣言と同じではないが、それと類似し、より実現の可能性がある安全保障として無防備地域宣言が考えられる。無防備地域は、自治体などの特定地域を非武装状態にして（場合によっては、完全非武装状態でなくてもよい）、かつ紛争当事国に対して軍事的に敵対行為をしない、いわば中立を維持する地域のことである。国家としては軍隊があったとしても、特定の地域レベルでなら、軍隊がないところもありうるから、無防備地域宣言は非武装永世中立宣言に比べれば、地域住民が身近なところで取り組める運動といえる。

非武装永世中立と無防備地域の宣言は、第一に、他国に対して一方的に宣言できる点で、第二に、非武装ないし無軍備地帯である点で、第三に、軍事的に中立地帯である点で共通性があり、国際法的に保障されるものである。また、非武装地帯であることは、国際人道法により、武力攻撃が禁止される地域として保護される利点がある。

以下、コスタリカを例にした非武装永世中立（宣言）と、日本で取り組まれている無防備地域宣言（条例制定）の意義について概観する。本章は、後の第一三章と第一四章の序論として、位置づけられるものである。

二　非武装永世中立の意義と課題——コスタリカ共和国を参考に——

中米のコスタリカ共和国は、一九八三年に非武装永世中立（「永世的、積極的、非武装的中立に関する大統領宣言」）を宣言し、外交関係を有する諸国家に対して通知した。その意図は、一九四九年のコスタリカ憲法一二条でなされた軍隊撤廃を引き続いて確認することと、一九八〇年代とりわけ八三年以降、隣国ニカラグアの左翼政府に対するアメリカの軍事干渉によるニカラグア内戦の激化に伴い、コスタリカ領土が反政府ゲリラ（コントラ）に利用されることを阻止することにあった。

中立宣言における「永世中立」は、いかなる軍事的紛争に対しても中立ということで、戦時には戦時中立義務を選択の余地なく負い、平時には軍事同盟を締結しないなど、紛争に巻き込まれないような中立外交を行うということである。コスタリカの中立宣言は他国に対する一方的行為であるが、中立の遵守意思と外交実践からみて、国際法的な拘束力をもつ永世中立とみなすことができる。この点は、後述のように、同国の最高裁の憲法法廷（政府のイラク戦争支持違憲訴訟）でも確認されている。それは、スイスやオーストリアなどと異なる新しいタイプの永世中立の成立方式をとっている。

「積極中立」は、国連や地域的安全保障機構の米州機構（大陸協定）などに加盟しながら、人道的活動や仲介などを通じて平和と人権保障のために協力するということである。コスタリカは、多数の難民を受け入れたり、国連平和大学や米州人権裁判所を誘致している。中米のニカラグア紛争に対する和平案を提示して、一九八七年にノーベル平和賞を受賞するようなアリアス大統領を輩出しえたのも、コスタリカの積極中立主義の土壌があったからである。なお、米州機構などに加盟しているが、非武装であるため、軍事的な協力をしなくともよいことになっている。

「非武装中立」は、スイスなどの伝統的な武装永世中立と異なり、中立を非武装で維持しようとする点で、新しいタイプの永世中立である。なお、現在二五の非武装国がある。コスタリカは一九四八年に選挙問題で生じた内戦をきっかけに軍隊を廃止して以来、若干の哨戒艇や自動小銃などの小火器類は別として、戦闘機・戦車・軍艦などの軍備を保有していない。軍隊に代わるものとしては、テロ対策・国境警備・治安維持のための警察隊が設置されている。確かに、憲法は非武装を原則にしているが、大陸協定の要請や国防の必要があれば再軍備ができることになっている関係で、再軍備に対応できるような国防、緊急事態対処、徴兵などの有事関連規定をもっている。しかし、コスタリカでは、軍隊をもたないことが最大の防衛力と考えられてきており、実際には再軍備や徴兵は行われておらず、有事法制も機能していない。

なお、近年の保守的なコスタリカ政府がアメリカの対イラク戦争を道義的に支持しただけでも（軍隊は派遣していない）、コスタリカの憲法裁判所が二〇〇四年九月、市民の訴えを容認し、非武装憲法や中立政策に反して違憲とする判決を下した。それは、非武装永世中立がコスタリカの市民や司法において定着していることを意味しており、注目される。本来、非武装永世中立宣言をすべきことが規範的に要請されている日本国憲法九条のもとでこそ、自衛隊のイラク派兵が違憲であるという司法判断が下されなければならないはずである。

三　無防備地域宣言の意義と課題

武力攻撃事態等にさいし、自治体や住民に戦争協力を求める有事法制・国民保護法の実施に対する対案として、戦争に協力しない地域づくり（戦争非協力都市、戦争不参加都市）をめざす無防備地域条例制定（直接請求署名）運動の取り組みが、現在日本各地で行われている。

二〇〇四年四月に大阪市で取り組まれて以降、二〇〇六年五月までの約二年間で、枚方市、荒川区、藤沢市、西宮市、大津市、高槻市、奈良市、品川区、京都市、市川市、竹富町（沖縄県）、日野市、国立市、大田区といった一五の都市で取り組まれた。いずれの地域においても、条例制定審議に必要な法定署名数を集めて議会審議にまでこぎつけたが、賛成議員が少数（自治体の長としては国立市長だけが賛成意見を表明）のため条例案はすべて否決された。しかし、当該運動は二〇〇六年一〇月以降、目黒区、向日市、堺市、箕面市で取り組まれており、その他の都市で今後も継続的に取り組まれるものと思われる。当該運動は一九八〇年代においても取り組まれたことがあるが、近年の有事法制の具体化や平和憲法改悪論の急激な動きに対する、地域からの具体的な対抗案の提示による平和・護憲運動として再注目されている。

無防備地域の国際法的保障については、一九七七年のジュネーヴ条約追加第一議定書五九条で規定されている。同条によれば、「無防備地域」とは、敵対する紛争当事国による占領のために開放されている地域で、(a)すべての戦闘員ならびに移動兵器および移動用設備が撤去されていること、(b)固定した軍用の施設または営造物が敵対目的に使用されていないこと、(c)当局または住民により敵対行為が行われていないこと、(d)軍事行動を支援する活動が行われていないこと、という四つの条件を満たしている地域をさす。この無防備地域を攻撃することは、手段のいかんを問わず禁止され、違反した場合には戦争犯罪となる。

無防備地域宣言をできるのは、当該議定書五九条によれば、「紛争当事国の適当な当局」とされているが、それは国（政府）だけでなく、自治体なども可能と解される。そして、自治体などが、敵対する紛争当事国に対して、無防備地域であることを一方的に宣言すれば、無防備地域の四条件が満たされている限り、宣言を通告された当事国は当該宣言を受領し、当該地域を無防備地域として取り扱う義務を負う。

このような条約の解釈に対しては、自治体は独自に無防備地域宣言はできず、政府や地方の軍当局の同意を要すると解釈する政府的な見解がある。しかし、この見解は、国法体系において、軍の存在と活動が正当化されている「普通の国」であればともかく、事実上の非武装国家や憲法九条をもつ日本においては妥当する余地はないといえよう。

無防備地域宣言の国際法的効果が発生するのは、敵軍が占領目的で接近している戦時であるが、無防備地域の条件づくりを平時から自覚的に準備しておくことが望ましい。このような観点で取り組んでいる日本の無防備地域条例制定運動は、市民が国際法を国内的に活用して平和を創造していく、世界的にみても、新しい平和運動である。

このような発想は、おそらく第一議定書五九条を明文化した立法者たちにはなかったと思われる。非戦・非武装平和主義憲法をもっている日本の市民だからこそ注目できた運動といえよう。

ところで、自治体ができるはずの無防備地域宣言について、政府は否定する答弁をしている。その主要な国内法的理由として、第一に、条例よりも法律が優先するという前提のもとで、有事法制がある以上、それと抵触する無防備地域条例は制定できないということ、第二に、安全保障に関する行政は国の専管事項であり、自治体の権限が及ばないことなどをあげている。

しかし、第一の理由に関しては、有事法制が合憲であることを前提にした解釈であり容認できない。無防備地域条例は、むしろ非武装平和憲法九条を直接具体化する立法として制定されるべきものである。また、憲法に適合し遵守すべき「確立された国際法規」として（憲法九八条）、第一議定書五九条の具体化を政府は容認すべきである。第二の理由に関しては、日本の平和憲法を前提とした地方自治法のもとでは、平和行政ないし安全保障行政に関しては、必ずしも国の専管事項ではなく、自治体独自の法令解釈権と条例制定権に基づき決定できると解される。

結局、有事法制・国民保護法があっても、住民保護をより安全なものにする無防備地域条例を制定していくことは法的には可能といえよう。

四　「武力によらない平和」の安全性

無防備地域の存在意義が知られ、無防備地域宣言都市が徐々に誕生するようになれば、非武装永世中立への関心も高まるかもしれない。非武装永世中立宣言は、国家レベルの無防備地域宣言ということもできるからである。しかし、非武装主義や無防備地域宣言については、さまざまな批判がみられる。この点について、無防備地域（宣言）に対して出されている現実論的な否定論ないし懐疑論を取り上げて検討しておくことにする。

当該否定論ないし懐疑論としては、次のようなものがある。①無防備地域宣言は武力攻撃や占領を誘発し、無血開城や無法支配を容認する。②無防備地域宣言をしても、ミサイル攻撃などに対処できず無意味である。③第二次世界大戦中、無防備地域宣言をしても安全が守られなかった例がある。④無防備地域宣言運動は、自分たちが住む地域の安全だけを考えているのではないか（地域エゴ論）。⑤憲法九条のもとで戦時を想定する国際法に依拠した無防備地域条例制定運動は平和運動といえるのか疑問である。

このような主張に対しては、以下のような問題点が指摘できよう。

(1)　①について　この種の主張は、日本が武力攻撃ないし侵略されたらどうするかという被害者的意識からなされている。しかし、日本のおかれている現実は、日本がアメリカの先制攻撃（侵略）的な対外戦争に加担していることであるから、市民としては加害者であることを自覚することから問題を考えることが重要である。そのうえで、政府が対外的な戦争に加担していること、あるいは今後の新たな戦争加担の反動として、日本に武力攻撃事態が発生した場合に、政府が引き起こした戦争と有事法制に協力するのかという問題である。

なお、無防備地域であることが武力攻撃などの誘発原因になることが強調されているが、無防備地域であることと、武力攻撃の誘発原因とは直接的には関係がない。軍事的な地域や国家の方がむしろ武力攻撃などを誘発したり、軍事介入されている。アメリカのような軍事大国こそテロ攻撃を誘発しているし、それを防衛できる保障もない。非武装国家や地域は攻撃される実益および国際法的な正当性が基本的にはないはずである。カリブ地域にあるハイチは非武装国家だから政権を維持できなかったといった俗論もあるが、それは適切ではない。非武装国家であろうがなかろうが、アメリカなどが背後で反政府勢力を支援工作すれば、途上国の政権や治安が維持できなくなるのは当然のことであろう。

また、現代の占領は征服とちがい、国際人道法に反する占領が禁止されていることに留意すべきである。違法な占領に対しては住民が非暴力抵抗を行う権利があるし、無防備地域に警察力が配置されることは認められている。

⑵　②について　ミサイル攻撃を受ければ、現在のほとんどの国では防衛できないのは当然で、それは無防備地域に限らないことである。しかし、ある国がミサイル攻撃を受けたとしても、それだけで戦争が終結せず、最終的には占領統治のため地上戦になるから、占領軍が侵攻してきたときに、特定の都市などが武力攻撃を回避するために無防備地域宣言をする意味がないとはいえない。

⑶　③について　第二次世界大戦中の無防備地域宣言については、確かに守られなかった例もあるが、守られた例もあり、過大に評価することも、過小に評価することも適切ではない。無防備地域宣言といっても、戦前の場合はハーグ陸戦法規などに、戦後の場合はジュネーヴ条約第一追加議定書に根拠があり、国際人道法の発達段階を踏まえた、無防備地域の国際法的保護の制度的ちがいに留意する必要があり、単純に同列に論ずることはできない。もちろん、戦後においては、適用事例はまだないが、国際法的保護が強化されている。

⑷　④について　無防備地域宣言運動は、無防備地域を各地に広げる平和運動の一つである。それは、軍事基地撤去、非核・軍縮、平和憲法擁護などの運動とも連携して行われており、地域エゴのようにみるのは根拠に乏しい。自治体への基地移設に反対する住民投票を地域エゴとみるのが適切でないのと同様のことである。

⑸　⑤について　この懐疑論は、平和憲法擁護論者の一部から出されているものであるが、疑問である。というのは、非戦・非武装平和憲法のもとでも、武力紛争に関する条約（例外的に武力行使を容認する国連憲章も含め）が

客観的に妥当する場合があるし、それを活用することもできるからである。例えば、第三国間に武力紛争が発生しているときは、非武装中立を憲法が要請しているとの立場（非武装中立運動）からすると中立宣言すべきことになる。その場合は、国際法的には、戦時中立に関する条約（権利・義務）が妥当するのである。あるいは、核廃絶を主張する場合に、核兵器の使用がさまざまの戦時国際法ないし国際人道法に違反することが論拠とされている。このように考えれば、国際人道法を生かす無防備地域条例制定運動を平和運動として疑問視する見解こそ理解しがたい。また、無防備地域宣言に懐疑的な平和憲法擁護論者の中には、侵略や占領に対しては何らかの武力的抵抗や自衛が必要だという意識があるようである。しかし、このような考えは、専守防衛容認論を含めた幅広い護憲運動をめざすという点では意義があるが、憲法九条の理念を実践的に深めていくという点では検討の余地があろう。

以上のような点を踏まえたうえで、①武力による抵抗（徹底抗戦）は、武力によらない抵抗よりも被害が大きいこと、②戦争は自国民防衛を建前にしているが、戦争が現代化するにつれ、兵士より一般住民の死者が圧倒的に多いという矛盾があること、③軍隊は本当に住民の安全を守るのか疑問であること、④戦争に対して軍事的に備える国家は有事（国家緊急権）法制をもち、有事にさいしてはもちろんのこと、平時からも、住民の思想・表現の自由、知る権利、財産権、移動の自由などを制限できることになる、といった問題を考慮すれば、「武力によらない平和」の方が、「武力による平和」よりも平和で安全といえるのではないかと思われる。

【参考文献】

澤野義一『永世中立と非武装平和憲法』大阪経済法科大学出版部、二〇〇二年
澤野義一『入門　平和をめざす無防備地域宣言――条例による国際人道法の非戦平和的活用』現代人文社、二〇〇六年

第一三章　永世中立国の今日的状況と非武装永世中立の課題

――日米安保体制の代替的平和保障――

一　はじめに

日本国憲法九条のめざす平和・安全保障の一つの構想として、非武装を前提とした永世中立（論）が従来提言されていたが、そのような提言やそれを裏づける学問的研究は、最近の日本ではほとんどみられない。(1) しかし、中米のスイスといわれるコスタリカが非武装永世中立政策を実践していることが、徐々に知られるようになると、永世中立への関心が改めて出てきているようにも感じられる。(2)

その背景には、有事法制の具体化や自衛隊海外派兵の拡大、そしてこれらの背後にある日米安保・軍事同盟体制の拡大強化に対して、単に反対するだけでなく、それに代わる代替的な平和・安全保障を提案しなければならないという切実な思いがあるといえよう。

そこで、本章では、永世中立の理念的な意義だけでなく、現実の永世中立国が行っている実際の平和政策や安全保障についても検討する。また、安全保障に関連して、永世中立国の有事法制についても言及することにする。それを通じて、さらに非武装平和主義の憲法九条との関連も考慮して、非武装永世中立の課題について検討する。[3]

二　中立ないし永世中立の今日的条件

「ポスト冷戦期の今、中立国数はゼロに近づく気配である」[4]というような、全く実証性を欠いた憶測的な見解は論外として、近年、「中立」ないし「永世中立」は、現代の安全保障としては時代遅れであり、肯定的に取り上げるに値しないと考える傾向があることは否定できない。

確かに、資本主義と社会主義が政治経済体制およびイデオロギーの面で激しく対立した東西冷戦下では、どちらの陣営にも与しない中立の存在意義があったが、冷戦崩壊後は中立の存在意義はなくなったという論調が顕著になった。日本では一九五〇年代以降、非武装中立政策を掲げて政府・与党の日米安保路線に対決してきた社会党が、冷戦後、当該政策を放棄した。ヨーロッパの中立国（武装中立国）は中立政策を放棄したわけではないが、中立国の中でも、中立政策を放棄ないし見直すべきだという見解が従来になく多くみられるようになった。冷戦崩壊によって、国連安保理で拒否権をもつ五大国が協調できるかのような外観を与える「国連中心主義」や「国際協調主義」による「新世界秩序」の形成という大国（帝国主義）のスローガンに惑わされ、中立政策は孤立的な「一国平和主義」であり、「国連中心主義」に反すると思われるようになったのである。[5]

しかし、大国側の意図はともかく、東西冷戦が崩壊したからといって、中立政策を放棄しなければならない合理的な理由はあるのだろうか。中立放棄論者の中立論は、「中立」を冷戦との関係だけで意義づけてきた視野の狭い政治的・イデオロギー的中立論（このタイプの非同盟中立であれ永世中立論であれ）であったため、冷戦崩壊とともに消滅するか、積極的主張をやめてしまうのは、ある意味では論理的必然性があったといえる。(6) この種の中立論は、武力紛争を前提とする国際法（戦時中立条約）における「中立」のもつ相当の普遍的意義について深く考えていなかったのではないかと思われる。武力紛争や軍事同盟がある限り、それに関与しない「中立」ないし「永世中立」の存在意義はあり続けるのである。(7)

今日的な状況に照らしていえば、第一に、冷戦崩壊直後の一九九〇年代前半に唱えられた「新世界秩序の樹立」や「国連中心主義」の掛け声も、九〇年代後半以降は影をひそめ、アメリカの横柄なユニラテラリズム（単独行動主義）とそれに追随する多国籍軍やＮＡＴＯ軍による、他国への軍事的介入が顕著になった。ブッシュ大統領の「新しい戦争」論に基づき、「国連中心主義」すら無視する新たな集団的自衛権行使の体制（軍事同盟）づくりが進行している。このような状況のもとでは、多国籍軍的な軍事同盟に協力しない中立政策ないし永世中立の存在意義は何ら失われていない。

第二に、上記のことに関連するが、二〇〇〇年代前半において、テロ撲滅や民主主義の実現を名目にした、米英中心のアフガニスタンやイラクに対する武力攻撃と占領が行われたが、これは、先制的（予防的）武力攻撃や侵略を禁止する国連憲章や国際人道法を無視するものである。国際法的にいえば、あたかも、国際連盟などがなく、戦争違法（禁止）論も登場しない一九世紀の無差別戦争（戦争自由）論の時代に逆行し、一定の戦争に関するルール（戦時国際法）さえ否定する状態である。このような国際政治のもとでは、中立政策をとることこそ、国際法の正義に適う。一九世紀では、戦時国際法を守ることが条件であるが、戦争が自由であるがゆえに、第三国間の戦争に加担しない中立を選択することも自由とされていた。このように、現代国際社会が一九世紀に類似した一種の無差別戦争（論）の状態になっており、国連も十分に機能していない状況のもとでは、改めて中立の役割を評価することが可能である。永世中立国は戦時（第三国間の武力紛争時）には当然に中立義務を法的に負うが、永世中立国でない国でも、戦時には中立政策を選択することの意義がありうる。

もちろん、永世中立は、武力紛争に加担しないという意義だけでなく、国連憲章の想定する集団的自衛権制度を批判し、変革を促していく積極的意義を有していることにも留意しておく必要がある（本章第六節3の(1)参照）。

第三に、日本に関しては、冷戦後は冷戦下よりも、日米安保体制すなわち集団的自衛権体制の拡大・強化がはかられているから、それに対抗する中立の意義も大きいはずである。日米安保を地球規模の安保にまで拡大し、実践的に運用できるようにする一九九七年の日米新ガイドライン（防衛協力の指針）の策定以降、米軍の海外戦争に対して、自衛隊の海外派兵による後方支援活動を可能にする立法化がなされてきた。一九九九年の周辺事態法、二〇〇一年のテロ対策特別措置法、二〇〇三年のイラク支援特別措置法といった海外派兵法である（海外有事法制ともいえる）。さらに、恒久的派兵法も検討されている。

それと並行して、二〇〇三年から二〇〇四年にかけて制定された有事三法や有事関連七法などの有事法制（国内有事法制）の整備が進行している。この有事法制は日本への武力攻撃を想定し、自衛隊・国民・自治体を戦時動員する立法であるが、米軍の支援も重視されており、海外有事法制と不可分ものとして準備されている。

結局、国内有事法制にしろ海外派兵法にしろ、その拡大強化がはかられる根幹にあるのは、それ自体が有事法制である自衛隊法と日米安保条約である。これらが存在する限り、非戦・非武装平和主義を規定する憲法九条の改憲論も推進される宿命にある。したがって、憲法九条を中心とする平和憲法の理念を生かそうとすれば、日米安保に代替する中立政策ないし永世中立と、自衛隊を容認しない非武装の理念を堅持した平和・安全保障論、すなわち「非武装中立（永世中立）」論を対峙していくほかはない。この提言は、日本の現実的政治の中で直ちに実現しうる状況にはないが、政府の安保政策を批判していく視点としてもっておくことは重要と思われる[8]。

冷戦後といえ、永世中立論がこのように意義があり、新しい永世中立国が登場してきている現実もあるが、日本の憲法や国際法、国際政治学などの学界ではほとんど関心がもたれていない。このようなこともあり、以下、永世中立論の基本を踏まえつつ再考していくことにしたい。

三　永世中立の現代的諸形態と意義

1　永世中立の現代的諸形態

冷戦崩壊以前から存在している現在の永世中立国としては、スイス（一八一五年）、オーストリア（一九五五年）、コスタリカ（一九八三年）、マルタ（一九八七年）などがあるが、冷戦後登場した永世中立国として、カンボジア（一九九三年）、モルドヴァ（一九九四年）、トルクメニスタン（一九九五年）がある。このうち、モルドヴァについては憲法で永世中立を規定しているだけで、いまのところ国際法上承認された永世中立国とはいえないであろう。

永世中立の承認の方式からみると、国際会議・条約に基づいている永世中立国の例としてはスイスやカンボジア、国家の一方的な中立宣言と他国の明示ないし黙示の承認に基づいている永世中立国の例としてはオーストリアやコスタリカ、国連の承認に基づいている永世中立国の例としてはトルクメニスタンがある[9]。

永世中立を憲法でも規定している憲法保障型永世中立国としては、モルドヴァのほか、オーストリア、カンボジア、トルクメニスタンがある。スイスの場合は、憲法では「中立」としか規定していない。カンボジアの場合は、永世中立だけでなく非同盟についても規定している（「中立主義（非同盟）的永世中立」）。マルタは憲法では非同盟中立規定しかもっていないが、その国際的承認があると考えられるので、カンボジア型永世中立に分類できよう(10)。その他、国連に加盟しているか否か、武装しているか否かといった観点からの永世中立の分類もあるが、これについては、次の永世中立の意義の項で言及する。

2　永世中立の現代的意義

永世中立国の中立政策の基本には、第三国間の武力紛争に参加しない義務、永世中立国の独立・平和を維持する義務、戦争に巻き込まれることを平時から回避する義務がある。

すなわち、第一に、永世中立は、海外派兵や集団的自衛権体制を認めないところに意義があるといえよう。近年の例として、アメリカの同時多発テロ事件の報復として、アメリカなどが自衛権に基づき（ただし国際法的に正当な自衛権行使とはいえない）、アフガニスタンを武力攻撃したさい、中央アジアの中で、永世中立国のトルクメニスタンが当該武力攻撃に関しては軍事基地を使用させていない。なお、中立主義国や非同盟中立国では、中立政策は国是とされているが、国際法的な拘束を受けるものではないので、必ずしも実行されているとはいえないし、集団的自衛権行使も容認されている。

第二に、集団的安全保障への協力に関しても、永世中立は軍事的な協力を基本的に行わないことに意義があるといえよう。もっとも、国連の軍事制裁協力に関して否定的な従来の永世中立論を改めるべきだという見解も有力になってきているが、国連の軍事制裁が多国籍軍によって行われつつある（この場合、上記の第一の意味の海外派兵に当たることもある）現状では、永世中立国の従来の方針を変更する必要はないと思われる。

二〇〇三年に始まったイラク戦争への軍事的協力に関して、イラク戦争の正当性に疑問があることも関係しているが、スイスやオーストリアは、中立維持の観点から行っていない。コスタリカの場合は、軍隊がないので軍事協力はしていないが、アメリカのイラク戦争を政治的に支持する声明を保守的なコスタリカ政府が出したため、世論の批判を受けることになり、最高裁にも提訴される事態になった。しかし、最高裁の憲法法廷は、政府のイラク戦争支持が非武装憲法や永世中立に違反すると判示したため（二〇〇四年九月）、コスタリカ政府は、アメリカ政府のもつ有志連合リストからコスタリカの名前を削除することを求める外交的措置をとった。[11] これは、非武装憲法や永世中立が市民や司法においても定着していることを示すものであり、世界的にみても注目されよう。他方、モルドヴァはイラクに軍隊を派遣しており、中立が徹底されていないようである。

なお、集団的安全保障と永世中立の両立性にかかわる問題であるが、非武装永世中立国のコスタリカは、国連の地域的安全保障である米州機構（NATOのような集団的自衛権を行使しあう制度ではない）に加盟しているが、軍隊の派遣協力はしないことにしている（本章第五節1も参照）。スイスは伝統的永世中立論のこだわりから、国連に加盟してこなかったが、二〇〇二年九月、国連に加盟したことにより、永世中立国の国連非加盟国はなくなった。

第三に、永世中立を非武装と結びつけることによって、永世中立の理念がより生かされるのではないかと考えられる。永世中立国の独立・平和（安全保障）を維持する手段として、伝統的には永世中立国に武装義務があるとされてきたが、今日では、非軍事的方法で永世中立を維持することも可能と解されている。コスタリカは、そのような理論を、積極的平和外交を通じて実践している（さらに本章第五節2も参照）。

なお、単なる非武装国家の場合は、アイスランドのように、集団的自衛権に基づく他国との軍事同盟によって安全保障を維持することもあるので、コスタリカのように、非武装にプラスして永世中立政策を自覚的に選択することが今後望まれる。

第四に、永世中立国であるか否かに関係なく、軍備保有国である限り、当該憲法は国家緊急権と有事法制をもっている。しかし、永世中立国の場合は、そうでない普通の国に比べると、対外戦争への協力と海外派兵の禁止という制約があるから、永世中立国の有事法制の機能は限定的になると考えられる。普通の国の有事法制の多くは、侵略的戦争や海外派兵、あるいは国内治安のために機能してきたといわれるが、永世中立国の場合は、侵略的戦争や海外派兵のための有事法制の機能については禁止されている点において、一定の意義をもっているといえよう。この点に関する具体的内容は、以下で言及する。

四　武装永世中立国の平和政策と安全保障——スイスとオーストリアを中心に——

ここでは、武装永世中立国のスイスとオーストリアを中心に、その平和政策と安全保障および有事法制について概観し、その問題点についても指摘する。平和政策については、国際平和協力に関する問題を取り上げる。

1　国際平和協力の現状(12)

(1)　国連の制裁措置

国連の制裁措置に関しては、経済制裁であれば、スイスやオーストリアは協力してきているが、一九九一年の湾岸戦争にさいしての軍事制裁については両国の対応は異なった。いわゆる国連決議六七八号は命令的性格をもっていないこともあり、スイスは多国籍軍の領空通過を許可しなかった。他方、オーストリアは、当該軍事制裁は戦争ではないから、制裁に協力しても中立違反にならないとして、後述する「中立危険罪」（その他「戦争物資の輸出入等に関する法律」など）を改正して、多国籍軍の領空通過を許可した。その後も、オーストリアはスイスに比べると、国連制裁への協力は積極的といえる。将来的には、スイス政府も、オーストリアと同様の政策をとることを検討しているが、国連にあまりにも信頼をおく政策は、国連の現状では問題があるのではないかと思われる。

(2)　国連平和維持活動（PKO）　国連平和維持活動（PKO）に関しては、スイスは冷戦崩壊以前は、平和維持軍（PKF）を除くPKOだけを派遣していたが、冷戦後の一九九四年、PKFへの派遣提案が国民投票で否決された後、二〇〇一年の再度の国民投票で承認された。オーストリアの場合は、冷戦時代から、あらゆる形態のPKOに積極的に参加している。しかし、冷戦後のPKOは五大国が参加するなど、中立性の原則が機能しなくなっていることからすると、中立国のPKO参加にどのような意味があるのか再検討されなければならないであろう。

(3)　国連外での平和協力　国連外での平和協力として欧州安全保障との関係が問題となりうるが、冷戦後の欧州安全保障は、OSCE（欧州安保協力機構）とEU（欧州連合）、WEU（西欧同盟）およびNATOが相互に連携することが想定されている。そうすると、軍事的な機構であるWEUやNATOに両国は未加盟（スイスはEUにも未加盟）だとしても、OSCEに全面的に協力することになれば、永世中立と抵触する恐れがあろう。なお、国防計画の透明性や人道援助などでNATOとの一定の協力関係をもつPFP（平和のためのパートナーシップ）に両国が参加していることも、問題がないとはいえない。(13)

2　安全保障と有事法制

永世中立国の安全保障は、永世中立の維持と不可分の関係にある。それが軍事的防衛に依拠するから、国民の防衛協力義務も随伴することになる。スイスの場合は民間防衛論が、日本の国民保護法との関連で関心がもたれるところであるが、[14]ここでは、オーストリア憲法についてみておくことにする。

まず、総論としては、「永世中立をあらゆる可能な手段により擁護し防衛する」という目的を確保するため、「いかなる軍事同盟にも参加せず、また自国の領域内に外国の軍事基地の設置を認めない」と規定する一九五五年の中立憲法法律を踏まえて、一九七五年の改正憲法九ａ条では、次のように規定されている。すなわち、「①オーストリアは、総合的国防方針を表明する。その任務は、……特に永世中立を擁護し防衛することである。……②総合的国防には、軍事的、精神的、市民的および経済的な国防が含まれる。③すべてのオーストリア男性市民は防衛義務がある。（以下略）」と。

また、この規定を有事法制的に担保する憲法上の国家緊急権関連規定については、包括的な公的危機管理の基礎となる体系的でまとまった規定はないが、緊急命令に関する規定（憲法一八条三～五号）や、連邦軍の行動・州の軍動員規定（同七九～八一条）など、個別の授権規定や緊急措置の根拠となりうる一連の規定が分散して存在している。[15]

ただし、これらの安全保障や有事法制関連規定は、オーストリアの永世中立に反する態様で運用されることは認められず、違反者は「中立危険罪」に問われることにもなる。それによれば、「オーストリアが参加していない戦争または武力紛争中、あるいは、そのような戦争または武力紛争の差し迫った危険がある場合は、国内において、故意に当事国の一方のために」、軍事物資を国内を通過して運送したり、軍事目的の財政クレジットを与えたり、軍事情報を伝達したりする軍事的行動などは犯罪行為として処罰される。この中立危険罪は、国連の軍事制裁に関しては適用されないとしても、集団的自衛権の行使になる戦争に加担するような軍事動員や軍事協力を禁止する点で、一定注目されてよい。[16]

3　武装永世中立の限界から非武装永世中立論へ

上述したように、軍備を保有していても永世中立であれば、軍事力による国際平和協力に一定の制約を課し、有事法制の機能を限定することが可能になっている。この点は、永世中立の評価できるところである。しかし、オーストリアやスイスには、世界の軍事技術が高度化する中で軍備を保有する限り、中立防衛を名目に軍事力が拡大し、軍事力を国際平和協力にも活用する傾向、それに伴う「中立危険罪」の適用緩和（有事法制の機能的強化）の動向がみられる。さらには、永世中立放棄論やNATO加盟論を唱える論調さえ出てきている。これは、武装永世中立の限界と考えられる。

そこで、永世中立を維持したうえで武装永世中立の限界を超えようとすれば、注目されるのは非武装永世中立である。このような立場に立つスイスのグループからは、軍隊は民主主義と中立さえ守らず、国民生活の軍事化の原因にもなるとして、軍隊の廃止、兵役拒否、戦時における市民的不服従、戦争原因を除去する包括的な積極的平和政策などが提言されている。また、オーストリアのグループからも、世界政治の民主化と非軍事的な世界システムへの転換の指示器として中立を生かし、EUの軍事化やNATO協力への反対、非核・非武装地帯の創出、武器輸出の禁止などが提言されている。(17)

非武装永世中立は一九八〇年頃までは政策提言や法理論としてのみ存在してきたが、以下で言及するコスタリカが一九八三年に非武装永世中立を宣言し実行していることから、今日、非武装永世中立の現実的意義にも関心がもたれつつある。

五　非武装永世中立国の平和政策と安全保障――コスタリカの場合――

コスタリカの平和政策と安全保障の基本理念は、非武装・積極的永世中立（略して非武装永世中立）である。それは、正確に表現すれば、一九八三年の「永世的、積極的、非武装的中立に関する大統領宣言」に基づいて実行されているものである。(18)

1　非武装・積極的永世中立の性格および内容

まず、コスタリカの永世中立の性格については、「事実上の永世中立」あるいは政治的性格の中立主義とみる内外の学説が多いが(19)、自国が従うべき行動方針を述べた国家（政府）宣言は外国に向けて一方的になされただけでも、国際法的な拘束力が生ずるという見解に従えば、コスタリカの永世中立は、その国家的実践歴（慣習化）も考慮すれば、国際法的な性格を有しているといえよう。

この点については、コスタリカ政府のイラク戦争支持が同国の非武装憲法や永世中立に違反すると判示した、次のような二〇〇四年九月の最高裁憲法法廷が注目される(20)。

すなわち、当該判決は、一九四九年のコスタリカの非武装平和憲法制定以降、憲法的価値としての平和という考えが、人間的発展に賭け、自由かつ平和的に生存する人々の権利を宣言している一九八三年の「永世的、積極的、非武装的中立宣言」や、一九八四年の国連総会決議が採択した「人民の平和への権利宣言」などの国際法的文書などにも結実しているという認識に立って（判決文第Ⅳ）、さらに、当該宣言については、コスタリカによる一方的

（単独）行為ではあるが国際関係において法的効果を伴うものであり、国際公法の法源となると述べている。したがって、国際公法におけるエストッペル（禁反言）の原則に違反することは避けなくてはならないとして、中立宣言で表明されている「中立の義務」の内容を引用している（判決文第Ⅴ）。そして、このような平和の観念は、裁判所が政府の行為を対象として審理する法的に有効な憲法解釈基準になるとも述べている（判決文第Ⅵ）。

次に、永世中立の内容としては、第一に、戦時には戦時中立義務を負い、平時には紛争に巻き込まれない中立外交を行わなければならない。第二に、中立は積極的中立でなければならず、国連や地域的安全機構に加盟して、国際平和と人権保障ないし人道的活動に協力することである。第三に、中立は非武装を前提としているから、米州機構や米州相互援助条約に加盟しているが、他国の紛争解決のために武力使用を要請されないことになっている。なお、通常兵器（戦闘機・戦車・軍艦など）や常備軍はなく、テロ対策・国境警備・治安維持のために警察隊が設置されている。

2　国際平和協力

積極的中立に基づく国際平和協力として、一九八七年にノーベル平和賞を受賞する理由となった、アリアス大統領による中米紛争の平和的解決が注目されるが、日頃から、軍縮の提案、軍事力ではなく非暴力・対話・交渉・仲介などによる紛争の平和的解決、庇護法による多数の難民受け入れなどに努力している。一九八〇年代前半には、隣国ニカラグアを中心とする中米紛争の中で、警察力の軍事化傾向も現れ、モンヘ大統領の非武装永世中立の不徹底さもあったが、次期アリアス大統領によって非武装永世中立政策が徹底されたのである。

その他の国際平和協力として、コスタリカは国連平和大学や米州人権裁判所などを設置している。隣国のパナマが一九九四年の憲法改正により軍隊不保持を明記したこと、あるいはハイチが事実上軍隊を廃止していることなども、コスタリカの安全保障モデルがそれなりに影響していると考えられる。(21)

なお、二〇〇二年五月以降のパチェコ大統領の保守政権のもとで、アメリカ寄りの安保外交政策が強くなり、ブッシュ政権のイラク戦争を政治的に支持することになったが、それは上述したように、最高裁の違憲判決によって撤回された。現在は、二〇〇六年五月に再選されたアリアスが大統領に就任している。

3　安全保障と有事法制

一九四九年のコスタリカ憲法（一二条）は非軍備を原則とし、上述のように、現実的にも軍隊を保持していない。しかし、例外として、米州機構などの要請や自国防衛の必要がある場合には再軍備ができることになっている関係で、再軍備に対応できるような国防、緊急事態対処（国家緊急権）、徴兵などに関する憲法上の有事法制も導入されている。

例えば、執行権に対しては、次のような権限が与えられている。すなわち、軍・警察に対する大統領の最高指揮権（一三九条）、軍・警察の構成員に対する大統領・関係大臣の任免権（一四〇条一号）、議会閉会中の緊急状態のさいの特定人権を停止する権限（一四〇条四号）、国家秩序・防衛・安全維持のため軍・警察を掌理する権限（一四〇条一六号）、国家防衛状態の宣言・徴兵命令・軍の組織・講和を議会に請求する権限（一四七条一号）などである。立法権に対しては、国家防衛状態を宣言する権限を執行権に付与し、緊急状態のさいに特定人権を停止する権限を付与している（一二一条六〜七号）。その他、戦争など緊急状態終了後の国民に対する被害補償規定（四五条）などもある。

このような憲法上の有事法制にもかかわらず、コスタリカでは、再軍備と徴兵制は行われておらず、対外的にも宣言している非武装永世中立を誠実に実行するため、有事法制は凍結されているといえよう。自然災害などの緊急事態に対しては、国家緊急事態委員会によって対処されている。

なお、コスタリカでは戦後六〇数回の憲法改正が行われているが、日本の改憲論と異なり、非武装原理の条項を改正する動きはない[22]。また、コスタリカの政府も多くの国民も、軍隊をもたないことが最大の防衛力だと考えている。

六　日本国憲法九条と非武装永世中立の今日的意義

結論的にいえば、日本国憲法九条は、コスタリカ憲法一二条よりも徹底して、再軍備を想定しない完全非武装を原則にした永世中立要請型憲法といえる。また、個別的および集団的自衛権を否認しているから、日本国憲法は、自衛権行使のための軍事力を想定した国家緊急権や有事法制規定も有していない。したがって、憲法九条のもとでは、軍事的な有事法制をもたずに、積極的な中立・平和外交を展開することで、平和と安全を確保し、諸国民の平和的生存権を実現することが期待されているといえよう。

このような私見について、その論拠ないし若干の補足的説明を加えておきたい。

1　永世中立の憲法的論拠

日本国憲法では、コスタリカと同様、「中立」も「永世中立」も明記されていない。しかし、憲法九条があることにより、永世中立要請型憲法とみることができる。それは、憲法解釈によって導き出される永世中立、あるいは憲法九条が規範的に要請している永世中立といえる。というのは、一切の戦争放棄と戦力不保持規定には外国軍隊駐留の禁止が含まれ、とりわけ交戦権の否認規定には交戦当事国の一方への軍事的支援の禁止（＝戦時中立義務）が含まれるが、これらの禁止事項は永世中立の概念に内包されているからである。国際法上の永世中立は、平時から軍事同盟の締結・外国軍事基地の設置を認めず、いかなる第三国間の武力紛争にも加担しない戦時中立義務を恒常的に負うものである。要するに、永世中立は、集団的自衛権行使を容認する安全保障とは両立しないということもできる。(23)

そうすると、集団的自衛権を容認しない憲法九条に適合する「中立」は永世中立と解される。非同盟中立は、国際政治でいう国是としての中立主義であり、集団的自衛権行使やそれに伴う戦争を必ずしも否定しないから、憲法九条に適合する「中立」といえない部分がある。その問題点は、これまでの非同盟国間の軍事協力や戦争をみれば明らかであろう。(24)

2　非武装と永世中立の両立性

非武装永世中立は実際にありうるのかという疑問から、非武装と永世中立の両立性について、その法理論に関する本格的な検討があまりなされてこなかった経緯があるが、この論点について言及しておこう。

まず、非武装については、非武装国家は現在二五存在していることに留意する必要がある。(25)そのうち、コスタリカは非武装国家のもとで、後に永世中立を宣言した国家である。したがって、非武装平和主義の憲法九条が非現実的な規定であるとか、憲法九条に基づく非武装永世中立宣言が非現実的であるという批判は当たらない。他方、武装永世中立国の中から、軍隊を廃止して非武装永世中立をめざす運動も存在している。このようなことから、とりわけ、コスタリカの非武装永世中立が登場した一九八〇年代以降の外国の国際法学においては、非武装と永世中立の両立可能性を肯定する理論が有力になっているといえよう。この両立可能説は、諸説の紹介は割愛するが、中立を維持する手段が武力でなければならないと明記する国際法（戦時中立法）が存在しないこと、中立国の武装の有無は中立国の自由な主権的決定に委ねられていると解されることなどを論拠としている。(26) ちなみに、ここでは詳論しないが、日本の場合は非武装平和主義憲法をもっていた関係で、非武装永世中立の理論研究と政策提言が一九五〇年前後から、一定なされてきていたことは改めて注目されてよいことである。(27)

しかし、そのような中立論とは異なる解釈ないし政策論もみられる。例えば、中立は武装（独自で防衛）しなければならないという見解を前提に、日本においても、中立国になるのであれば、最後の軍備撤廃国にならなければならないといった自衛隊合憲論者のアナクロニズム的な解釈論(28)がある一方、自衛隊違憲論に立ちつつも、中立政策を維持するために軽武装ないし最小限防御力が必要だとする解釈ないし政策論(29)もあるが、いずれにしても、賛成しかねる見解である。

3　非武装永世中立の意義ないし課題

日本で非武装永世中立を提言する意味は、非戦・非武装平和憲法を形骸化し、有事法制や自衛隊海外派兵の元凶となっている自衛隊（法）と日米安保（条約）体制の解消であるが、以下、非武装が前提であるが、永世中立の側面に焦点を当てて検討する。(30)

(1)　非武装永世中立を提言する意義

その第一は、集団的自衛権体制である日米安保体制を解消するだけでなく、集団的自衛権の行使にかかわる安保外交政策や、いかなる名目の海外派兵であれ禁止することにある。その中には、軍事要員が参加するPKO協力派遣も含まれる。さらには、問題のある集団的自衛権制度や武力的制裁制度を容認する国連（憲章）のあり方を批判的に検討、改革する視点を提供することである。

第二の意義は、世界における非核・軍縮の積極提言、北東アジアにおける非核・中立地帯や人権裁判所設置などの提言をしやすくすることにつながる。日米安保を維持したままのアジア共同体論の提案もみられるが、それは好ましいものとはいえない。

第三の意義は、中立国の立場から、国際紛争の平和的解決の積極的提言や国際人道援助を行うことができる。日本政府は批准しているジュネーヴ条約追加議定書などの国際人道法の的確な実施を積極的に行おうとしていないが、中立国になるならば、紛争当事国の利益の保全を委託されて行う「利益保護国」になることもできる(31)。

(2) 非武装永世中立の具体化

以上のような非武装永世中立を具体化するには、コスタリカをモデルにした「非武装永世中立法」のようなものを制定したり、オーストリアなどにみられるような、中立政策に反する違反行為を規制する中立危険罪などを制定することも課題となろう。

後者の点に関連するものとして、実は日本においても、「外国が交戦している際に、局外中立に関する命令に違反した者」を処罰できる「中立危険罪」（刑法九四条）があるが、戦後から研究もほとんどなく、全く無視されている。しかし、永世中立の理念をもつ憲法九条の観点から同条を生かすとすれば、中立法を制定するとともに、中立危険罪を改正して、外国で武力紛争が起きた場合には、政府はいつでも対外的に中立を宣言すると同時に、憲法の尊重擁護義務を踏まえ、大臣を初めとする公務員、市民、企業などは中立を守る義務を負うようにすべきである。

そのことに関連するが、中立法を制定することは、有事法制の代案を示すことも意味する。というのは、有事法事的に支援する性格をもっているからである。制はそもそも非戦・非武装主義憲法に反するだけでなく、有事関連法の米軍支援法などは、中立に反して米軍を軍

⑶　非武装永世中立類似の「無防備地域」宣言

日米安保の強化や有事法制の具体化に対して、非武装永世中立論が対案として意義があるとしても、国家レベルで非武装永世中立を宣言し、具体化することは、日本の政治状況からみて現状では困難である。そこで次善の策として、非武装永世中立宣言と同じではないが、それと類似し、より実現の可能性がある安全保障として「無防備地域」宣言が考えられる。

無防備地域は、自治体などの特定地域を非武装状態（ただし、固定した軍用施設があっても敵対的に使用しなければ、このような施設があっても無防備地域とみなされる点では、無防備地域は完全な非武装地域と同じではない）にして、かつ紛争当事国に対して軍事的に敵対行為をしない、いわば中立を維持する地域のことである。国家としては軍隊があったとしても、特定の地域レベルでなら、軍隊がないところもありうるから、無防備地域宣言は非武装永世中立宣言に比べれば、地域住民が身近なところで実現可能なものといえる。

非武装永世中立と無防備地域の宣言は、第一に、他国に対して一方的に宣言できる点で、第二に、非武装ないし無軍備地域である点で、第三に、軍事的に中立地帯である点で共通性があり、国際法的に保障されるものである。また、非武装地帯ないし非敵対的地域であることは、国際人道法により、武力攻撃が禁止される地域として保護される利点がある。非武装永世中立化のプロセスを地域から具体化していく方法として、無防備地域宣言運動を意義づけることもできよう[32]。

（1）澤野義一『永世中立と非武装平和憲法』（大阪経済法科大学出版部、二〇〇二年）の「はしがき」参照。
（2）コスタリカの平和と民主主義について、それを評価するものとしては、「コスタリカと手をたずさえて平和をめざす会」の報告集（『平和に生きる・コスタリカ』二〇〇二年）、「特集・コスタリカに学ぶ」『法と民主主義』三九四号、二〇〇四年、吉田稔「コスタリカ憲法と平和」姫路獨協大学「戦争と平和」研究会編『戦争と平和を考える』（嵯峨野書院、二〇〇六年）などがあるが、他方、コスタリカの実態を踏まえて批判的にみることを強調する論稿もある（新藤通弘「最近のコスタリカ評価についての若干の問題」『アジア・アフリカ研究』三六四号［二〇〇四年］、小澤卓也「日本における『コスタリカの平和』論の危うさ」『人権と部落問題』二〇〇五年二月号など）。
　そのような争点の検討は別の機会に行うことにして（またコスタリカに関する他の研究論文や著書への言及などもここでは割愛）、コスタリカの国際法学者バルガス氏が、アジアにおける米州機構のような地域的集団安全保障機構や人権裁判所の設置について日本が音頭をとること、あるいは、日本が永世中立宣言すべきことなどを提言していることは、参考になる（「朝日新聞」二〇〇二年二月二八日付）。

　なお、参議院憲法調査会が二〇〇三年九月、日本の安全保障や憲法問題を考えるための対象国の一つとしてコスタリカを視察していることも興味深い（「朝日新聞」二〇〇三年九月二九日付、二〇〇三年一二月三日参議院憲法調査会会議録、二〇〇四年一月参議院編『コスタリカ・カナダにおける憲法事情及び国連に関する実情調査・概要』参照）。
（3）本稿は、覚書的な拙稿、澤野義一「永世中立による平和政策と安全保障――有事法制にも関連して」全国憲法研究会編『憲法と有事法制』（日本評論社、二〇〇二年）二七二―二七六頁を、執筆以降の国際情勢の動向も踏まえて大幅に書き足したものである。
（4）佐瀬昌盛「NATOはなぜ元気がいいのか」「産経新聞」二〇〇二年八月九日付。
（5）集団的安全保障との関連で永世中立を孤立主義的なものとして捉える見解は、国連が創設されるときから存在していた。スイスや戦後当初の日本の論議について、澤野義一・前掲書（注1）三八頁、二一一―二一四頁参照。
（6）澤野義一『非武装中立と平和保障』（青木書店、一九九七年）一三一―一三五頁。
（7）澤野義一「非武装中立の現代的探求」全国憲法研究会編『憲法問題4』（三省堂、一九九三年）七九頁。
（8）澤野義一「有事法制・国民保護法制とイラク支援特別措置法の検討」大阪経済法科大学『法学研究所紀要』三七号（二〇〇四年）一―二四頁。
（9）国連総会は、一九九五年一二月一二日、全会一致で次のように決議している。
「1．トルクメニスタンが宣言した永世中立の地位を承認し、支持する。

2．トルクメニスタンの永世中立の地位を尊重し、かつトルクメニスタンの独立・主権・領土保全を尊重するよう、国連加盟国に要請する。」（UN. doc. A/RES/50/80［A］, 12 December 1995）

トルクメニスタンは、旧ソ連から独立後、国内政治の民主主義の評価はともかく、対外的には積極的中立外交路線をとり、非同盟諸国会議にも参加している実績が国連総会でも評価されたといえる。これによって、政治的な中立政策を法的な中立にまで高めたことになる。国内的には、永世中立に関する憲法法律によって、永世中立の法的根拠が与えられている。

（10）澤野義一・前掲書（注1）二一九頁参照。

ちなみに、カンボジア憲法は永世中立について、同一条二項では、「カンボジア王国は、独立、主権、平和、永世中立かつ非同盟の国である。」と規定し、同五三条で、「①カンボジア王国は、永世中立かつ非同盟の政策を採用する。カンボジア王国は、近隣諸国およびその他の世界のあらゆる国々との平和的共存政策を追求する。②カンボジア王国は、直接、間接を問わず、他国への侵略も、他国の内政干渉も行わず、相互の利益を正当に考慮して、いかなる問題も平和的に解決する。③カンボジア王国は、その中立政策に一致しないいかなる軍事同盟もしくは軍事協定にも加盟しない。④カンボジア王国は、自国領土内にいかなる外国の軍事基地の設置も認めず、また自国の軍事基地を外国に設置しない。但し、国際連合の要請の範囲内においては別である。」と規定している。さらに、同五五条で「カンボジア王国の独立、主権、領土保全、中立および民族統一に一致しないいかなる条約および協定も効力を有しない。」と規定している。

（11）『週刊金曜日』五三二号（二〇〇四年）二八―二九頁参照。

（12）澤野義一・前掲書（注1）の第一章および第二章。渡辺久丸『現代スイス憲法の研究』（信山社、一九九九年）一五二頁以下、同『現代オーストリア憲法の研究』（信山社、二〇〇六年）七九頁以下も参照。

（13）オーストリア政府は、「EUの外交と共通の安全保障政策に参加する」ことを可能にするために憲法改正で導入された憲法二三f条について、同条が永世中立の核心を否定するものではないとの見解をとっているが、それに疑問をいだく見解もある（澤野義一・前掲書［注1］一〇四―一〇五頁）。

さらに、最近では、憲法二三f条がオーストリアの永世中立の地位を法的に否定するものだとして、憲法二三f条の削除を求める主張や運動もみられる（Plattform Neutralität statt Euro-Armee［EU軍参加でなく中立をめざすプラットフォーム］など）。その背景には、同条を根拠に、オーストリア政府がEU軍などにも参加するのではないかとの危惧がある。

（14）スイスの有事法制については、例えば、U. Häfelin/W. Haller, Schweizerisches Bundesstaatsrecht, 1993, S. 308f. 小林武「スイスにおける国家緊急法制」全国憲法研究会編・前掲書（注3）一九一―一九六頁、奥田善美「緊急事態対処制度としてのスイスの民間防衛」水島朝穂編『世界の「有事法制」を診る』（法律文化社、二〇〇三年）一七一―一七九頁も参照。

(15) 例えば、L. K. Adamovich/B. Ch. Funk, Österreiches Verfassungsrecht, 1985, S. 97, 135 f., 304ff.

(16) 澤野義一・前掲書（注1）七六―七九頁、九五頁。

(17) 澤野義一・前掲書（注1）一九―二一頁、六八―六九頁、一〇九―一一〇頁。

(18) 澤野義一・前掲書（注1）一一二―一六八頁参照。

(19) 当該外国の諸説については、澤野義一・前掲書（注1）一二一―一二六頁参照。日本の研究者の説としては、寿里順平『中米の奇跡コスタリカ』（東洋書房、一九八四年）二九八―三〇三頁、竹村卓『非武装平和憲法と国際政治――コスタリカの場合』（三省堂、二〇〇一年）一五九頁など。

(20) 判決文については、SALA CONSTITUCIONAL DE LA CORTE SUPREMA DE JUSTICIA, Exp: 03-004485-0007-CO, Res: 2004-09992. 日本での簡単な判決の紹介としては、前掲『週刊金曜日』五三一号（注11）二九頁など参照。

(21) J. Galtung/D. Fischer, "Haw Haiti Abolished Its Military", in; http://www. transcend. org/HAITI. HTM.

(22) 竹村卓「コスタリカ憲法小史」参議院編・前掲書（注2）一二一―一四二頁。

(23) 澤野義一・前掲論文（注7）七八―八〇頁、同・前掲書（注6）一七四―一七七頁。
なお、Roberto Zamora, "Peace Constitutions of Costa Rica and Japan", 2006.（http://www. article-9. org/undpingo/Robert DPI handout. pdf）の中立に関する憲法解釈は、私見とも類似し興味深い。当該論稿は、「コスタリカの場合の中立は、一九八三年一一月に発せられた国家の中立宣言の公式化によって、憲法七条［国会が適切に批准した条約、国際協定及び規約は、公布又は指定の日より、法律に優先する効力を有する］の中に取り入れられている。日本の場合は、憲法九条の交戦権放棄が、事実上、中立宣言を命じている。」(p. 4) とか、「日本国に中立を命ずる憲法条項は、コスタリカの中立宣言に比べると明瞭ではないが、中立を導き出す解釈を妨げるものではない。」(p. 6) と述べている。ただし、当該論稿は、日本には中立論議がこれまでなかったかのように述べているのは、日本の状況についての認識不足によるものであろう。

(24) 澤野義一・前掲書（注1）二三六―二三七頁。

(25) 中米・カリブ地域では、コスタリカ、パナマ、セントビンセント・グレナーディン諸島、グレナダ、セントクリストファー・ネイビス、セントルシア、ドミニカ、ハイチの八カ国。オセアニア地域では、キリバス、サモア、ソロモン諸島、ツバル、ナウル、バヌアツ、パラオ、マーシャル諸島、ミクロネシア連邦の九カ国。ヨーロッパでは、アイスランド、アンドラ、サンマリノ、ヴァチカン、モナコ、リヒテンシュタインの六カ国。アフリカではモーリシャス。アジアではモルディブ（澤野義一『入門　平和をめざす無防備地域宣言』［現代人文社、二〇〇六年］六二頁）。本書第四章の注1も参照。

(26) 澤野義一・前掲書（注6）五〇―五三頁、同「永世中立宣言と国際法」『月刊社会党』一九八八年三月号二六頁以下。

（27）澤野義一・前掲書（注1）一七一頁以下。
（28）小林宏晨『自衛の論理』（泰流社、一九九〇年）二二六—二二七頁。
（29）坂本義和『新版・軍縮の政治学』（岩波書店、一九八八年）一四八頁以下、小林正弥『非戦の哲学』（筑摩書房、二〇〇三年）など。
（30）澤野義一「永世中立型憲法と平和保障政策」深瀬忠一ほか編『恒久世界平和のために』（勁草書房、一九九八年）七一八—七一九頁も参照。
（31）M・トレッリ［斉藤恵彦訳］『国際人道法』（白水社、一九八八年）一五〇頁。
（32）澤野義一「コスタリカの非武装永世中立と日本の無防備地域宣言運動」『法と民主主義』三九四号（二〇〇四年）一一頁。無防備地域宣言については、同・前掲書（注25）、池上洋通・澤野義一・前田朗編『無防備地域宣言で憲法9条のまちをつくる』（自治体研究社、二〇〇六年）など参照。

第一四章　自治体の平和行政と無防備地域宣言

——地域からの平和創造——

一　はじめに

二〇〇三年六月、自民・公明・民主党の賛成多数で、武力攻撃事態法、改正自衛隊法、改正安全保障会議設置法の有事三法が成立し、二〇〇四年六月には、有事三法を具体化する有事関連七法が通常国会で成立した。

有事法制は、武力攻撃事態等にさいし、政府・首相の強力な指揮のもとで、自衛隊と米軍の軍事行動を円滑に遂行させると同時に、その軍事行動（戦争）に対する協力を指定公共機関・自治体・国民に要請することにある。その内容は、国民保護法によれば、例えば、国の指示に基づいて知事が指定公共機関（民間機関も対象）に対して要請する避難措置としては、放送事業者に対し警報の内容を放送させることなどが、救援措置としては、運送事業者に対する緊急物資の運送、物資の生産・販売事業者に対する緊急物資の保管命令、医療関係者に対する医療の実施などがある。救援措置を拒否した場合には、知事が強制的に実施できる。また、原子炉などによる被害を防止する命令に従わない者、物資の保管命令に従わない者、通行の禁止・制限に従わない車両の運転者、土地・家屋の使用や物資の収用について立ち入り検査を拒否したり忌避する者、警戒区域などへの立ち入り禁止や退去命令に従わない者などは処罰される。

このような自治体や住民に戦争協力を求めてくる有事法制・国民保護法などに対して、自治体・住民からどのように具体的で有効な反対運動を行っていくことが可能かが模索されてきた。その一つが、戦争に協力しない地域づくり（戦争非協力都市、戦争不参加都市）をめざす無防備地域宣言運動ないし無防備地域条例制定運動である。

近年、この運動に取り組んだのは、二〇〇三年三月に結成された「無防備地域宣言をめざす大阪市民の会」である。有事法制が国会で審議されている状況、あるいは米英による正当性のないイラク戦争とイラクへの自衛隊派兵、さらには平和憲法の改悪論議が行われている状況に対する市民の不安を背景に、同市民の会が二〇〇四年四月二四日から一カ月で集めた条例の直接請求署名は法定数の五〇分の一（有権者約二〇〇万に対して四万）を超え（五万三六五七）、同年七月の大阪市議会で条例制定の審議がなされた。

結果的には、市民の会が提出した条例案は市議会で否決された(1)。しかし、その否決の論拠が適切なのかどうか、検討しておく必要があると思われる。大阪市議会で論議されたことが、その後の無防備地域条例制定の是非を論議するさいの基本的争点になっているからである（大阪市の条例制定運動以降の運動状況については、第一二章第三節参照）。

無防備地域条例制定論に対する大阪市議会の否定論を検討するには、いくつかの知っておくべき基本事項があるので、その点から言及していくことにする。一つは、戦後の平和憲法における自治体の平和行政の原則と、それを保障する法令などの確認および課題についてである（本章第二節）。もう一つは、ジュネーヴ条約追加第一議定書の五九条で保障されている「無防備地域（宣言）」の意味などについてである（本章第三節）。

そのうえで、無防備地域（宣言）やその条例化に対して大阪市議会で出された否定的見解について、上記の議定書五九条や憲法・地方自治法などとの関連で批判的に検討する（本章第四節以下）。

二　平和憲法からみた自治体平和行政の課題(2)

1　自治体の平和行政の基本

憲法の基本原則が非軍事的な平和主義である以上、自治体行政の主要な原則（憲法九二条）も、非軍事的な平和主義（住民の平和的生存権保障）でなければならない。また、地方自治法は平和行政に関する事務については直接規定していないが、「地方公共団体の健全な発達を保障する」（一条）、「住民の福祉の増進に努める」（二条一四項）といった地方自治法の基本目的ないし原則を定める規定は、憲法の平和主義に適合するように解釈・運用されなければならない。「住民に身近な行政はできる限り地方公共団体にゆだねること」も現行法の基本であること（一条の二第二項）、また、平和や安全保障・外交が明確に自治体の権限外のものと明記されていないこと、地方分権改革により、自治体の法令解釈権や条例制定権が拡大したことなども考慮されなければならない。そうすると、例えば、有事法制などの防衛・安全保障行政については法定受託事務だとしても、住民の生命・福祉・安全にかかわる身近な平和行政でもあるから、それにどのように対応するかは、自治体の独自の対処権限があると考えられる。自治体の平和行政については、後述するように、戦後、旧軍港市の平和利用を明記する旧軍港市転換法が制定されたり、核積載艦船の入港を規制する非核神戸方式が実施されるなどの実績もある。

2　軍事目的の土地利用等の禁止

戦前土地収用法では、軍事目的で土地を収用したり使用したりすることができたが、戦後の同法の改正（一九五一年）により、当該規定は平和憲法に違反するとの理由で削除された。したがって、平和憲法と現行土地収用法を前提にすれば、違憲の有事法制などを根拠に、住民の土地を収用または使用することなどはできないはずである。

3　旧軍港市転換法の再評価

旧軍港市転換法は、横須賀市、呉市、佐世保市、舞鶴市の旧軍港市を「平和産業都市に転換することにより、平和日本実現の理想達成に寄与することを目的」（一条）に、一九五〇年四月制定され、憲法九五条の「一の地方公共団体にのみ適用される特別法」として、四市で住民投票にかけて同年六月から施行されたものである。同法は現在も効力を有しているとはいえ、形骸化している。というのは、朝鮮戦争が勃発すると同時に、これらの都市の港湾は、米軍の兵站や出撃の拠点とされたり、米軍に一部接収されたりしたからである。また、これ以降も、日本の再軍備の中で自衛隊により利用されたり、日米安保条約や地位協定に基づき米軍に利用されているからである。しかし、このように形骸化している旧軍港市転換法を、その原点に立ち返って実質化すべき課題があるといえよう。

4　港湾法等の非軍事的運用

港湾の平和的な利用に関連する別の法律として港湾法があるが、同法は、自治体の港湾管理権を明示している点（二条・三三条）で注目される。戦後制定された当該港湾法（一九五〇年）は、港湾行政を民主化するために、戦前軍事利用された国家の港湾管理権を自治体に移したのである。その具体例として、港湾法一二条は、港湾区域や施設を良好な状態に維持すること（船舶航行に支障を及ぼすような物の除去など）や、水域施設の使用に関し必要な規制を行うことなどの港湾管理権を規定している。また港湾法関連の港則法第四章は、爆発物などの危険物を掲載した船船の入港に関する指揮・許可権を自治体に付与している。したがって、自治体は港湾を非軍事的に運用する権限があり、国の命令や米軍の一方的通告で、自治体の平和的な港湾利用権を妨げられることがあってはならない。自治体は、当該命令や通告を拒否できるのである。

他方、この見解に反し、自治体が管理する民間の港湾（空港）への米軍の出入りは、日米地位協定の五条一項・三項により、米軍側が通告をすれば当然できるという政府解釈が行われている。それは、政府の次のような見解、すなわち、港湾（空港）の使用は「協定上認められている権利でございますので、そのつど外務省あるいは日本側に、使いたいということの承認を求める性格のものではございません」（一九六七年四月二八日、衆議院運輸委員会）という見解に基づいている。

しかし、このような解釈や見解は、上述した地方自治法、旧軍港市転換法、港湾法などの理念のほか、次のような理由からも容認できない。すなわち、地位協定の原則を定める二条では、米軍に対する日本国内の施設使用は「許される」と規定されているだけで、米軍の権利とはされていないこと、したがってまた、地位協定五条もこれと同様に解釈すべきであるということである。条約や協定といえども、憲法に抵触する疑義のあるものは、憲法に適合する国内法令や執行機関の意思を無視ないし素通りして国内的な拘束力をもちえないはずである。この点では、運輸省が外務省と異なり、自治体管理の港湾（空港）の使用に際しては自治体の同意が必要という立場をとっていることは、一定評価できる（「朝日新聞」一九九六年五月三一日付）。

なお、港湾利用に関する以上の評価は、自治体が管理する空港についても同様に妥当するといえよう。

5　非核自治体の拡大

上述の地方自治法や港湾利用関連法の理念、あるいは国の基本政策である非核三原則、国際的には非核地帯条約の拡大などを踏まえるならば、自治体が非核都市宣言をしたり、非核都市条例を制定する法的正当性があるといえる。非核都市宣言は現在では多くの自治体が行っているが、その中でも注目されてきたのは、非核証明書を提出しない船舶に入港を認めない行政措置をとる「非核神戸方式」（一九七五年採択）である。これは、神戸市議会の決議に基づくものであるが、港湾法や神戸市港湾施設条例などの法的根拠があることに留意する必要がある。同決議は、国際商業都市である神戸港が「市民に親しまれる平和な港でなければならない」との前提に立って、「核兵器を積載した艦船の神戸港入港を一切拒否する」と述べている。

6　無防備地域宣言の課題

有事法制が制定され、住民に戦争協力を求める国民保護法が自治体で具体化されつつある今日、非核自治体の拡大の運動とともに、政府の外交の失敗などにより日本が不幸にも戦争に巻き込まれた場合、戦争に参加・協力せず、外国軍からの攻撃も受けないように、自治体の非軍事化を平時から進める無防備地域宣言（条例制定）の意義を自治体や住民に知ってもらう運動なども、今後必要と思われる。以下、この問題を中心に検討するが、平和な自治体をつくるために、無防備地域宣言運動以外に、自治基本条例において、基地移転を政府に求める規定を設ける自治体が登場していること（二〇〇五年神奈川県大和市）、米軍基地建設の是非に関する住民投票条例などが制定されたりしていること（一九九七年沖縄県名護市）も、関連して把握しておく必要があろう。

三　無防備地域（宣言）とは何か

1　無防備地域（宣言）の概要

(1)ジュネーヴ条約追加第一議定書五九条二項によれば、「無防備地域」（公定訳では「無防備地区」、原語はnon defended locality）とは、軍隊が接触している地帯の付近またはその中にある居住地で、敵対する紛争当事国による占領のために開放されている地域である。そして、次のすべての条件、すなわち、(a)すべての戦闘員ならびに移動兵器および移動用設備が撤去されていること、(b)固定した軍用の施設または営造物が敵対目的に使用されていないこと、(c)当局または住民により敵対行為が行われていないこと、(d)軍事行動を支援する活動が行われていないこと、という四つの条件を満たしている地域をさす。

要するに、戦時において敵軍が占領目的で迫ってきても、軍隊を配置したり、軍用施設を敵対的に使用したりせず、軍事的に抵抗しないこと、そして紛争当事国に対して中立的な立場をとるのが、無防備地域である。このような地域であれば、敵軍は、武力攻撃して占領する必要はないから、第一議定書五九条一項では、紛争当事国は「無防備地域を攻撃することは、手段のいかんを問わず、禁止する」と規定されている。また、無防備地域を軍事攻撃すれば、戦争犯罪として裁かれることになる（八五条三項(d)）。

なお、占領しようとする敵国は、無防備地域の状態を尊重する場合には、敵国自身の軍隊を無防備地域に導入すべきではなく、非軍事的な統治にとどめるべきものとされている(3)。

(2)上記の四条件に関連して、次のような場合は、無防備地域の条件に反し、無防備地域の地位を失うことになろう。無防備地域内の工場で武器・弾薬などの軍用品の生産を容認したり、無防備地域内の道路・鉄道を戦闘員や軍用品の輸送通過のために使用させる場合である。(4)当局や住民が占領軍に対して武器をもって組織的に抵抗することも、無防備地域の条件に抵触（(c)でいう敵対行為に該当）すると思われる。しかし、この場合、占領軍や占領目的で接近する敵軍に対して、非暴力的に対処することは許されるであろう。また、紛争当事国の航空機が無防備地域の上空を飛行することに関しては、特別に規定がない限り、無防備地域の地位に抵触しないと考えられている。(5)さらに、無防備地域おいては、軍隊をおくことはできないが、法と秩序の維持のみを目的として保持される警察が存在することは、無防備地域の条件に反しない（五九条三項）。

なお、無防備地域の条件が満たされなくなった場合でも、紛争当事国が相互に取り極めをすれば無防備地域とみなされるし、無防備地域でなくなったとしても、武力紛争に関する関する国際法規やジュネーヴ条約などによる人道的保護は与えられるから（同条四、七項）、当該地域に対して無法な武力攻撃や占領が許されるわけではない（後述、本章第七節参照）。

(3)無防備地域の範囲は、無防備地域宣言のさい、敵対する紛争当事国に対して、できるだけ明確に境界を定め、記述して通告する。締約国間で取り極める場合は、視認できる場所、境界、主要道路などに標識を掲示することが必要である（五九条四〜六項）。この規定からすれば、一つの市全域を無防備地域とすることもできるし、一つの市の中の一定の地域（軍事基地がない地域など）だけを無防備地域とすることも可能であろう。

(4)第一議定書五九条二項では、無防備地域宣言をできるのは「紛争当事国の適当な当局」と規定されているが、赤十字国際委員会発行の注釈書では、無防備地域の宣言主体を一般的には国（政府）としながらも、困難な状況のもとでは、地方軍司令官ないし市長・知事のような地方の文民的機関も可能とされている。しかしその場合でも、軍事的機関の同意が必要と解されている。(6) この解釈によると、自治体の無防備地域宣言については、自治体が独自に行うことができないことになろう。国や地方軍司令官が同意しない限り、自治体の無防備地域宣言は国際法的な効果をもたないことになりそうである。日本政府の解釈も、ほぼ同様の見解といえる。しかし、それが、唯一妥当な解釈といえるか疑問である。この点については、後で検討する（本章第五節参照）。

(5) 無防備地域は、「紛争当事国の適当な当局」が、敵対する紛争当事国に対し一方的に宣言・通告することができる。無防備地域の四つの条件が満たされている限り、宣言を通告された紛争当事国は、当該宣言を受領し、当該地域を無防備地域として取り扱う義務を負う（五九条四項）。無防備地域の条件を満たさなくなれば、無防備地域としての地位を失うことは上述した通りである。

(6) 無防備地域宣言の国際法的効果が発生するのは、敵軍が占領目的で接近しているような戦時である。したがって、平時に無防備地域宣言を国連や外国政府にしておくのとは別に、戦時に改めて紛争当事国に対して、無防備地域宣言をすることが必要となる。

2　無防備地域（宣言）の由来

上述の無防備地域（宣言）は、一九七七年のジュネーヴ条約追加第一追加議定書において突然に登場したわけでなく、その前身がある。一九〇七年のハーグ陸戦法規（条約付属書）二五条は、「防守セサル都市、村落、住宅又ハ建物ハ、如何ナル手段ニ依ルモ、之ヲ攻撃又ハ砲撃スルコトヲ得ス」と規定している（同陸戦法規が最初に作成された一八九九年の段階では、「如何ナル手段ニ依ルモ」の文言がなかった）。また、同年のハーグ戦時海軍砲撃条約も、無防守の港・都市などを海軍力によって砲撃することを禁止している（一条）。なお、守備隊などが存在しても、占領に対して抵抗しない（抵抗する意思がない）地域であれば「無防守地域」であるが、「無防守地域」といえ、そこにある軍事上重要な施設（軍事目標）に対する武力攻撃は例外的に認められていた点に留意する必要がある。

これらのハーグ条約を踏まえ、第二次世界大戦中のローマやパリのように、「無防守地域」宣言をすることで、連合国軍やドイツ軍による砲撃を免れた例がある。もちろん、ハーグ条約においては、上述のような軍事目標への武力攻撃に関する例外的扱いがあったことや、国際人道法（観念）の未発達、「無防守地域」保護や宣言に関する条約上の手続き規定の不備などのため、ブリュッセルやマニラなどのように、「無防守地域」宣言をしても、戦禍を免れなかった地域もあった(7)。

なお、太平洋戦争中の沖縄全体では、軍と住民が一体となっていたことが米軍の攻撃対象となり悲惨な結果を生んだが、学校長が日本軍に島からの撤退を求めた沖縄の前島では、日本軍がいないことを確認した米軍が攻撃しなかった例がある。これは、「無防守地域」宣言をしたわけではないが、同宣言と類似の結果を生んだ事例として注目される(8)。

ところで、現在の「無防備地域」は、戦争違法化（戦争犯罪も問われ、国際刑事裁判の対象ともなる）と国際人道法や国際人権法を踏まえた一九七七年のジュネーヴ条約追加第一議定書に根拠をもち、また紛争当事国の受領ないし合意によって承認されるものであることから、「無防備地域」ならびに当該地域住民の保護は、上述した「無防守地域」に比べ、より確実になっている点に留意する必要がある(9)。

四　無防備地域宣言に関する国会および大阪市議会における論議

1　国会における論議

二〇〇四年度の通常国会において有事関連七法案の審議が行われたが、その中で、ジュネーヴ条約追加議定書の批准にも関連して、自治体の無防備地域宣言に関する問題が論議された。無防備地域宣言に対し、民主党の議員からは好意的な質問・意見が出されたが、政府はそれに対して否定的見解を述べた。この論議を簡単に紹介しておくことにする。

例えば、民主党の平岡議員は、政府がジュネーヴ条約を批准することを評価しつつも、必ずしもジュネーヴ条約をそっくりそのまま受けとめていないのではないか、その一つの例として無防備地域宣言があるとし、「たとえ政府のような立場に立ってみても、地方公共団体の首長が無防備宣言を出せないという立場に立ってみても、むしろ、地方の首長が政府に対して、あるいは権限ある者に対して、無防備地区宣言をぜひ出してくれというような要請をする権限というものをこの法整備の中でやったらいいんじゃないかというふうに思う」と質問している。それに対して、井上国務大臣は、「自治体が自治体だけの判断でやるというのは適当でない、やはり国としてどうするか、無防備地区にするのかどうかを判断すべきだ」と答えている。(10)

また、民主党の大出議員が、無防備地帯を自治体が宣言したとすればどうなるのかと質問したのに対して、増田政府参考人は、「宣言は国により行われるべきものであると考えておりまして、地方公共団体がこれらの地帯の宣言を行うことはできない」と答えている。それに対して、大出議員は、「それが通説なのかもしれませんが、解釈の中では、都市が宣言をしてもいいんだ」というように「解釈しているところもあるんじゃないですか」と追及している。それに対して、林政府参考人は、「紛争当事国の適当な当局」が「宣言をするための条件というのは、要するに、軍事的な行動、作戦、そういったものを特定の地域で行わないということを宣言する必要がございまして、そういう宣言の裏づけと申しますか、実効性を持たせるような権限というものを持っているような適当な当局でなければならない、それを翻って我が国に照らして考えてみた場合には地方自治体というのはそれには当たらない」と答えている。(11)

なお、以上の論議の中で民主党議員が行った質問・意見は、無防備地域宣言の意義について国民に広く理解してもらう意味では注目されよう。民主党の議員の中には、自衛隊や有事法制を合憲として賛成しているにもかかわらず、同時に無防備地域宣言についても好意的ないし肯定的立場をとっている人たちがいるのである。それは、国家としては軍隊をもっているとしても、軍隊をもってしても、敵軍から住民や地域を守れ切れない場合がありうることを想定すれば、一定の条件のもとで無防備地域を宣言できる余地を容認しておくことも必要であり、その方が安全であるという安全保障論を提起していると思われる。換言すれば、それは、敵軍に対し、「武力による」よりも「武力によらない」で対処する方が、地域の平和と住民の安全が確保できる場合があることを提案しているといってよいだろう。

2　大阪市議会における論議

大阪市民の会が市議会に提出した「大阪市非核・無防備平和都市条例」案は、二〇〇四年七月二〇日と七月二三日に本会議で審議されたが、結果的には否決された（市長・市当局および自民党・公明党・民主党などは反対、共産党だけが賛成)。本会議以外では財政総務委員会で実質審議が行われた。

まず、条例案を議会にはかるにあたり、大阪市長が付した市長見解は、条例案に規定する市民の「平和的生存権」保障については、日本国憲法前文に規定されているから、改めて条例で確認する必要はないとしたうえで、無防備地域宣言について、次のように述べている。すなわち、「国の見解によると、当該宣言は、当該地域の防衛に責任を有する当局、すなわち我が国においては国において行われるべきものであり、地方公共団体が当該宣言を行うことはできないとされている。したがって、地方公共団体である本市が当該宣言を条例化することは、地方公共団体はその権限に属する事務に関し条例を制定することができるとする地方自治法第一四条第一項の規定に抵触するものであると考える。以上のとおり、本件条例案による条例制定については、その必要性は認められず、また、地方自治法第一四条第一項の規定に抵触するもので、適当でないと考える」。

この市長見解でいわれていることは、法的認識としては、第一に、ジュネーヴ条約による無防備地域宣言は国だけが行うことができ、自治体ではできないということ、第二に、防衛行政は国の専管事項であり、条例制定権の範囲を超え制定できないということである。後者の点に関しては、市長は、有事法制がすでに制定されているから、それに反する無防備地域条例は制定できないという認識と、国民保護法に則って、国の施策を実施していく方針をもっていることが背景になっている(七月二一日、財政総務委員会答弁)。ここには、政府見解に追随する市長・市当局の事なかれ主義の姿勢がみられる。

上記のような見解は、条例制定に反対した議員らにも共通してみられるが、無防備地域宣言に反対する他の理由としてあげられているのは、無防備地域の現実的安全性に対する懐疑的意見である。ある議員は、平時から無防備地域宣言をすることに対して、それが平和都市宣言と同趣旨の理念的宣言であり実効性がないのではないかと述べている。また、有事のさい侵攻してきても、白旗をあげて、どうぞご自由に占領してください、抵抗しませんということを早々と宣告する、無血開城であると述べている。しかも、それは誤ったメッセージを世界に対して流す可能性もあると指摘している。他の議員からは、世界各国で占領軍に対して行われてきたレジスタンス運動等にみられるように、不当な攻撃に対しては、当然自衛権を行使することが認められており、無防備地域宣言のように、大阪市を侵略国の占領に委ねることが市民の平和と安全を守ることにならないとの意見が述べられている（七月二一日、財政総務委員会）。

以上の国会および大阪市議会論議の中から重要な論点として、次の三点を取り出し、以下で検討することにしたい。第一は、ジュネーヴ条約追加第一議定書五九条に関して、無防備地域を宣言をできる主体はどこかの問題である（本章第五節）。第二は、自治体は平和・安全保障行政に関する権限を有しないかの問題である（本章第六節）。第三は、無防備地域は占領軍が無法支配できるのかの問題である（本章第七節）。

五　自治体は無防備地域宣言の主体になりえないか

この論点は、無防備地域宣言は「紛争当事国の適当な当局」ができるというジュネーヴ条約追加第一議定書五九条二項の解釈にかかわる。当該「適当な当局」は単純に国だけであるという、誤解を与えるような従来の政府見解が正しくないことは、赤十字国際委員会発行の注釈書からも明らかである。政府による無防備地域宣言が「困難な状況」のもとでは、自治体でも宣言できるのである。問題は、自治体が宣言できるためには、権限を有する機関（政府や地方の軍当局）の合意を要するという理解が一般的になされている点である（本章第三節1の⑷参照）。

確かに、軍隊が配置されている地域では、軍司令官の同意なく、自治体が無防備地域の要件を満たして宣言を行うことは容易ではないから、軍隊があり徴兵制もある「普通の国」では、現実的な解釈といえよう[12]。

しかし、現実的な解釈としても、政府が崩壊しかけているとか、地方に軍司令官がいない場合には、自治体が独自に無防備地域宣言することができるように思われる。

この点について、国際人道法国内委員会委員の井上忠男は、「各国とも軍の指揮権は政府か軍当局だけに限られ、地方自治体にはありませんから、これら当局の合意がない限り、当該地区から軍隊を撤去したり非武装化することはほとんど不可能」とし、結論的には、無防備都市宣言について、「平時に特定の敵対国を想定して、その国に通知することは非現実的」で、実効性も不明であると述べている。しかし、「中央政府や軍中枢が何らかの理由で崩壊状態になったような場合には、地方政府や軍が指揮権を代行する可能性は残る」ことも示唆している点は参考になろう[13]。

なお、自治体が無防備地域宣言ができる条件（政府による宣言が「困難な状況」）を、上述のように、政府が崩壊している状態などの特殊な場合に狭く限定することには疑問がある。自治体側が無防備地域宣言を行うことを政府が認めない場合でも、自治体にとって、無防備地域宣言することが住民の安全確保のために合理的理由があれば、自治体が独自に無防備地域宣言することが可能と解するべきである。

さらに、無防備地域宣言について、従来のように、戦時にのみに限定して考えるのでなく、平時から準備していくという発想が大切である。平時から、自治体が独自に無防備地域の条件を準備して宣言し、不幸にも有事に直面した場合には、改めて紛争当事国に対して、無防備地域宣言をするということである。とりわけ、日本の場合には、平和的生存権と非戦・非武装主義を理念とする平和憲法で、いわば「無防備国家宣言」をすでにしているのであるから、それを度外視して、無防備地域宣言をジュネーヴ条約追加議定書の制定時の認識・解釈のレベルで論ずることは問題である。すなわち、地方に軍隊が配置されていることを前提に、地方の軍隊や政府に無防備地域宣言の同意を求めなければならないと解釈すること自体が問題である。世界市民社会ないし市民による、時代に応じた国際法の創造（創造的解釈）と運用の視点も大切である。

この点に関連して、外交評論家の小池政行の次のような見解は注目されてよいだろう。無防備地域の宣言主体について、ジュネーヴ条約追加議定書審議の「当初の案文」では「国家」となっていたが、「国家の正規軍ではない集団にも人道的保護を与えることを目的の一つとしている追加議定書が、紛争当事者として国家だけを想定している条項をもつのはおかしいと、赤十字国際委員会は訴えた。その結果、無防備地域を設定し、宣言するのは『紛争当事国の適当な当局』となった。実際には交戦団体の当局も、地方自治体も無防備地域を設定できることになる。むしろ住民の生活全般を管轄する市町村が無防備地域を設定するのが現実的である」と。また、「一般住民の保護に第一義的な責任をもつ自治体が、無防備地域の設定を積極的に検討し、数多くの無防備地域の設定が話題になれば、平和的生存権を実現する具体的手段として注目を浴びるのではないだろうか」とも述べている(14)。

その他、政治学者の松下圭一は、無防備地域の設定ができる「適当な当局」の中に「自治体を当然ふくめるべきなのに、ふくめたくないという、自治体蔑視からくる国の官僚によるムダな議論がある」として、自治体は、条例によって無防備地域の設定を準備し、「その国際予備登録制度の創設をおしすすめることができる」と述べている(15)。

六　自治体は平和・安全保障行政の権限を有しないか

無防備地域条例を制定することに否定的な見解の前提には、日本の国内法上の問題として、一つは、防衛行政ないし平和・安全保障行政については国の専管事項であり、自治体の権限が及ばないから、条例制定権の対象になりえないという解釈がある。もう一つは、有事法制との関連で、無防備地域条例が制定できないとの考えがあるように思われる。この場合は、有事法制ないし国民保護法における自治体に対する国の協力要請が法定受託事務であり、しかも自治体が協力しない場合には、裁判（地方自治法でとられる職務執行命令訴訟）ぬきで代執行できることになっていることが大きな障害になるものと思われる。

1　平和・安全保障行政は国の専管事項か

この論点に関しては、一般的な外交権が内閣にあるとしても、非武装平和主義が憲法の地方自治の本旨（九二条）として貫徹されるべきだとすれば、地方自治法のもとでも、平和行政ないし安全保障行政に関しては、国の専管事項でなく、基本的には自治体の自治事務と解釈すべきである。旧地方自治法二条三項が規定する自治体の権限である「住民及び滞在者の安全、健康及び福祉を保持すること」という規定には、平和行政が含まれるという有力な解釈もなされてきた。それを裏づける別の旧地方自治法の規定として、同二条一〇項は、自治体ができない国の事務八項目を明記していたが、その中に国防や外交を列記していなかった[16]。また敗戦後の一九五〇年頃に制定された法律で、例えば、港湾法では港湾管理権が自治体の自治事務とされたこと、旧軍港市転換法では旧軍港市の平和利用が明記されたことなども想起されるべきである。[17]

確かに、一九九九年の旧地方自治法の大幅な改正により、旧法二条一〇項が削除され、新法一条の二第二項で、国が「国際社会における国家としての存立にかかわる事務」等を重点的に担うこととされたことから、国防や外交は自治体の権限でなくなったという解釈が可能のようにも思われる。[18] しかし、「住民に身近かな行政はできる限り地方公共団体にゆだねること」も新法の基本であること（一条の二第二項）、また国防や外交が新法において明確に自治体の権限外のものと規定されていない以上、従来の解釈を変更する必要はない。[19] したがって、例えば、有事法制などの安全保障行政は、住民に身近な行政でもあるから、自治体の権限として考えることも可能である。この点は、自治体外交などが「どのような範囲で行うことができるのか、議論のあるところであり、アプリオリに国の事務と決めつけることはできないと思われる。［地方自治法］改正後はむしろ議論をオープンにするという趣旨であり、［国と地方の］役割分担の原則に照らして今後の議論を待つというのが正当であろう」[20]という見解が参考になる。また、新法の地方分権改革により、自治体の法令解釈権や条例制定権が拡大したことなども参考となろう。

2　無防備地域条例は有事法制に抵触するか

次に、第二の論点、すなわち、有事法制や国民保護法との関連で、自治体はそれに抵触する無防備地域条例を制定できないのかという問題を検討する。

条例は法令の範囲内でしか制定できないから（憲法九四条、自治法一四条一項）、形式的には、有事法制に抵触する無防備地域条例は制定できないようにも解される。しかし、法令の範囲内というのは、憲法を前提として解釈しなければならないから、有事法制の憲法適合性を無視して解釈するとすれば問題である。政府や大阪市議会は、このような論法をとっているように思われる。

非戦・非武装平和主義の憲法九条がある限り、違憲の有事法制を前提に解釈することは疑問である。無防備地域条例は、むしろ憲法九条を直接具体化する地方議会の立法として制定されるべきものである。また、無防備地域を保障するジュネーヴ条約五九条は憲法九条の理念に適合するから、国内的に遵守して具体化すべきである。政府だけでなく自治体も、憲法に適合する「確立された国際法規」を誠実に遵守する義務があること（憲法九八条）、日本の法体系のもとでは、当該国際法規が法律に優先するという通説などを踏まえると、有事法制ではなく、無防備地域条例こそ尊重されるべきであろう。

なお、有事法制や国民保護法が法定受託事務で、しかも裁判ぬきで代執行できることが、自治体の受託事務拒否権や無防備地域条例制定権を制限的・抑制的に解することになっているように思われる。地方自治法では、法定受託事務の執行を自治体が怠った場合、各大臣が職務執行命令訴訟を提起し、判決をもらってからでないと代執行ができないことになっているが、有事法制や国民保護法では、総理大臣は、知事が命令に従わない場合、裁判ぬきで、必要な措置を代執行できることになっている。この点については、「自治権への重大な干渉であるが、有事における緊急避難として例外的にのみ許容される」という解釈[21]もみられるが、疑問である。法定受託事務に関し、職務執行命令訴訟を要するとする地方自治法の一般原則の例外を、国民保護法といった個別法に導入するためには、憲法的にも問題のない特別の合理的な理由がなければならないはずである。

もし、国民保護法が憲法上問題がない法律であれば、地方自治法という基本法の例外規定をもつ、国民保護法という「後法」が制定されたとしても、「後法優越」の法原則[22]により、地方自治法よりも国民保護法が優先的に適用されることに何ら問題はない。しかし、国民保護法は違憲性が濃厚である以上、地方自治法に反して、裁判ぬき代執行を国民保護法に規定することに疑問がある。この点と、法定受託事務といえ、基本的には、自治体の「自らの判断と責任」において行うことができること、(23)さらに非戦・非武装主義の平和憲法が存在することに留意すれば、有事法制・国民保護法などがあっても、同法が違憲である限り、無防備地域条例を制定することは法的には可能といえよう。

七　無防備地域宣言は占領軍による無法支配を容認するか

無防備地域宣言に反対する他の理由として、上述した大阪市議会の議論にみられるように、ジュネーヴ条約追加第一議定書五九条において無防備地域が「占領のために開放されているもの」と規定されていることにもかかわって、無防備地域宣言が侵略や占領軍に対して何も抵抗せず、敵軍の無法な攻撃や支配も容認するものであるかのように理解されていることが指摘できる。しかし、そのような理解（以下「敵軍による無法支配」論と称す）が論拠の薄弱な憶測かもしれないし、適切なものであるのかどうか、いくつかの側面から具体的に検討される必要がある。一つは、「敵軍の無法支配」論が、ジュネーヴ条約との関係で適切かどうかである。次に、無防備地域でも非武装・非暴力による抵抗ないし防衛（論）の余地がないのかどうかである。他方、逆に、有事法制・国民保護法の実効性に問題がないのかどうか検討されなければならない。

1　ジュネーヴ条約と占領

まず、ジュネーヴ条約追加第一議定書においては、戦闘方法が規制されていること（三五条以下）、住民と民用物を保護するために、戦闘員や軍事目標以外は基本的に攻撃してはならないという「軍事目標主義」（四八条）などを踏まえて、戦闘員や軍事目標が存在しない無防備地域の特別な保護規定がおかれていることを認識する必要がある。また、占領については、暫定的な管理・支配にすぎず、戦闘の終了により軍事占領も終了し、占領軍が撤退するのが原則である（実際は講和条約の締結まで国連の管理のもとで占領軍が駐留することがありうる）から、占領は、武力行使を違法化している現代国際法で禁止されている征服（他国領土の一方的取得、主権の変更）と異なることに留意する必要がある。[24] そして、占領軍は、具体的には次のような義務を遵守しなければならない。[25] 一九〇七年のハーグ陸戦法規では、占領地の法律を尊重し秩序を維持すること、個人の生命・財産・信仰などを尊重すること（四二条以下）が、また、一九四九年のジュネーヴ条約（第四［文民保護］条約）では、強制労働の禁止、住民のための食糧や医薬品の確保ないし輸入の義務など（二七条以下）が、ハーグ陸戦法規より詳細に規定されている。ジュネーヴ条約追加第一議定書では、上記の諸条約を踏まえ、占領下における住民の人道保護および基本的人権の保護が明記されるに至っている（七二条以下）。

このように、無防備地域は、法的には、「敵軍の無法支配」を容認するものではないのである。もちろん、ジュネーヴ条約などの国際人道法が占領軍によって確実に遵守される保障はない。例えばアメリカなどがイラクに対する武力攻撃と占領において、国際人道法を遵守していない。しかし、そうだからといって、国際人道法が無意味ということはできない（犯罪が起き刑法が破られるからといって、刑法を無意味という意見が通常ないのと同様）。むしろ、アメリカなどに対して、国際世論が国際人道法の遵守を要求し、戦争犯罪を追及していかなくてはならないのである。[26]

2　市民による非武装・非暴力防衛（論）の可能性

次に、無防備地域宣言は、占領軍に対して占領を誘い込み、何らのレジスタンスもしない無抵抗な地域であることを意味するのであろうか。そうでないことは、すでに述べたように（本章第三節1の(2)参照）、無防備地域においては、法と秩序を維持する警察の活動が許されるし、違法な占領・支配（敵軍の無法支配）に対しては、武力的な敵対行為でない、非武装・非暴力的な住民の抵抗は許される。占領下であっても、占領軍にも被占領地域の法令遵守義務があるから、違法な占領行為に対して、住民の抵抗権行使は当然認められる。

非暴力的行動の具体的方法については、G・シャープの歴史的・政治学的研究による三類型（約二〇〇の歴史的事例を類型化）が参考になる。第一は、行進、ピケ、監視、公的集会、プロテストのための文書配布といった非暴力的プロテストである。第二は、消費や販売、産業や就業、選挙や行政に関する、社会的、経済的、政治的非協力（ボイコット）である。第三は、座り込み、断食、非暴力的占拠といった非暴力的介入である。これらの方法を軍事や防衛の領域で採用することを、G・シャープは「市民的防衛」（civilian defense）と称しているが、そこには「降伏のための白旗は全く存在しない」。市民的防衛は、「無抵抗や怯懦とは正反対の態度」であり、「説得の試みであるだけではなく、力の行使」なのである。(27)

市民的防衛は、敵軍の侵入を直接的には阻止できないが、不当な軍事占領支配に抵抗し、占領支配の困難さを知らしめて撤退させることを目的にしている。軍事的な占領は、住民の生活次元の支配にまで及ばない限り目的を達成することができないことに留意すれば、そこに市民的防衛の意義があると考えられる。また、今日の軍事技術の発達により、一定の地域を中心とした防衛の有効性がほとんど不可能になっていることも、市民的防衛の意義を考える背景として重要である。(28)

この点について、政治思想研究者の宮田光雄が次のように述べていることが参考になる。「現存の核兵器の存在それ自体が、すでに領土の軍事的防衛とか国境の不可侵性を不可能にした。それとともに、領土防衛にもとづいて、一般民衆の生命や経済的潜在力の安全を保障するという旧来の考え方も不可能にされた。…高度に工業化された国家間の戦争では、生活空間としての領土の占領ないし獲得は、もはや戦争目的たりえない。…したがって、軍事的侵略にたいして国境での防衛が無条件に求められているのか否か…が問題となる」。さらに、現代戦争では軍隊よりも一般民衆の損失が大きくなることが、軍事的防衛よりも、市民的防衛の有効性を示すことになる、と。(29)

要するに、侵略国からみれば、長期に無法な軍事支配をすることは国際的に許されなくなっていること、また、被侵略国からみれば、今日の高度化した軍事力のもとでは軍事力による領土防衛は不可能であることを考慮すると、むしろ、非武装・非暴力抵抗により、無法な占領・支配に服従しないで、その不当性を内外に訴えていくことが、占領・支配を終結させることにつながる。

3　有事法制・国民保護法の実効性の疑問

有事法制・国民保護法は、武力攻撃事態（弾道ミサイル攻撃、航空機による攻撃、地上部隊の上陸、ゲリラや特殊部隊による攻撃の四類型）等にさいし、自治体や住民に対して避難や救援措置を命ずる（国民保護法では自治体ごとに国民保護協議会を設置して国民保護計画を策定することが義務づけられている）ことにより、住民の安全を確保することを目的にしているが、それは実際に可能なのであろうか。

この点については、次のような見解が参考になる。「都市は、市民生活をますます便利にしたが、その反面、電気、ガス、水道などのインフラが止まったり、戦争、とりわけ、敵軍が日本に上陸して、自衛隊が塹壕を掘って迎え撃つというような事態になれば、都市はあっという間に崩壊してしまう。しかも、東京圏三三〇〇万人、近畿圏一三〇〇万人という巨大都市圏では、新たな生活を築く場所も、逃げ出す場所さえもない」。さらに、東京都内で避難警報が出され、一二〇〇万人の都民が避難するとすれば、都市インフラが使えず、たちどころに衣食住の供給も不可能になり、大規模な騒乱が起こる可能性さえある。都民が埼玉県に避難したとすると、埼玉県の給水計画人口は三七五万五千人分、食糧備蓄が一三〇万食で、ただちに底をつく。また、有事における避難は自然災害と違い、隣接する県を越境して長距離を長時間歩き続ける可能性もあるが、それは、一九〇万の六五歳以上の高齢者、一五〇万の一五歳未満の者だけでなく、健康な人にとっても困難である。それを助ける都職員数は警察、消防、教員を含めて一四万人にすぎない。このようなことから、「都市は戦争できない」し、「外からの攻撃を待たずして日本は自壊する」(30)。

また、例えば、鳥取県が行った武力攻撃事態のさいの住民の避難に関するシュミレーションによれば（二〇〇三年）、県東部の石美郡住民約二万六千人を隣の兵庫県に約九〇台のバスで避難するのに一一日間要するとすれば(31)、人口一二万人の鳥取市民を避難させることは困難といえる。戦闘地域から避難する住民と、逆に戦闘地域へ向かう自衛隊が交錯し、道路が混乱することも予想される。東京都民よりはるかに人口の少ない鳥取県でさえ、このような事態が予測されているのであるから、ほとんどの自治体では、国民保護法に基づく避難・救援（計画）の実効性をはかることは困難と思われる。

このように、武力攻撃事態のさいには、住民保護が困難であるだけでなく、文化財保護についても困難が予想される。その対策のためには、「武力紛争の際の文化財保護条約」（一九五四年のハーグ条約および一九九九年の同条約第二議定書）を批准して、国内的に法令整備と行政的措置をとる必要がある。しかし、政府は当該条約をいまだ批准していない中で、自治体も、武力攻撃事態のさいの文化財保護について、国民保護計画の中で具体的な対策（文化財集中地域から軍事施設を遠ざける措置など）をとれない状況にある。[32]

なお、日本の周辺諸国をみた場合、日本に対する、ゲリラ攻撃以外の武力攻撃事態が発生する現実的可能性があるのか疑問もある。日本が日米軍事同盟を緊密にしていることから、武力攻撃事態のうち、日本に対するゲリラ攻撃については、その可能性が否定できないとしても、それに対しては、軍事力で対処することは不可能に近く、軍事力以外の外交や警察力によって対処するしかないであろう。

以上の点から、有事法制・国民保護法が住民の安全を現実的には確保できないにもかかわらず、住民に避難・救援を義務づけ、ないし要請するのは、有事に備えることを名目に、平時から住民に戦争協力させる有事国家体制を確立することにあるといえる。もしそうだとすれば、有事法制・国民保護法は不要である。むしろ、「武力による平和」より「武力によらない平和」を指向[33]する無防備地域づくりの方が、住民にとって安全であるように思われる。

八　おわりに

自治体において無防備地域宣言が法的に可能であり、現実的な安全保障の点でも、軍事的防衛よりも安全性が高いとすれば、平時から無防備地域条例の制定を求める意義がある。[34]さらに敷衍すれば、次のようなことが指摘できよう。[35]

①無防備地域条例制定運動は、平和憲法や地方自治の理念に基づき、地域の平和と安全の問題を行政（官僚や自衛隊）に任せきりにしないで、主権者住民が主体となって、有事法制や戦争に協力しない地域（平和なまち）づくり

を行うという意義がある。いわば、憲法九条の地域からの具体的実践であり、憲法九条の「改正」論への対抗策でもある。なお、憲法九条の解釈との関連で有事法制や自衛隊を合憲とみる立場であっても、軍事力で防衛しきれないこともあるから、無防備地域宣言ができる余地を認めることに賛成する見解もありうる。そうだとすれば、無防備地域宣言の支持層が広がることになろう。

②無防備地域条例の制定は、ジュネーヴ条約追加議定書という国際人道法を市民の力によって国内的に活かすという意義がある。しかも、同議定書の作成当時のイメージ（単なる戦時での宣言）と異なり、平時から無防備地域の条件整備を行っていく点に新奇性がある。

③無防備地域条例が制定されるならば、非核都市宣言のような政治的宣言と異なり、自治体を法的に義務づける意義がある。もっとも、国際法的な効果が生ずるためには、戦時における宣言が改めて必要である。

④無防備地域条例制定運動を通じて、ジュネーヴ条約を国民や軍隊に周知させる意義がある。条約では、このような役割は政府にあるが、日本政府はこの周知義務を積極的に果たしてこなかったから、当該運動は市民に対する平和教育・学習の意義もある。

⑤ジュネーヴ条約の理念や全体の概要が市民に理解されるならば、日本政府のジュネーヴ条約追加議定書の批准の意図や問題点、さらには検討課題も明らかになろう。

なお、⑤に関していえば、ジュネーヴ条約批准についての政府の意図は、自衛隊の戦闘行為から生ずる戦時国際法上の問題をクリアーするためであり、有事法制の中で明記されている「国際人道法の的確な実施」といえるのか疑問である。というのは、ジュネーヴ条約追加議定書の批准に関して制定された有事関連七法のうち、「国際人道法の重大な違反行為の処罰に関する法」は、武力紛争時において、自衛隊が紛争地域や占領地で重要文化財を破壊したり、捕虜の送還方法を誤った場合に、自衛隊員を国内法で処罰するものである。また、「虜等の取り扱いに関する法」は、武力攻撃事態における捕虜等の人道的な取り扱いに関する国の責務を定めるもので、捕虜収容所の設置、捕虜の送還などに関して規定している。しかし、これらの法律は、外国で自衛隊が戦闘行為を行うこと、すなわち憲法九条が禁ずる武力行使ないし交戦権行使を想定しており問題である。(36)

他方、ジュネーヴ条約は戦闘行為を前提としているが、戦闘行為の被害から住民を回避させようという住民保護(平和的生存権)の理念も含んでいる点に着目するならば、憲法九条の理念に沿って国内的に活用できる側面を活かすことができる。例えば、無防備地域の設定以外に、それと類似する非武装地帯の設定(六〇条)がある。軍事目標の近傍から住民や民用物を移動させること、人口周密地域に軍事目標を設置しないことなどをうたっている当該条約五八条(被害回避のための予防措置)の国内法化も、現実的問題としては重要である。しかし、政府は、このような国内的措置をとろうとしていない。

なお、ジュネーヴ条約が戦争ないし戦闘行為を前提としているため、平和憲法を擁護する立場の中には、戦争を前提としない憲法九条のもとで当該条約を国内的に活用することに懐疑的な見解もある。この立場からすれば、無防備地域条例制定にも消極的となる。しかし、それは、ジュネーヴ条約の国際人道法上の歴史的意義や、無防備地域条例制定運動が平時からの平和な無防備地域づくりに重点をおいていること(戦争が起こるまでは平和運動をしないということではない)などを看過している。また、例えば核廃絶・軍縮の平和運動も、現在の国際社会においては、国際人道法を前提にしないと論拠づけが困難であることなどにも留意する必要がある。(37)

このようなことは、国際刑事裁判所ないし当該条約批准の評価にもかかわる。平和憲法擁護だけを重視するのであれば、国際刑事裁判所条約の批准を求めることなども、平和運動としては相応しくないことになる。しかし、それでは問題であろう。ジュネーヴ条約違反行為を戦争犯罪として裁くことも可能な国際刑事裁判所条約が発効（二〇〇二年七月）していることは、ジュネーヴ条約が以前にもまして実効的になったことを意味する。ところが、日本政府はアメリカなどとともに、国際刑事裁判所条約を署名・批准していないのは、国際平和や国際人道法の基本精神を実現しようという姿勢に欠けている証拠である。このような状況のもとで、有事法制の整備・具体化ではなく、平和憲法に適合する形のジュネーヴ条約の具体化や、国際刑事裁判所条約の批准を政府に求めるのは無意味ではない。

最後に、無防備地域宣言地域をいかにして広げていくかということに関連して言及しておきたいことがある。それは、日本中に日米の軍事基地があれば無防備地域宣言の障害にもなるから、より長期的な展望としては、国家レベルで非武装永世中立宣言を指向することが、日米安保体制を見直し、無防備地域宣言を容易にする好条件となる、ということである。中米コスタリカは非武装永世中立宣言をしているが、それは、いわば国家レベルでの無防備地域宣言といえる。永世中立は国家が対外に向けて一方的に宣言し、国際法的な効力をもちうる制度であるが、自治体が相手国に一方的に宣言することで効力が生ずる無防備地域宣言も、永世中立宣言と類似している。このような意味において、非戦・非武装平和憲法九条に基づいて、国家レベルでは非武装永世中立宣言を、自治体レベルでは無防備地域宣言を求めていくことが重要と思われる。(38)

（1）「大阪市非核・無防備平和都市条例」（案）抄

第一条（目的）

本条例は、国際平和を誠実に希求し、戦争と武力を永久に放棄するとした日本国憲法の平和主義の理念、国是である非核三原則、武力紛争時の国際法規であるジュネーブ条約などの国際人道法ならびに大阪市の「非核平和都市宣言」に基づくものである。本条例は、平和を守るため、国際法規などを積極的に活用すると共に大阪市の責務も明確にし、もって市民の平和と安全を保障することを目的とする。

第二条（市民の平和的生存権）

(1)大阪市民は、平和のうちに生存する権利を有することを確認する。

(2)大阪市民は、その意思に反して、軍事を目的にした市民権の制約や財産権の侵害、自然環境の破壊を受けることはない。

第三条（市の責務）

(1)大阪市は、戦争に協力する事務を行わない。

(2)大阪市は、新たな軍事施設の建設や軍事のための車両、航空機、艦船、物資などの輸送通過を禁止する。

第五条（無防備地域宣言）

(1)大阪市は、戦争の危機に際しては、一九七七年の「一九四九年八月一二日のジュネーブ諸条約に追加された国際武力紛争の犠牲者の保護に関する議定書」（ジュネーブ条約追加第一議定書）第五九条による無防備地域宣言を行い、その旨を日本政府および当事国に通告する。

(2)大阪市は、平時においても、前項の議定書の定める無防備地域の条件を満たすように努める。

付則

(2)本条例は、公布後速やかに翻訳文をつけて、国際連合および国際連合加盟国その他の国などに送付する。

（2）澤野義一「自治体による『協力』」山内敏弘編『日米新ガイドラインと周辺事態法』（法律文化社、一九九九年）一六六頁以下、澤野義一『入門　平和をめざす無防備地域宣言』（現代人文社、二〇〇六年）七一頁以下参照。

（3）Y. Sandoz, Ch. Swinarski, B. Zimmermann(eds.), Commentary on the Additional Protocols of the Geneva Conventions of 12 August 1949, International Committee of the Red Cross, Geneva, 1987, paragraph 2296. この注釈書の訳文は、池上洋通・澤野義一・前田朗編『無防備地域宣言で憲法9条のまちをつくる』（自治体研究社、二〇〇六年）一二三頁以下参照。

（4）Ibid., para. 2271-2272.

（5）Ibid., para. 2275.

（6）Ibid., para. 2283.

（7）宮崎繁樹「『非武装都市』宣言のすすめ」『軍事民論』二二号（一九八一年）五四頁以下、城戸正彦『戦争と国際法』（嵯峨野書院、一九九三年）一七〇頁以下、足立純夫『現代戦争法規論』（啓正社、一九七九年）八九頁、岩本誠吾「『無防備地域』の宣言主体」『新防衛論集』第一七巻四号（一九九〇年）九七—九八頁、I. Detter, The Law of War, 2nd. ed., 2000, p. 279.

など参照。
(8) 林茂夫『戦争不参加宣言』(日本評論社、一九八九年)二六―二八頁。
(9) 竹本正幸『国際人道法の再確認と発展』(東信堂、一九九六年)一一六頁以下、林茂夫「『戦争こりごり』から『ノーモア・沖縄』へ」国民文化会議『無防備地域運動』一二号(一九九七年)三頁以下。
(10) 二〇〇四年四月二六日、衆議院の「武力攻撃事態等への対処に関する特別委員会」審議。同年六月二日、参議院の「イラク人道復興支援活動等及び武力攻撃事態等への対処に関する特別委員会」審議なども参照。
(11) 二〇〇四年四月二八日、衆議院の「武力攻撃事態等への対処に関する特別委員会」審議。政府的見解について、大河内昭博「ジュネーブ諸条約第一追加議定書・第二追加議定書」『ジュリスト』一二七五号(二〇〇四年)一〇〇頁参照。
(12) 岩本誠吾・前掲論文(注7)九五頁以下参照。
(13) 井上忠男『戦争のルール』(宝島社、二〇〇四年)一六六頁。
(14) 小池政行『国際人道法　戦争にもルールがある』(朝日新聞社、二〇〇二年)一二九―一三二頁。林茂夫・前掲書(注8)二九―三〇頁なども参照。
(15) 松下圭一「都市型社会と防衛論争」(公人の友社、二〇〇二年)五五、七二頁。
(16) 小林武『地方自治の憲法学』(晃洋書房、二〇〇一年)一九二頁以下。
(17) 澤野義一・前掲論文(注2)一五八頁以下。
(18) 北村喜宣『分権改革と条例』(弘文堂、二〇〇四年)五九頁。
(19) 白藤博行・自治体問題研究所編『改正地方自治法を超えて』(自治体研究所、二〇〇〇年)一一頁以下の山内敏弘・白藤博行の対談参照。
(20) 鈴木庸夫「地方公共団体の役割及び事務」ジュリスト増刊『あたらしい地方自治・地方分権』(有斐閣、二〇〇〇年)六五頁。
(21) 原田尚彦『新版　地方自治の法としくみ』(学陽書房、二〇〇三年)七二頁。
(22) 林修三『法令解釈の常識』(日本評論社、一九七五年)一六五頁以下。
(23) 兼子仁『新地方自治法』(岩波書店、一九九九年)二〇三頁以下。
(24) 松本祥志「国際法から見た平和と人権」三好亜矢子ほか編『平和・人権・NGO』(新評論、二〇〇四年)一三八―一四一頁。
(25) 足立純夫・前掲書(注7)二四四頁以下、藤田久一『新版　国際人道法〔増補〕』(有信堂、二〇〇〇年)一五六頁以下、M・トレッリ〔斎藤恵彦訳〕『国際人道法』(白水社、一九八八年)八四頁以下など参照。

(26) イラク国際戦犯民衆法廷実行委員会編『イラク戦争・占領の実像を読む』（現代人文社、二〇〇四年）参照。
(27) G・シャープ［小松茂夫訳］『武器なき民衆の抵抗』（れんが書房新社、一九七二年）の第二章および第三章参照。
(28) G・シャープ・前掲書（注27）九五―九六頁、一一五―一二二頁。
(29) 宮田光雄『いま日本人であること』（岩波書店、一九九二年）二一四頁以下。寺島俊穂『市民的不服従』（風行社、二〇〇四年）二一三頁以下、澤野義一『非武装中立と平和保障』（青木書店、一九九七年）九七―一〇〇頁も参照。
(30) 石田敏高・鍵屋一「有事法制と自治体の危機管理」木佐茂男ほか編『分権の光　集権の影』（日本評論社、二〇〇三年）一八、二二頁。五十嵐敬喜・立法ゼミ『都市は戦争できない』（公人の友社、二〇〇三年）一二一頁以下も参照。
(31) 「京都新聞」二〇〇三年七月一〇日付。
(32) 澤野義一「武力紛争の際の文化財保護条約（ハーグ条約）とその国内的活用」大阪経済法科大学『法学研究所紀要』四一号（二〇〇七年）一頁以下参照。
(33) 深瀬忠一『戦争放棄と平和的生存権』（岩波書店、一九八七年）四三一頁以下、水島朝穂『武力なき平和』（岩波書店、一九九七年）第三、六章など参照。
(34) 有事法制との関係で無防備地域宣言の意義について言及している最近の論者として、前掲の小林武、松下圭一、小池政行、石田敏高・鍵屋一、五十嵐敬喜、山内敏弘のほか、藤田久一（後掲注36の『法律時報』座談会発言二一頁）、古川純（星野安三郎ほか編『世界の中の憲法第九条』高文研、二〇〇〇年、一四六―一四八頁）、水島朝穂（「『有事法制』と『国民保護法法制』」水島朝穂編『世界の「有事法制」を診る』法律文化社、二〇〇三年、一九八頁以下）らがいる。当該問題を比較的詳しく論じたものとして、藤中寛之「自治体による『無防備地域』宣言の意義と課題」沖縄大学『地域研究所所報』第三〇号（二〇〇三年）一四三頁以下、前田朗「無防備地域（地区）宣言とは何か」『法と民主主義』三九四号（二〇〇四年）三九頁以下参照。
(35) 澤野義一「有事法制と無防備地域条例制定の意義」憲法理論研究会編『現代社会と自治』（敬文堂、二〇〇四年）一二三頁以下参照。
(36) 「座談会・イラク戦争・改憲論の中で憲法九条を生かす道をさぐる」『法律時報』七六巻七号（二〇〇四年）二一―二二頁（山内敏弘発言）。
(37) 澤野義一『入門　平和をめざす無防備地域宣言』（現代人文社、二〇〇六年）四六―四七頁参照。
(38) 澤野義一「コスタリカの非武装永世中立と日本の無防備地域宣言運動」『法と民主主義』三九四号（二〇〇四年）一一―一三頁。

著者紹介

澤野義一（さわの　よしかず）

1951年　石川県七尾市生まれ

1976年　立命館大学法学部卒業後，中京大学大学院修士課程・龍谷大学大学院博士課程で憲法学を専攻

現　在　大阪経済法科大学法学部教授（法学博士）

［主要著書］

『非武装中立と平和保障』（青木書店，1997年）

『永世中立と非武装平和憲法』（大阪経済法科大学出版部，2002年）

『入門　平和をめざす無防備地域宣言』（現代人文社，2006年）

『日本社会と憲法の現在』（共編，晃洋書房，1995年）

『平和・生命・宗教と立憲主義』（共編，晃洋書房，2005年）

『総批判改憲論』（共編，法律文化社，2005年）

『無防備地域宣言で憲法９条のまちをつくる』（共編，自治体研究社，2006年）

2007年４月20日　初版第１刷発行

平和主義と改憲論議

著　者　澤野義一

発行者　秋山　泰

発行所　株式会社　法律文化社

〒603-8053 京都市北区上賀茂岩ヶ垣内町71

電話 075(791)7131　FAX 075(721)8400

URL:http://www.hou-bun.co.jp/

印刷：共同印刷工業㈱／製本：㈱オービービー

装幀　仁井谷伴子

ISBN978-4-589-03021-4